Histórias Reais de Reencarnações

• • • • • • • • • • • • • • • • • •

GROUND
livros para uma nova consciência

Clara de Almeida

Histórias Reais
de Reencarnações

EDITORA GROUND

Copyright © 2005, Clara de Almeida

Título original
Histórias Reais de Reencarnações

Adaptação à língua portuguesa no Brasil
Silvia Branco Sarzana

Revisão
Antonieta Canelas

Editoração eletrônica
Ediart

Capa e projeto gráfico
Carlos Guimarães

CIP-BRASIL. CATALOGAÇÃO-NA-FONTE
SINDICATO NACIONAL DOS EDITORES DE LIVROS, RJ

A445h

Almeida, Clara de
    Histórias reais de reencarnações / Clara de Almeida. - São
Paulo : Ground, 2010.

    p. 272

    ISBN: 978-85-7187-202-8

    1. Reencarnação. I. Título.

07-1000.   CDD 133.9015
                                  CDU 133.7

27.03.07   02.04.07   001039

Direitos reservados
Editora Ground Ltda.
Rua Lacedemônia, 85 - Vila Alexandria
04634-020 São Paulo - SP
Tel.: (011)5031-1500 / Fax: (011)5031-3462
vendas@ground.com.br
www.ground.com.br

Dedico este livro aos meus Companheiros Peregrinos.

Todos os casos apresentados são verídicos e referem-se a experiências reais vividas em situações de acesso a outros planos, normalmente designadas como regressões.

Por motivos éticos, foram mudados os nomes dos intervenientes na maioria das situações, bem como alguns pormenores que poderiam quebrar o sigilo, todavia irrelevantes para o objetivo da narração.

Na noite passada, tive um sonho.

De braços abertos, como se fossem as asas de uma ave, viajava pelo espaço. A toda a volta, apenas via pontos luminosos que se destacavam num fundo azul escuro, como estrelas brilhando numa noite sem lua.

Deslocava-me sem atrito, como se não existisse ar, e o meu vôo parecia um bailado num ambiente sem gravidade.

Subitamente, surgiu à minha frente uma imensa massa dourada semelhante a uma nuvem, tão brilhante que parecia feita de infinitas partículas de pó de ouro. Suspensa no espaço, essa massa, sem forma definida, parecia ocupar o centro da enorme esfera celeste onde me deslocava e cujas paredes interiores, cravadas de infinitos pontos luminosos, me rodeavam.

Introduzi-me nela e fui me dirigindo para a região central, que permanecia oculta devido à maior concentração das partículas que a envolviam. As zonas externas dessa massa brilhante eram mais fluidas e tanto a densidade, quanto o brilho aumentavam em direção ao centro.

À medida que me aproximava do núcleo, fui me apercebendo de uns clarões que surgiam de vez em quando, uma espécie de relâmpagos, como se houvesse em algum lugar uma trovoada sem ruído. No entanto, não me sentia incomodada, nem receosa, e continuei tranqüilamente minha caminhada para o coração da nuvem, sentindo que caminhava cada vez com maior lentidão e já com algum esforço, como se tivesse de deslocar um fluido denso.

Finalmente cheguei ao centro.

Extasiada, deparei-me com um imenso coração de cor vermelho-dourada, que pulsava visivelmente, provocando oscilações na cor e na forma.

Nessa altura, ao ver um raio luminoso desprender-se dele, percebi a origem do que me parecera serem relâmpagos. Esse corpo de luz era semelhante a uma estrela cadente e deixava um rasto luminoso atrás de si, embora o seu deslocamento fosse praticamente instantâneo. Vi-o deslocar-se do centro para a periferia e dissolver-se no meio dos infinitos pontos luminosos, sendo impossível perceber para onde se dirigiu.

Apercebi-me, então, que incontáveis estrelas cadentes se deslocavam do centro para a periferia e da periferia para o centro, cruzando-se em todas as direções, como um fogo de artifício desordenado. Todavia, regras obscuras certamente governavam esse aparente caos, já que nenhum desses corpos de luz se chocava.

Um ligeiro silvo acompanhava o movimento das flechas luminosas, de e para o coração, criando uma estranha melodia de suspiros de anjos ou arpejos de harpas celestiais. A cada pulsar do coração dourado, uma estrela se desprendia dele ou chegava até ele, num movimento ininterrupto de chuva de luz.

A beleza desta visão era tal, que me provocou uma sensação física de expansão e o meu próprio coração pareceu ampliar-se e crescer, extravasando a cavidade onde estava instalado, enquanto o meu corpo continuava a flutuar, num bailado harmonioso e tranqüilo.

De repente, uma dessas estrelas cadentes emanada do Coração do Universo veio em minha direção, apanhando-me completamente de surpresa. Senti o impacto em meu coração e gritei de susto, conquanto não sentisse dor. Despertei com o som da minha voz, parecendo sentir a queda do meu corpo na cama, como se tivesse sido transportada por essa estrela. Tudo tinha acontecido de forma muito rápida, quase no tempo de uma respiração.

Fiquei deitada, os olhos abertos para a aurora que se fazia anunciar. Já não estava assustada. A respiração acalmara, sentia-me serena e com o coração tranqüilo. As imagens e sensações do sonho estavam bem presentes, como se de algum modo tivessem sido gravadas na minha energia, mas revia-as com desapego e sem emoção.

Não sei quanto tempo fiquei ali, imóvel e numa espécie de êxtase, vazia de pensamentos e desligada do corpo.

E sem que racionalmente soubesse por quê, lenta e gradualmente foi surgindo na minha mente uma única palavra que se repetia sem parar.

A palavra era AMOR.

Primeiro Portal

Acredito que sou uma Alma muito antiga.

Acreditar nisto significa que creio ter uma Consciência própria, provavelmente fazendo parte de um Grupo de Consciências ou Irmandade de Almas e que já fez um longo percurso vivencial, à luz da atual convenção cronológica. Acredito, portanto, que minha Alma já possuiu vários corpos, recolhendo ensinamentos e informações através das experiências que vivenciou no plano material. Onde este caminho teve início e quando terá fim é, todavia, algo que não me sinto preparada para entender.

O percurso das Almas é um processo misterioso e complexo, embora regido por leis tão rigorosas quanto aquelas que nos regem no plano da vida na matéria, estando o seu estudo e compreensão ao alcance do nosso entendimento.

A vida no plano material destina-se à aquisição de consciência pela nossa Alma, sendo o corpo o instrumento para que tal possa acontecer. A palavra Alma vem do latim "anima", é ela, portanto, que dá vida à matéria.

O nascimento, porta de entrada em cada vida, representa uma nova oportunidade para a Alma adquirir mais sabedoria. Quanto à morte, ela não impede a aquisição de conhecimentos, apenas fecha um ciclo vivencial. Os ensinamentos que adquirimos em cada vida não são perdidos, pois ficam registrados na nossa energia e explicam uma grande parte das situações de dotes que são inatos; o que não é explicado por esta via, poderá sê-lo pela transmissão genética, embora seja praticamente impossível saber onde acaba uma e começa outra.

Tocar piano sem ter aprendido, como Mozart, é certamente uma forma inconsciente de acesso ao que foi vivido e aprendido em outras vidas. O acesso inconsciente acontece também através da intuição e manifesta-se em sensações de várias ordens, como por exemplo as de "déjà vu"[1], de repulsa ou atração por pessoas, locais, acontecimentos ou objetos, ou ainda em visões mais ou menos fugazes, seja em sonhos ou em estado desperto. Quanto ao acesso consciente, uma regressão, tanto espontânea como induzida, cumpre esse papel e permite abrir portas para memórias até aí ocultas.

A palavra regressão, direta descendente do latim "regretione", significa regresso, implicando, na sua etimologia, uma idéia de voltar atrás.

Todavia, esse voltar atrás pode ir muito longe, pois as regressões permitem ultrapassar todas as barreiras físicas e temporais e o acesso a registros cronologicamente situados em qualquer ponto do passado, seja na vida presente ou noutra vida animada pela mesma Alma. Esses registros podem se referir ao momento da nossa concepção, às sensações da vida intra-uterina, ao nascimento, a qualquer época da vida no plano material, ao momento da morte, ao pós-morte e à "vida" em outros planos.

Os casos apresentados neste livro assim o comprovam.

Através de uma regressão, temos acesso direto à Alma que anima o corpo que utilizamos, trazendo informações registradas em outros níveis para o plano consciente. Dessa forma, ampliamos nossa consciência, pois passamos a saber que sabemos, quando antes a nossa mente ignorava o que a nossa Alma sabia. A ampliação de consciência é determinante para que possamos fazer as escolhas certas, que nos levem a cumprir o Plano de Vida destinado à vida que estamos vivendo.

---

[1] "Já visto". Tradução literal do francês.

Sendo exclusivamente através desse alinhamento com o Plano que encontramos a Felicidade e a Realização pessoais, as regressões podem ser extraordinariamente úteis.

É igualmente possível ter acesso a registros que cronologicamente ainda não pertencem ao passado, tendo como referência o momento presente, mas sim ao futuro. Esses acontecimentos referem-se a situações que fazem parte do plano de vida da Alma, ou que são conseqüência das escolhas que estão sendo feitas. De acordo com a etimologia da palavra, não poderemos chamar estas últimas de regressões, mas sim premonições. Este tipo de situação não se enquadra no objetivo deste livro.

Na primeira parte do livro, relato as principais regressões que vivenciei, de forma espontânea ou induzida, bem como o seu papel no meu processo de expansão de consciência. Igualmente me refiro às descobertas que fiz através delas e a contribuição que deram para fortalecer a ligação com minha Alma.

Na segunda parte, partilho as conclusões que tirei sobre as Leis Espirituais que nos regem, a partir de regressões que acompanhei e de outras que conduzi em pessoas que vieram até mim.

Que estas experiências possam servir para ampliar o campo de procura individual de todos os que lerem este livro.

PARTE I

Baile de Máscaras

De vida em vida, a Alma vai viajando de corpo
para corpo. Do grego "persona", palavra que
significa "máscara", surge a personalidade,
o Ego usado pelo Eu em cada vida.
Se conseguíssemos juntar todas as pontas
dos fios do Tempo, com os quais é tecido
o padrão do percurso da nossa Alma,
e reunir no Salão da Memória as imagens
de todos os corpos que a nossa Alma usou,
teríamos o mais colorido Baile de Máscaras
jamais realizado.

Memórias
da Vida Presente

O Tempo e a Morte

**O Tempo é um edifício de infinitas janelas e
a Morte uma porta que se abre para mundos
misteriosos e desconhecidos.**

O meu corpo, expressão material da minha Alma, nasceu para o mundo num dia de verão.

Minhas memórias infantis são difusas e tanto me lembro de cenas extremamente detalhadas, algumas com uma idade em que não seria suposto isso acontecer, como existem épocas totalmente em branco que não me recordo de ter vivido.

Lembro-me muito bem de me ver numa pequena cama com grades, na qual me mexia de forma irritantemente ruidosa, incomodada por me sentir presa.

Lembro-me de não ser capaz de falar bem e da angústia que isso me causava, como quando viajamos para um país cuja língua desconhecemos completamente ou usamos de forma muito incipiente.

Recordo nitidamente a cena daquela vez em que o meu avô paterno me ofereceu uma boneca que andava, virando a cabeça de um lado para o outro. Também falava, com uma voz roufenha, mas audível, um reduzido vocabulário, como o meu próprio naquela época.

Como era menina, davam-me bonecas. Tinha muitas, mas só sabia brincar "de escolinha" com elas, nada de mães e filhos. Sentava-as todas no chão com cadernos e livros à frente e ensinava-lhes as lições que ia aprendendo na escola. Brincadeira premonitória de futura profissão, encarada seriamente como tudo o que fazia quando era menina, teatralizada no segredo do meu quarto, como se sentisse que não era esse tipo de brincadeira que seria esperado de mim.

Ainda em criança, sentia uma inexplicável defasagem entre o meu interior e o meu exterior. Não sabia explicar bem, era como se aquilo que eu via no espelho não correspondesse ao que estava lá dentro. Via-me menina e sentia-me muito mais velha, olhava a figura no espelho e sentia-a desconhecida.

Acho que minha Alma levou algum tempo para se habituar ao meu corpo, e por isso eu sentia necessidade de me ver no espelho, correspondendo à sua insistente tentativa de se habituar a uma nova imagem.

À noite, antes de me deitar, ficava me olhando no espelho grande do armário do meu quarto. Fixava-me sobretudo nos olhos, como se quisesse perscrutar o interior, ver para além daquela figura enigmática que chamava de eu.

Uma noite, levei um susto. Fiquei tanto tempo imóvel olhando para dentro de mim, que deixei de sentir o corpo e pareceu-me que seria incapaz de me mover ou de desviar os meus olhos.

Hipnotizada por mim mesma?

Meu coração começou a bater com tanta força, que consegui quebrar a imobilidade. Corri para a cama, apaguei a luz e cobri a cabeça com o lençol, o coração ainda batendo desordenadamente.

A partir dessa noite, passei a olhar o espelho de lado, com ar desconfiado, ao ir para cama. Quando queria ver no espelho os meus cachos e vestidos de menina, tinha o cuidado de nunca me olhar nos olhos. Tinha aprendido a lição de que, através dos olhos, se tem acesso a mundos assustadores cheios de luz e sombras.

Mas, apesar de deixar de me olhar tanto nos espelhos, fui acompanhando o crescimento da figura que neles via refletida, aquele eu que tinha um nome e uma idade, escrupulosamente medida pelas divisões convencionais do Tempo, como se este fosse a estrada por onde ia caminhando do nascimento para a morte.

O meu primeiro contato com a Morte foi com a do meu avô paterno, tinha eu talvez uns quatro anos.

Meu avô era um homem bem disposto e eu gostava muito da alegria dele, pois trazia risos para os meus dias de menina sem irmãos. Quando me ofereceu a boneca falante, estava quase mais contente do que eu. Acho que sempre nos revimos na alegria que proporcionávamos um ao outro.

Lembro-me nitidamente de, muito pequenina, brincar às escondidas com ele na enorme casa onde vivíamos e das risadas que acompanhavam as descobertas dos esconderijos.

Porém, aos poucos, foi deixando de ficar tão jovial e pronto para brincadeiras, e as últimas imagens que guardo dele mostram-no já doente e de pijama, sentado numa cadeira de repouso no chamado "quarto de costura", que era das salas com mais luz. E o meu avô precisava dela, certamente para rever o passado, nos seus últimos meses de vida.

Depois, ficou acamado e nunca mais me deixaram vê-lo. Ele morreu e não me disseram nada. Simplesmente afastaram-me de casa. Todavia percebi que isso tinha acontecido pelas conversas que ia escutando e fiquei muito triste, porque não podia brincar mais com ele. Mas nunca falei a ninguém da minha tristeza, talvez porque ninguém veio a mim para falar desse assunto. Apenas muitos anos mais tarde revelei o meu sentimento, surpreendendo meus pais por me lembrar tão bem do meu avô. As coisas que as crianças vêem e que os adultos pensam que lhes ocultam...

No meu entendimento infantil, doença, tristeza e morte passaram a ficar indissoluvelmente associadas. Das três, a última era a mais aterrorizadora, porque acabava com tudo e afastava-nos das pessoas de quem gostávamos.

Fui tentando perceber pelas conversas dos adultos o que eles pensavam sobre a Morte e reparei que não falavam muito nela, evitando usar essa palavra. Na verdade, falavam muito mais do Tempo, diziam que ele passava muito depressa. Eu ficava confusa, pois não achava que o tempo passasse nem depressa nem devagar, as coisas é que iam acontecendo, simplesmente.

Foi-se formando em mim a idéia de que os adultos viviam zangados com o Tempo, culpando-o por sua inexorável rigidez, esquecendo-se que tinham sido eles próprios os criadores de calendários e relógios.

Todavia, achava eu, o motivo maior da sua zanga resultava de o verem como o condutor para a Morte.

Pouco depois da morte do meu avô, comecei a ter terrores noturnos. Quase todas as noites acordava em sobressalto de um sono aparentemente tranqüilo, sentindo um grande peso no peito, abrindo os olhos em desespero para a escuridão e procurando ansiosamente com as mãos o interruptor do abajur. Ficava uns segundos com a respiração ofegante, sentada na cama, repetindo "não quero morrer, não quero morrer".

Nunca falei dos terrores noturnos a ninguém. À medida que fui crescendo, começaram a rarear, mas nunca desapareceram por completo.

Até que um dia me defrontei com a Morte.

Tinha cerca de 10 anos. Num quente e luminoso domingo de verão, numa chácara de muitos e alegres fins de semana cheios de convívio com amigos dos meus pais, tive esse encontro com a Morte, tal como em outro dia de verão tinha acontecido o meu encontro com a Vida.

Durante a tarde, enquanto as mães conversavam debaixo da sombra das árvores, os pais decidiram treinar tiro ao alvo no pátio, com suas espingardas de caçadores pouco ativos. As crianças brincavam livremente pela chácara e no final do dia, enquanto os pais tomavam um aperitivo na sala e as mães preparavam o jantar, regressaram ao pátio, cansadas das suas brincadeiras. Um dos meninos, evidenciando a sua candidatura a pai quando crescesse, pegou a arma do seu e fingiu dispará-la. Pum, pum, dizia ele, apontando-a para cada um. Quando dirigiu o cano da arma para mim, resolveu puxar o gatilho, talvez para dar mais realismo à sua encenação. Porém o realismo ultrapassou todas as suas expectativas, pois um chumbo esquecido saltou do cano e, veloz como um raio, acertou-me em cheio no pescoço. Um rio de sangue, incontrolável e quente, jorrou instantaneamente de dentro de mim, ensopando rapidamente o meu vestido. Os meus companheiros de brincadeira fugiram, gritando pelos pais, e o apavorado atirador incauto largou a arma como se ela pegasse fogo e, aos gritos, saiu em disparada pelo campo afora, antes palco das brincadeiras estivais. Levei as mãos ao lugar de onde o sangue fluía e tentei pará-lo sem sucesso. À medida que ia me sentindo enfraquecer, um só pensamento ocupava a minha mente, "eu não posso morrer, ainda não fiz nada na vida, não posso morrer, tenho muitas coisas para fazer, não posso morrer..."

E todavia ia me sentindo cada vez mais fraca, com o corpo dormente, escorregando pelo tronco da grande árvore existente no centro do pátio, à qual tinha me encostado e debaixo de cuja sombra tudo tinha acontecido. E a mente obsessivamente ligada ao pensamento de "não posso morrer, não posso morrer, não posso morrer..."

As mães e os pais chegaram: gritos, um carro, depressa, depressa, não há tempo para chamar uma ambulância, quem é que a leva, vamos deitá-la no banco de trás, depressa, uma toalha para estancar o sangue, ele não pára, e se chamássemos um médico, não, é melhor levá-la já para o hospital, ela perdeu muito sangue.

E o meu pensamento permanecia obsessivamente vivo, embora o corpo fosse entrando num quase agradável torpor de adormecimento. "Não posso morrer, não posso morrer, não posso morrer..."

Desmaiei no caminho para o hospital, mas o sangue parou.

Milagre, disseram os médicos quando lá chegamos, milagre repetiram sempre, ao observarem as radiografias e quando me operaram para extrair o chumbinho intruso.

Tudo correu bem, não morri e a recuperação foi rápida.

Ouvi depois, muitas vezes, que era preciso agradecer a Deus, os amigos e conhecidos diziam, aos meus pais e a mim, para Lhe agradecermos o milagre de eu ter sobrevivido.

Eu nunca agradeci. Na minha sensibilidade de uma década de idade, não sentia necessidade de agradecer a nenhum deus o fato de não ter morrido, não achava que me tivessem feito um favor.

Estava certo o que tinha pensado na altura do acidente: não tinha chegado o meu tempo de fechar aquele ciclo de vida, pois ainda tinha coisas para fazer.

Fechei, isso sim, o ciclo aberto com a morte do meu avô, pois mudei minha idéia sobre a Morte e passei a vê-la como uma passagem para um estado de entorpecimento, um apagar de consciência, como o desligar do abajur à noite para um sono repousado, que os Anjos vigiam.

E ao Tempo, como um balão que se vai enchendo e que voa quando é largado da mão.

Naquele dia de verão, minha relação com o Tempo e com a Morte transformou-se. Deixei de receá-los.

E, no meu coração de menina de 10 anos, apagou-se a marca da injustiça pela morte do meu avô.

Quanto ao meu próprio enfrentamento, nunca consegui considerar um milagre o seu desfecho. Isso é o que os adultos chamam àquilo que não entendem, nem sabem como explicar.

Tal como com a morte do meu avô, apenas se cumpriu o que tinha de se cumprir.

Memórias de Vidas Passadas

O percurso no Tempo

Volátil e fugidio, ora parece correr em camadas paralelas, ora se desenvolve em espirais infinitas, tanto é retilíneo como curvo e é, simultaneamente, as três Graças e as três Parcas. Absoluto no Uno e relativo no Verso, o Tempo se desvanece na união de Uno e Verso, no Universo.

Os tempos dos verbos sempre me fascinaram.

Lá, nas conjugações, estava tudo o que podia haver: as histórias antigas do passado, as declarações de vontade do futuro e as manifestações do presente.

Enquanto cantarolava os verbos, entrava sub-repticiamente nos meandros do tempo, viajava por suas espirais, enfrentava os seus desafios e peregrinava por caminhos desconhecidos.

Os verbos sempre foram meus companheiros, por eles, andava com o Tempo na pasta dos livros, plasmava-o nos cadernos e usava-o na comunicação com as pessoas.

Não tinha medo dele, ele era meu companheiro de escola, meu companheiro de Vida.

De menina a adolescente, de adolescente a mulher, o liceu, a faculdade, o casamento, os filhos, tudo em rápida sucessão.

Da minha relação com o mundo dos adultos, tinha recebido a noção de que o Tempo era o culpado de tão rapidamente sermos conduzidos para a Morte. Era um inimigo, sempre nos empurrando para a frente, obrigando-nos a conjugar o futuro sem quase nos dar a oportunidade de apreciar o presente.

Já adulta, num mundo de adultos, constatava que era comum o Tempo ser visto como uma contagem externa, uma reta, infinita por definição, desenvolvendo-se enquanto acompanha a história da Humanidade. Cada um de nós tinha o direito de caminhar num pequeno segmento de reta, partilhando-o com os seus contemporâneos. O prolongamento desse minúsculo segmento constituía a meta das grandes conquistas da Medicina e a luta de muitos médicos e doentes.

Secretamente porém, eu guardava comigo o meu desapego de menina em relação ao Tempo, enquanto aparentemente me submetia às regras temporais do mundo dos adultos.

Não o receava e até achava-o engraçado, pois via-o como uma variável misteriosa e complexa, que brincava conosco, ora deslizando mansamente nas horas felizes, ora tornando-se corrente furiosa e caindo em cascata ruidosa, quando descobríamos que algo tinha irreversivelmente mudado na nossa vida.

Assim fui vivendo o tempo na minha vida, ora serena, ora agitada e sempre com dúvidas relativamente à sua forma geométrica.

De leitura em leitura, de experiência em experiência, no início da minha quadragésima década de vida, comecei a praticar yoga, numa busca de qualquer coisa que me fizesse sentir bem comigo, depois de muitos verbos conjugados e muitas espirais percorridas.

Um dia, no final de uma aula, fiquei conversando com minha Mestra. Tinha começado a praticar yoga há pouco tempo, estava fazendo muitas descobertas e, quanto mais descobria, mais queria saber. A conversa foi fluindo, afastando-se das questões técnicas da prática de yoga e, a certa altura, falei das minhas pesquisas sobre a reencarnação.

Subitamente, ela perguntou se eu queria que ela me fizesse uma regressão. Emudeci. Não sabia exatamente o que era uma regressão. Ouvira falar vagamente disso, mas ainda não tinha travado conhecimento com literatura sobre esse tema, como, por exemplo, os livros do Dr. Brian Weiss[2], que tive, muito mais tarde, o privilégio de conhecer pessoalmente.

– Então, quer que eu lhe faça uma regressão? – repetiu minha Mestra.

Respondi afirmativamente, embora com voz sumida e pouco firme. Cautelosamente, inquiri:

– Isso é para ver vidas passadas, não é?

– Passadas ou futuras, quem sabe? – riu-se minha Mestra.

Decidi que seria melhor não perguntar mais nada.

– Que faço então, deito-me no sofá?

Na minha mente, o sofá do psicanalista tradicional era algo que fazia parte do meu imaginário de forma confusa, mas que vagamente se relacionava com a sua proposta.

– Não, um yogui deita-se no chão.

E apontou-me o tapete onde eu tinha estado deitada na aula.

A sua proposta havia sido totalmente inesperada, mas já a conhecia o suficiente para confiar nos seus impulsos. Além disso, a aventura sempre me atraiu e gosto de desafios.

– Vamos a isso –, afirmei com voz já segura e deitei-me no chão. Minha Mestra fechou um pouco as persianas, cortando o excesso de luminosidade e criando um ambiente agradável, acendeu um incenso e sentou-se no chão perto de mim.

– Feche os olhos e relaxe, concentrando-se na respiração.

Apesar de praticar yoga há pouco tempo – pelo menos na vida atual –, já conhecia bem as técnicas de relaxamento. A voz dela, muito calma e pausada, induzindo ao relaxamento profundo, foi adormecendo minha mente, criando uma semi-sonolência muito agradável. Os olhos fechados proporcionavam uma interiorização e o encontro com minha Alma, desta vez sem os sustos e sobressaltos da minha involuntária auto-hipnose de menina. O corpo estava totalmente aban-

---

[2] Psicólogo norte-americano e autor de vários livros sobre o tema das Reencarnações.

donado, fui deixando de senti-lo. A condução de minha Mestra me sugeria ir tão fundo e tão longe quanto fosse possível. E, de repente, estava lá, numa memória longínqua, perdida no Tempo, mas inesperadamente tornada presente, tão real e simultaneamente tão fantástica:

– Estou num monte, na encosta de um monte, atrás de uma pedra grande, muito mais alta do que eu. Sou homem, vestido com roupas estranhas, uma espécie de peles, muito sujas.

– *Como é que se chama?*

– Valius[3], chamo-me Valius.

– *O que está fazendo nesse lugar?*

– Estou esperando que eles passem para os atacar.

– *Quem são eles?*

– São os romanos. Vai passar uma coluna e vamos atirar estas pedras em cima deles. Eles querem conquistar nossa terra, ficar com nossas mulheres e não queremos que isso aconteça. Estamos aqui para atacá-los. Está frio, mas eu transpiro muito. Ao respirar, sai fumaça da minha boca. Tenho barba e cabelos compridos. Somos vários grupos de dois atrás de cada pedra. Temos de ser dois para empurrá-las, porque são grandes. Escavamos a terra na base, para podermos empurrá-las.

– *E o companheiro que está com você?*

– Ele está vestido como eu e também tem barba e cabelos grandes, despenteados. Não falamos, mas olhamos um para o outro de vez em quando, para quebrar a ansiedade da espera. Estamos tensos, temos medo, mas sabemos que temos de lutar. Ele é meu amigo, somos amigos, mas não sei quem ele é, não sei o nome dele... ou sei..., sinto que ele é o Gil[4], sim ele é o Gil! Estamos muito ansiosos, eu transpiro muito e... cheiro muito mal. Cheiramos muito mal. Ai que cheiro ruim! É cheiro de sujeira e transpiração. Que cheiro horrível!

(Aqui, começa a formar-se um vômito e prontamente minha Mestra me faz sair dessa cena.)

---

[3] Desconhecendo a grafia correta, o nome é escrito reproduzindo o seu som.

[4] Referência a uma pessoa conhecida por esse nome na vida atual.

– *Então agora vá para um local agradável. Procure uma memória agradável e bem cheirosa.*

– Estou num jardim. É um jardim muito bonito, com árvores e canteiros de flores. Cheira muito bem. É um dia bonito, deve ser verão ou primavera. Sou uma mulher jovem, alegre, rio muito alto. Há mais pessoas, homens e mulheres, junto de mim, elas sentadas em cadeiras e eles de pé. Parece-me que estamos falando de coisas engraçadas, com leveza e uma certa frivolidade.

– *Onde se passa essa cena?*

– Não sei porquê nem como, mas sei que isto é na corte austríaca. Sou uma dama da corte, um pouco leviana, gosto de tocar cravo e não faço nada de especial. Apenas vivo e procuro me divertir. Ah, mas existe um homem que se aproxima e de quem eu gosto. Ele vem caminhando com um grupo de pessoas na minha direção. São todos atores de uma companhia que veio fazer uma apresentação naquele palácio. Não sei de onde vieram, mas há um homem entre os atores que me agrada muito. É bonito, elegante, gracioso e veste-se muito bem. No palco, usa máscaras, mas, fora da representação, vejo-lhe o rosto bonito, os olhos sedutores. Já me ouviu tocar e disse que eu tocava bem. Ele se aproxima com o seu ar de grande senhor. Não sei se é, talvez seja de família modesta, mas, por representar e se dar com gente como nós, já tomou os nossos ares. Ele se afasta dos outros que vinham com ele e vem até o grupo onde eu estou. Estendo-lhe a mão e ele a beija. Meu Deus! Que elegante é a forma que tem de beijar a mão. Gosto dele. Sinto que ele também gosta de mim, mas tem de ir embora. É um ator, não pode ficar muito tempo... Estamos em pleno jogo de sedução, mas eu sinto uma tristeza e um desapontamento muito grandes dentro de mim, porque sei que ele vai ter de ir embora. Mas... que estranho! Eu o conheço: é o Jorge[5]! É diferente do Jorge, o rosto é muito diferente, mas o Jorge tem os mesmos trejeitos, o Jorge fala assim. É o Jorge!

---

[5] Referência a uma pessoa conhecida por esse nome na vida atual.

– *Reconhece mais alguém nas pessoas que estão à sua volta?*

– Não sei, talvez vagamente, mas não sei o nome de ninguém e, na verdade, isso não me interessa. Só vejo o Jorge. Estamos apaixonados, mas eu sei que ele tem de ir embora e não posso ir com ele... Estou alegre e triste... Rio ao falar com ele, as pessoas que estavam comigo afastaram-se, para nos deixarem sós, mas sinto um aperto no coração...

– *Situe-se no dia seguinte a essa cena.*

– A última representação foi ontem à noite; ele vai embora hoje. Queria ir vê-lo antes de ele partir, mas estou indecisa, não sei se vou ou não.

– *Onde está?*

– Estou numa sala, deve ser a minha casa. Tem quadros grandes na parede, tapetes no chão e móveis grandes com enfeites dourados. Estou chorando, sinto um peso no coração. Aquele homem me impressionou, mexeu comigo... Eu sei que vão aparecer outros homens. Existem muitos homens à minha volta, mas aquele tinha qualquer coisa de especial. O olhar, a elegância, a maneira de falar, não sei, era qualquer coisa... Escrevo-lhe uma carta. Começo a escrever e não consigo acabar. Choro convulsivamente...

– *Concentre-se no futuro dessa vida. Voltou a encontrá-lo?*

– Sim, muito mais tarde, eu já era casada. Ele voltou. Ah! Agora entendo: ele era de outro país e por isso se ausentou tanto tempo. Era francês. Estou me ouvindo dizer o nome dele. Alphonse. É um nome bonito. Ele está mais velho, mas continua muito elegante. Talvez esteja ainda mais sedutor agora...

– *E o que se passa nessa altura entre vocês?*

– Nada, apenas umas trocas de olhares. Que pena... Não pode ser, não podemos nos amar livremente... Mas já não fico tão triste como da outra vez. Agora aceito melhor e já não sinto o peso no coração.

– *Deixe então essa cena e recorde outros momentos agradáveis que tenha vivido noutra vida.*

– Estou num barco. É noite. O mar está sereno e o céu luminoso. Há um vento leve. O barco é de madeira, tem velas, é grande, um navio ou qualquer coisa do gênero. Estou sentada no convés, sou um homem e estou encostada a uns cabos. Olho o céu, escuto o mar e o ranger da madeira do barco. Acho que o barco está parado, balança só um pouquinho e isso é muito agradável. Não ouço outros ruídos e não está ventando. Sim, o barco está parado, vamos ficar ali parados à espera de outro barco. Somos piratas, roubamos barcos. Agora, estou simplesmente gozando a paz daquela noite calma. Gosto do cheiro do mar, do ranger da madeira que parece um coração batendo, daquele balanço tranqüilo de barco parado. Estou ali sentado, simplesmente desfrutando a noite.

– *É comandante do barco?*

– Não. Sou uma espécie de estrategista; planejo os ataques e defino a estratégia de ataque, porque possuo as informações sobre as rotas dos barcos que vamos assaltar. Nós não matamos ninguém. Acho que não somos piratas, mas corsários. Só queremos as coisas que eles trazem. No dia seguinte vai chegar um barco e vamos assaltá-lo. Meus informantes comunicam-se comigo através de pombos, eu planejo o ataque, mas não me envolvo na ação. Nem quero que me vejam. Preciso me manter anônimo, para poder recolher facilmente as informações. Tenho muita experiência neste trabalho. Já trabalho nisto há muitos anos e sou muito respeitado. Não comando o navio, mas sou muito respeitado.

– *E o que sente em relação ao assalto iminente?*

– Sinto alguma ansiedade, mas não muita... Já faço isto há muito tempo. Tudo está planejado, os pombos vão chegar pela manhã com as informações.

– *Então agora fale desse ataque depois que ele aconteceu.*

– O ataque correu muito mal. Foi a primeira vez que aconteceu uma coisa assim. Não quero continuar neste trabalho. Quando chegar em casa, vou fazer outra coisa qualquer, não sei o quê, porque é isto que eu sei fazer, mas não quero presenciar mais nenhuma cena igual...

– *Acalme-se e conte-me o ataque.*

– Ah sim, o ataque. Escondemo-nos numa enseada natural, era bem ali perto do lugar onde estávamos parados. Só aguardávamos a informação sobre a aproximação do barco trazida por um pombo, para nos escondermos. Assim o fizemos e o barco aproximou-se sem desconfiar de nada. Saímos do esconderijo como costumamos fazer, interceptando-o e disparando apenas um tiro de aviso. Esta manobra tem de ser muito rápida, para os abalroarmos logo em seguida e os homens entrarem a bordo para retirarem a carga. Mas este trazia passageiros, muitas mulheres e crianças, pouca carga valiosa e a tripulação resistiu ao ataque. Meus homens perderam a cabeça e, contrariamente ao habitual, começaram a disparar, acabando por atear fogo ao navio.

Eu assisti a tudo e foi terrível ver aquela gente jogar-se à água para se salvar do fogo, as mulheres gritavam e as crianças choravam, chamando pelas mães. Afastamo-nos rapidamente, mas ainda vi o navio consumir-se em chamas, os mastros caindo. Uma visão horrível!

Quero mudar de vida, não quero mais este trabalho!

– *Pronto, acalme-se, deixe essa cena e veja-se mais tarde, depois de regressar para terra.*

Ainda estou triste com o que aconteceu, mas afinal não vou deixar esta vida de mar. Vou é mudar de navio, não quero mais ver estes homens. Vou mudar de navio.

– *Alguma das pessoas que viu até agora era-lhe familiar?*

– Antes não, mas na tripulação deste barco onde agora estou, há uma pessoa que conheço. É o Ivo[6], o meu amigo Ivo. Ele é o imediato. Sim é isso, tem autoridade, mas não está no comando. À noite, vem muitas vezes conversar comigo, no meu camarote ou lá fora, no convés. Conversamos muito; ele é muito mais novo do que eu e me faz muitas perguntas. É um rapaz ambicioso, tal como o Ivo é. Estamos conversando no meu camarote. É noite. Acabamos de comer e agora estamos bebendo. É uma bebida áspera e forte. Não sei o que é, mas bebemos muito. Ele me faz muitas perguntas. Chamo-o de *son*[7]. Acho que somos ingleses, não sei bem. É esquisito, porque nos ouço falar,

---

[6] Referência a uma pessoa conhecida por esse nome na vida atual.

[7] Em inglês, filho.

entendo o que dizemos, mas, ao mesmo tempo, sinto que não é a minha língua. É confuso. Acho que ele quer saber coisas demais sobre o meu trabalho. Não sei se posso confiar nele.

– *E continuam a atacar barcos?*

– Sim, o ataque vai acontecer. Fazemos como habitualmente e nos escondemos. Esta enseada é outra, mas fazemos da mesma maneira. Eles resistem. Parece que já estavam à nossa espera. Há uma grande confusão. Eu, que fico sempre no camarote, tenho de fugir. O navio está sendo invadido por eles. São muitos. Ivo está lutando. Vejo-o, mas eu tenho de fugir. Não sou homem de armas, as minhas armas são minha cabeça e minhas informações. Começo a fugir, mas me dão um tiro. Oh! Meu Deus! Estou ferido, não sinto o braço. Estou no meio da confusão do combate. Alguém me empurra e eu caio na água. Não consigo nadar, não tenho onde me agarrar e engulo água. Oh! Que falta de ar! Preciso tentar ficar na superfície da água. Alguém cai na água junto a mim. É o Ivo. Ele vem até onde estou, me agarra e me arrasta, nadando até terra. Não há areia, só rocha e pequenos calhaus. Ficamos ambos deitados, extenuados. Ele não está ferido, eu é que estou, não sinto o braço e tenho sangue na roupa. Consigo me arrastar até ele e, nessa altura, um dos meus pombos vem pousar perto de mim. Rasgo um pedaço ensangüentado da minha camisa. É um sinal combinado. Amarro o trapo numa das patas, o Ivo me ajuda, porque não consigo mexer direito a mão, e depois lanço o pombo. Os meus amigos vão aparecer. Podem demorar algum tempo, mas vão aparecer. Ainda não vou morrer. Ivo e eu vamos nos salvar. Nos navios, o combate continua, ouve-se o ruído, há tiros e gritos. Mas nós vamos nos salvar. Estou velho, agora é que vou deixar esta vida. Agora sim, vou deixar este trabalho.

– *Então vá para a altura em que já deixou esse trabalho.*

– Acho que fiquei sem mexer o braço; não o sinto. Estou sentado num tronco de uma árvore, olhando para o mar. Estou triste. Quero morrer. Tenho saudades do mar.

– *Deixe então esse homem viver tranqüilamente os seus últimos dias e volte a este momento do tempo e a este espaço.*

E, deste modo, minha Mestra me fez regressar.

Quando abri os olhos e a olhei, ela sorriu. Senti-me tranqüila. Percebi que ela tinha estado sempre muito atenta, verificando o meu estado energético e emocional.

A minha primeira experiência de regressão foi assim, emocionante e colorida, deixando-me cheia de vontade de continuar a folhear esse livro que a minha Alma escreve.

Surpreendeu-me a facilidade com que as cenas começaram a surgir na minha mente, como se tivesse uma tela de projeção dentro de mim e estivesse vendo um filme, cheio de movimento e cor. As cenas eram espantosamente reais, com sensações tão vivas, como se estivessem sendo captadas pelos sentidos no momento. O aroma do jardim, a fragrância das flores, a sensação física da leveza do ar e do calor do sol estavam ainda comigo, bem como o cheiro salino do mar, na noite tranqüila no convés do navio. E tinha ainda a memória do cheiro acre da pólvora e, na garganta, o arranhar da fumaça do incêndio dos barcos.

Na tela de projeção interior, via muito mais do que conseguia relatar. Era como se estivesse tentando contar um filme, enquanto, simultaneamente, o estivesse assistindo. Muitos pormenores tinham ficado fora do meu relato, como as roupas que os personagens vestiam, desde o suntuoso e requintado guarda-roupa dos intervenientes nas cenas da corte austríaca, até às peles mal curtidas dos resistentes à invasão romana, passando pelo sóbrio vestuário dos corsários. As cenas vividas tinham ficado gravadas na minha mente com tal nitidez, que sentia que poderia revê-las quando quisesse.

O reconhecimento de pessoas, como Jorge, Gil e Ivo, tinha me causado uma enorme perplexidade. No filme que passava na minha tela, eu os via com rostos e corpos bem diferentes dos que conhecia na presente vida, contudo a energia era a mesma, reconhecível sem deixar lugar a dúvidas. Tinha sentido, de forma mais do que evidente, que, de fato, a energia anímica permanece e só os corpos mudam.

A partir desse dia, passei a olhar aquelas três pessoas de outra forma. Fantasia ou não, achei que Jorge conservava alguns gestos daquela época de floreadas vênias e elegantes poses, que Gil mantinha a sua energia de lutador e Ivo uma grande ambição e curiosidade por tudo saber.

O meu próprio relacionamento com cada um deles tinha certamente recebido influência dessas vidas, por mim reencontradas em viagem na máquina do Tempo. Tentei integrar as visões destes conhecimentos antigos à minha vida presente e aquilo que concluí fez muito sentido.

Toda vez que voltamos a nos reunir com alguém que já conhecemos antes, existem memórias inconscientes que vão influenciar o relacionamento naquilo que surge espontaneamente dentro de nós, quando (re)conhecemos alguém, nas primeiras frases que dizemos. Em suma, naquilo que escapa ao controle mental estão sempre as memórias desses conhecimentos antigos.

Mas, de tudo o que vivenciei na regressão, o mais extraordinário e o mais estranho foi ter sido capaz de sentir tudo e, simultaneamente, ver-me de fora, como espectadora da vivência, com plena consciência de uma integração dinâmica do Eu e do Ego, da energia anímica e do corpo que ela habitava.

E tinha sido o ego da minha vida presente o elemento de ligação entre a minha Alma e os meus corpos de vidas passadas.

Não tive dúvidas de que minha Mestra me levou a sentir a minha Alma.

Desde então, quando me olho no espelho, compreendo a minha sensação de menina, daquela estranha defasagem entre o invólucro e o interior. O meu corpo é habitado pela minha Alma, que já conheceu muitos corpos, que já viajou muito, muito mais do que o triste corsário das minhas memórias.

O meu corpo sou eu, mas eu também sou todos os corpos que já tive e irei ter. Tal como o sedutor ator francês, todos vamos mudando as nossas máscaras de cena para cena, como na representação de uma peça em vários atos.

Depois de uma experiência como esta, a noção de que o Tempo é uma contagem externa a nós, que nos limitamos a acompanhar enquanto vivemos, fica definitivamente posta em causa.

O Tempo não é uma entidade autônoma, uma reta infinita dividida em pequenas porções, como os séculos, os anos, os dias, as horas, os minutos e os segundos.

O Tempo é o pulsar da vida e, por isso, é a nossa respiração que marca a sua contagem, o que existe fora de nós é apenas uma convenção.

Assim, estas viagens na máquina do Tempo, que chamamos de regressões, são efetivamente viagens ao nosso âmago, onde se encontra a chave de acesso aos registros de tudo o que aconteceu e acontecerá.

Conto a idade do meu corpo através da convenção que chamamos de tempo: o tempo cronológico, objetivo e inexorável, descendente direto da velha entidade a quem os gregos davam o nome de Cronos.

Usando o mesmo tipo de convenção, talvez possa dizer que a minha Alma tem, por exemplo, 4500 anos...

Muitas religiões e escolas iniciáticas procuraram encontrar respostas para estes Mistérios e tem sido a Fé a grande obreira da tranqüilidade interior dos crentes. Não vou propor nenhuma nova abordagem a esta questão. Não tenho "A Resposta" comigo, porque todas essas respostas estão certas; são, simplesmente, perspectivas diferentes da mesma Resposta.

Acredito que minha Alma já viajou muito e continuará a viajar, mas não quero saber mais nada. Entrego-me a este percurso, aceitando os seus desafios, maravilhando-me com as descobertas que vou fazendo e saudando as Almas que vou encontrando uma vez e outra e outra e outra...

Não sei medir a idade da minha Alma, mas acredito que ela contém memórias e ensinamentos recolhidos em vidas, as quais, na escala do tempo medido retilineamente, ocupam vários segmentos de reta.

Acredito que a minha Alma já tomou forma em vários locais da Terra e provavelmente em outros planetas e galáxias.

Memórias sem localização no espaço ou no tempo, mas que sinto vivas, tão vivas como se estivessem acontecendo precisamente no ponto da reta do Tempo onde tenho acesso a este registro:

– Estou deitada no chão, descansando à sombra de uma árvore, de olhos fechados, mas sem dormir.

Está calor e corre uma aragem muito fresca. Há um aroma de flores no ar. Sou um homem e estou vestido com uma espécie de calções. Tenho as pernas nuas e uso uma camisa larga. A minha pele é escura.

No chão, ao meu lado, há um barrete de forma estranha. Acho que o tirei para poder descansar mais à vontade. Aquele barrete é importante. Tenho de andar sempre com ele, porque marca um estatuto e uma profissão. Sim, é isso! Sou escriba, sei ler e escrever e pertenço a essa classe. Sou importante, porque poucos sabem ler e escrever, mas não sou livre, pertenço a um Templo. Os Sacerdotes são mais importantes do que eu. Eles é que fazem os rituais, eu só os registro. Todos os rituais importantes têm de ser descritos, porque assim a sua energia é preservada. Eu os descrevo e também desenho os passos mais importantes. Faço isso numa espécie de papel, usando penas e tintas de várias cores.

O saber não me trouxe liberdade, amarrou-me. O meu pai também era como eu, como o pai dele já tinha sido. Não há forma de escapar. Eu estou descansando num jardim que pertence ao Templo onde vivo. Se tiver um filho, há de ser como eu. Não existe forma de escapar. É como se fôssemos todos o mesmo, os sacerdotes nem notam que somos diferentes. Assim se passa a minha vida, como se passou a do meu pai e a do pai dele. Assim se passará a vida do meu filho. Nada muda. É como se o tempo não passasse...

Apesar desta visão ter sido muito fugaz e poucos pormenores tivessem sido visíveis, impressionou-me esta ambigüidade de aceitação e desespero que marcavam a vida do escriba que fui. Lembro-me bem de sentir isso mesmo, pois as regressões não são unicamente factuais, tanto emoções quanto sentimentos são igualmente revividos. O discurso era fluente, mas impregnado de tristeza e, enquanto falava durante a regressão, essa tristeza invadia realmente o meu coração.

Impressionou-me igualmente a sensação fatalista da incapacidade de lutar contra a tradição, tão contrária à minha atual atitude de vida.

Todavia, numa outra regressão que me levou a outra época e provavelmente a outro local, as circunstâncias ajudaram a ocorrência da libertação, eventualmente redimindo a minha Alma da passividade do acomodado escriba:

– Estou num lugar que me parece um jardim interior. A parte superior é aberta, mas existem edifícios a toda a volta. É uma espécie de claustro, existem arcadas. É tudo feito de pedra escura. O jardim é quadrado e tem árvores, flores, arbustos e um lago. A água é escura, mas não é por estar suja, ela é morna e tem propriedades curativas. É uma água ferrosa. O lago não está no centro, no meio tem uma pedra muito grande, arredondada e muito escura. Parece basalto.

Aquele edifício é um Templo e eu sou um sacerdote. Sou novo, ainda sou aprendiz. Sim, estou ali para aprender e moro ali. Um dos lados do edifício é o lugar onde durmo, juntamente com outros como eu. Aquela vida é dura e temos pouco tempo para descansar. Por isso aproveito aquele intervalo e deixo-me estar ali, encostado a uma das árvores. Há sol e calor, mas o céu está ficando enevoado e talvez comece a chover daí a pouco. O ar está pesado e abafado, é capaz de vir uma tempestade. Estamos perto do mar. É tudo o que vemos das janelas do quarto onde dormimos. No quarto, não há mais nada senão as janelas e os colchões no chão, uns ao lado dos outros.

Pertenço a uma Ordem e, quando fui para ali, deram-me um nome diferente daquele que tinha e proibiram-me de usar o outro. Não gostei disso, mas tive de aceitar, porque minha família me mandou para lá. Agora já ninguém me chama pelo meu verdadeiro nome e tenho de repeti-lo para mim mesmo, porque não quero esquecê-lo.

– *E como são os nomes?*
– O nome que me deram é Buti, mas me chamo Vradi[8].
– *E o que aprende no Templo?*
– Rituais e orações. E faço trabalhos.
– *Que trabalhos?*

---

[8] Nomes escritos de acordo com a sua fonética.

– Limpezas. Pertenço agora ao grupo das Limpezas, mas quero mudar para outros grupos: para os que cozinham, os que tratam das roupas, dos jardins e da biblioteca. Da biblioteca passa-se logo para o Círculo Interno.

– *O que é o Círculo Interno?*

– É o dos sacerdotes. Até lá, somos aprendizes. Depois de sermos sacerdotes, também temos vários trabalhos por onde temos de passar. E, se formos escolhidos, poderemos vir a pertencer ao Cordão.

– *O que é o Cordão?*

– São os Sacerdotes principais, aqueles que decidem o que se faz. Deviam ser os mais sábios, mas eu não sei se são.

– *E porque tem dúvidas?*

– Porque nem sempre decidem sabiamente. Outro dia isso aconteceu e todo mundo soube disso na cidade.

– *O que aconteceu?*

– Vieram uns homens de outra terra e eles não os deixaram dormir na cidade, porque traziam mulheres com eles. Disseram que era contra as regras. Mas essas regras não existiam. Eles é que as fizeram, de um momento para o outro.

O que aconteceu é que eles traziam uma mulher, que tinha estado aqui no Templo, e por causa dela um sacerdote do Cordão matou outro.

– *Como aconteceu isso?*

– Não sabemos ao certo, mas um dos Sacerdotes que a queria caiu ao mar de uma janela e apareceu morto, trazido pela maré, dois dias depois.

– *Pode explicar melhor o que se passa com as mulheres no Templo?*

– Aqui no Templo só há homens. Só podemos ter mulheres quando chegam as chuvas. Elas vêm para ter filhos nossos.

– *E na cidade não há outros homens?*

– Claro que há, mas elas preferem ter filhos nossos.

– *Por quê?*

– Porque nós somos os protetores da cidade. Todos na cidade contribuem para nos sustentar e um filho nosso vem diretamente para cá. As mães também são protegidas, por isso as mulheres querem ter filhos nossos, embora depois tenham de os entregar ao Templo, quando eles chegam à idade. As mulheres que são escolhidas para ficarem conosco nas festas da Chuva, vêm para o Templo e ficam na Casa da Árvore até se verificar se estão grávidas ou não.

– *Por que se chama Casa da Árvore?*

– Porque tem uma árvore muito grande em frente das janelas.

– *Continue a contar o que se passa com as mulheres.*

– Se não estiverem grávidas, ficam conosco durante uma lua e as que ficarem grávidas voltam para a cidade, mas ficam protegidas. Eu nasci de uma dessas mulheres e vim para o Templo quando chegou a hora. Só posso ver minha mãe na época das Festas.

– *E você não gosta de estar no Templo?*

– Não. Queria ser livre para poder fazer o que quisesse. Aqui, não tenho liberdade.

– *E fica nesse Templo pelo resto da vida?*

– Não. A cidade revolta-se contra o Templo, porque é invadida por um exército de outra cidade, que quer roubar suas riquezas. Depois de terem conseguido afastar os invasores, os sobreviventes da cidade invadem o Templo. Estão zangados porque acham que os sacerdotes deixaram de protegê-los. E dizem que tudo aconteceu por causa do assassinato do Sacerdote.

– *E o que acontece nessa invasão?*

– Eu consigo fugir no meio da confusão. Aproveito para escapar. Fico livre. Tenho uma marca na pele que eles colocam em todos, mas vou tirá-la com um punhal. Antes morrer de uma ferida, do que ser escravo toda a vida.

Enquanto a regressão estava se desenrolando, sentia uma grande ansiedade em saber como tudo iria terminar, como se estivesse vendo um filme cheio de "suspense". É muito curiosa esta sensação de estar vivendo um filme, sentindo tudo com muita intensidade e realismo, mas ignorando o desenrolar da ação e sendo freqüentemente surpreendida por acontecimentos inesperados.

Regressei desta vivência cheia de alegria pelo fato do sacerdote ter conseguido escapar da sua escravidão, reconhecendo algo sentido várias vezes na presente vida, quando me libertei de situações opressivas. Mudam-se os tempos, mudam-se as vontades? Claro que sim! Cada vida se desenrola num contexto cultural próprio, mas, com as regressões, percebi que há coisas que permanecem e que vão se repetindo de vida em vida. Através da consciência, teremos de distinguir entre aquilo que deverá ser mudado e aquilo que constitui verdadeiramente o elo de ligação das várias personalidades que a nossa Alma vai vestindo.

Passagens pela Morte

**A passagem por essa porta estreita
é feita por todos nós, muitas e muitas vezes,
tantas quantas as passagens por outra porta estreita
que nos traz ao mundo. Assim, nascimento e morte
são estados de transição, marcando início e fim
de uma etapa. E essa etapa chama-se Vida.**

Quando se faz uma regressão, é muito freqüente que surjam imagens de morte, já que nascer e morrer é o que há de igual em todas as vidas.

A regressão seguinte foi feita de forma espontânea e sem qualquer tipo de apoio, num despertar ao amanhecer, como me aconteceu várias vezes, e passada simplesmente para um gravador. As imagens eram vivas, como sempre cheias de realismo e de cor:

– Vejo um desfile que parece uma procissão. À frente vão uns homens com vestimentas compridas, uns chapéus esquisitos na cabeça, e uns bastões altos na mão, com cabos redondos. Apoiam-se nos bastões para caminhar. São vários e andam devagar.

Estamos no sopé de um monte e vamos subindo por um caminho em curvas, que leva até o topo. Vamos todos em fila e a caminhada é lenta.

Além dos sacerdotes, há também muitos soldados, que vestem uma espécie de armadura, com capacetes de metal na cabeça. Estão armados com espadas. Ao contrário dos sacerdotes, têm as pernas nuas, a roupa é curta, enquanto a dos sacerdotes é comprida.

Caminho de mãos amarradas à frente do corpo e um dos soldados me puxa por uma corda. Como eu, vão várias pessoas, homens e mulheres, cada um puxado por um soldado. Sou mulher e estou descalça. Meus pés estão feridos e custa-me caminhar, mas o soldado não me deixa descansar. O caminho é de terra com pedras pequenas, que me ferem os pés. O monte é nu, não tem árvores, só pedras grandes. É quase madrugada ainda, o sol está quase nascendo e vai fazer calor. Sei que vou morrer, tal como todos os que estão de mãos amarradas. Não penso em nada de especial, aceito que vou morrer e caminho mecanicamente. Vou morrer porque faço coisas que só os sacerdotes querem fazer: curo pessoas, adivinho o que vai acontecer, faço magia e eles querem ser os únicos a fazer tudo isso. Tenho raiva deles, nunca gostei deles, mas também os desprezo, porque só sabem impor-se pela força.

Aquele lugar para onde vamos é o local das execuções. Nunca estive lá. Esta será a primeira e a última vez.

Quando chegamos lá em cima, o sol já está subindo no horizonte e está atrás de nós. Aquele monte faz parte de um conjunto circular de montes escarpados. No centro, existe um enorme buraco rodeado por uma muralha natural de escarpas afiadas. É dali que vão nos lançar e mesmo que não morramos da queda, não teremos qualquer hipótese de sair desse imenso buraco.

Lá embaixo estão muitos restos de pessoas, embora as aves se encarreguem de fazer desaparecer rapidamente tudo o que for comestível. Este é um local maldito, nunca vem ninguém passear por aqui.

Desamarram-nos e colocam-nos ao lado uns dos outros à beira do abismo, cada soldado atrás do prisioneiro que conduzia e encostando a ponta da espada às suas costas. Os sacerdotes são cinco e reúnem-se no centro, também à beira do abismo, ficando um grupo de condenados de cada lado dos sacerdotes. Eles estão virados para o sol, portanto de costas para o abismo. Dizem alto umas orações e uns cânticos, erguem os bastões e os cabos brilham com tal intensidade que não se consegue olhá-los. O sacerdote que está no centro vira-se para a frente, para o abismo, enquanto os outros se viram para os condenados, dois para um lado e dois para o outro. Continuam com os cânticos e erguem os bastões, que projetam uma luz forte sobre os que vão morrer. Finalmente se calam e chega a hora da execução. O homem ao meu lado está tremendo e começa a gritar desesperadamente. O soldado ameaça-o com a espada, mas ele continua a gritar. O Sacerdote do meio faz um sinal e os outros vêm até junto dos prisioneiros e empurram-nos com os bastões ainda mais para a beira do abismo, enquanto os soldados continuam sempre com a ponta da espada encostada às costas. A um novo sinal, os soldados empurram-nos definitivamente para baixo. A mim quase não é preciso empurrar, deixem-me ser eu a decidir o momento da minha morte, odeio e desprezo quem me condena. Salto, fechando os olhos, e sinto o forte deslocamento do ar até que, de repente, tudo fica escuro e deixo de sentir o meu corpo.

Agora já estou fora do corpo e quero sair daqui depressa, odeio toda aquela gente e, por isso, quero sair dali rapidamente. Mas fico pairando, não sei para onde ir, continuo a vê-los descer o monte. Odeio-os e quero deixar de vê-los, mas não consigo. Quero ir embora, quero ir embora!

Da vivência desta morte, que não consegui localizar nem no tempo nem no espaço, guardo uma sensação de impotência e ódio. Foi esse ódio que me "prendeu" ao local da morte, impedindo-me de me desligar do plano material.

A libertação do corpo através da morte deverá causar alívio, mas isso nem sempre acontece, pois o afastamento do plano material e a subida para planos superiores depende do estado emocional na ocasião da morte. Tudo o que vivemos numa situação de morte fica registrado no nosso corpo emocional e, ao reviver as cenas através de uma regressão, esses registros surgem tão claros e intensos como no momento em que foram inscritos na nossa energia.

Não sendo mais possível transformar o que foi sentido na altura da morte, é possível transmutar os registros que ficaram plasmados energeticamente. Na PARTE II, existem descrições de processos de transmutação.

A mulher, que morreu odiando os seus juízes e carrascos, poderá ter ficado a pairar muito tempo no local da sua morte, alimentada emocionalmente pelo seu ódio. Assim surgem os vulgarmente chamados "fantasmas", os quais, à falta de um corpo físico, podem se instalar em corpos físicos alheios, provocando-lhes distúrbios físicos, emocionais e mentais. Quando isso acontece, é necessário proceder a um encaminhamento do espírito desencarnado para planos superiores, libertando-o da matéria e libertando também o hospedeiro, na grande maioria das vezes incautamente apanhado.

É, pois, extremamente importante que o encaminhamento da Alma seja feito, depois da morte ocorrer.

Aquele era, de fato, um local maldito, cheio de emoções de ódio e medo. Desconheço se seriam feitos alguns rituais de limpeza, embora os rituais que antecederam a execução tivessem certamente um objetivo desse tipo.

Depois de finalizar a regressão, fiz um trabalho de limpeza energética para que nenhuma energia dessa vivência dolorosa ficasse plasmada no presente e na minha aura. É muito importante que isso seja feito, quando as vivências recordadas numa regressão sejam violentas, pois essa energia pode ficar nas auras de quem recorda e também de quem conduz a regressão, se não estiver protegido. Igualmente podem ficar energias no local onde a regressão foi efetuada, pois as memórias tornam-se energias vivas quando surgem. Assim, uma regressão exige cuidados especiais, quer antes de ser iniciada, quer depois de terminada e não apenas durante.

Depois desta regressão ter acontecido, quando me lembrava daquela mulher, sem nome nem idade nas minhas memórias, rezava por ela e por todos os que morrem com ódio no coração.

**

Em algumas das regressões que fiz, apenas recordei cenas de morte, tal como aconteceu com a anteriormente descrita. Essas memórias surgiram naturalmente, apresentando a evidência de que constituíam fortes marcas na minha energia.

Gil, meu companheiro de luta contra os romanos, Alma companheira de muitas vidas, esteve também comigo em várias mortes. Esta é uma delas:

– Estou numa prisão. É um local horrível, tem uma janela com grades, está tudo sujo e a luz é muito pouca. Há muita gente ali, não há lugar para nos deitarmos senão no chão. Temos como colchão umas palhas muito sujas, que dividimos entre nós. Sou um rapaz jovem, talvez uns vinte, vinte e dois anos. Estou bem vestido, mas minha roupa está rasgada e suja. Acho que sou nobre e fui rico, naquele grupo há muitas pessoas como eu. Estou sozinho. Minha família também foi presa e não sei nada dela.

– *Consegue localizar-se no tempo e no espaço?*

– Sim, acho que isto se passa na França, na época da Revolução. Estamos todos muito angustiados, achamos que vamos todos ser mortos. Eu não entendo muito bem o que está acontecendo. Não entendo porque querem nos matar. Se é só por termos um título de nobreza, não entendo isso.

As pessoas falam pouco e estão todas muito desalentadas.

A porta se abre e um homem é atirado lá para dentro. Ele está zangado, protesta, insulta os guardas, mas eles riem e atiram-no com violência para dentro da cela.

Ele se levanta do chão, pois os guardas fizeram-no cair. Está vestido com uma camisa branca e umas calças justas. Tem só um sapato, o outro deve ter caído com a luta. O cabelo comprido está amarrado atrás e não tem barba. É mais velho do que eu, talvez tenha uns 30 anos. Ele se levanta e – Oh! Meu Deus – eu conheço esta energia: é o Gil, ele é o Gil!

– *E nessa vida já se conhecem?*

– Não, não nos conhecemos. Eu é que sei que ele é o Gil. Os outros afastam-se dele. Ele toma uma atitude arrogante, agarra umas palhas e vai deitar-se sozinho num canto. Entre meus companheiros há quem o conheça, contam-me a história dele. É um revolucionário, mas filho de família nobre. Ligou-se aos revolucionários e renegou a família. Fazia grandes discursos no Parlamento. A família foi presa e pediu-lhe ajuda, mas ele deixou-os serem todos guilhotinados, não se mexeu para ajudá-los. É bem feito! – dizem os meus companheiros – agora caiu em desgraça e foi preso. Parece que os revolucionários não confiavam nele totalmente, devido à família a que pertencia. Mas eu gosto dele. Tenho pena dele. A família morreu toda, a minha acho que também. Quando vêm nos trazer a comida – é horrível, um pedaço de pão duro e um caldo sem sabor e cheio de gordura – vou sentar-me junto dele. Peço-lhe que me explique o que é ser revolucionário, nunca conheci nenhum.

– *E ele explica?*

– Explica sim. Tornamo-nos amigos. Ele fala muito e agora os nossos companheiros afastam-se de nós dois, mas eu não me importo. À medida que ele fala, sinto que vai ficando cada vez menos convencido do que diz. Eu não entendo nada do que ele fala sobre os privilégios. Se eu nasci na minha família, por que razão não hei de ter aquilo que a minha família possui?

Agora vêm nos buscar. Acho que vamos ser julgados. Amarram-nos as mãos à frente, parece que estamos de mãos postas para rezar. É de propósito, diz-me ele, para nos fazerem sentir que estamos à mercê deles e que temos de lhes pedir clemência.

Só no tribunal nos desamarram. O tribunal é assustador. Somos vários réus e nos sentamos em bancos corridos encostados à parede, numa extremidade da sala, que é muito grande. No centro, numa mesa comprida, estão sentados os juízes, que estão virados para nós. São três. Atrás dos juízes estão muitas pessoas, numa espécie de anfiteatro. Fazem muito barulho, insultam-nos, não entendo porquê. Cada um de nós se levanta e diz o seu nome. Quando o Gil se levanta, metade da sala faz muito barulho ao vaiá-lo, outra metade aplaude.

Chamam-lhe de Robin[9], gritam o nome dele. Os juízes perguntam-lhe se tem advogado e ele diz que é o seu próprio advogado. Quando perguntam a mim, fico calado, não sei nada disso de advogados, minha família desapareceu toda. Então ele, num impulso, levanta-se e anuncia que é meu advogado. Agora toda a sala começa a vaiá-lo. Foi um gesto de grande nobreza romântica, mas que vai pôr em causa a sua própria defesa. Os que assistem batem os pés no chão e assobiam, é uma confusão. Os juízes mandam calar, batem com um martelo na mesa e os guardas avançam para o público. As pessoas se calam. Acho que o julgamento é uma farsa. Os juízes vão mandar matar todos nós. Ele fala muito, discursa muito bem, tem uma voz muito forte e potente. Vê-se que está habituado a falar em público, mas sei que não vai conseguir nada. Ficamos à espera de que os juízes decidam e, quando o do meio diz que vamos ser guilhotinados, todos na sala começam a aplaudir. Já temos a data marcada, é daí a 4 dias. Quando voltamos para a cela, ele está muito desanimado. Senta-se no chão a um canto, com a cabeça nos joelhos. Vou falar com ele, tento animá-lo. Acho que ele só vai ficar melhor quando formos realmente para a guilhotina.

– *Então vá para esse dia.*

– Já chegou o dia. Vamos numa grande carroça, pois somos muitos. É mais do que uma carroça, são pelo menos duas. Ele vai a pé, penteou-se da melhor forma que conseguiu e, apesar de sujo, está muito bonito. Eu me levanto também e vou para junto dele. Agora já chegamos ao local. Há duas guilhotinas em cima de um estrado e muita gente ao redor. Todos saem da carroça e os guardas nos empurram para formarmos uma fila. Ele grita que vão matar inocentes, que os criminosos são eles todos. Um guarda dá-lhe um pontapé, outro bate-lhe com uma arma. Ele cai e eu o ajudo a se levantar. Agora já não vou poder ajudá-lo mais, pois amarram-nos as mãos atrás das costas. Há umas máquinas esquisitas. Ah! É para nos cortarem o cabelo. Estamos ao lado um do outro, e nos levam para o pé do estrado, onde estão os

---

[9] Em francês, pronunciado *Roban.*

homens cortando os cabelos. Cortam-lhe o rabo de cavalo e atiram-no para as pessoas que estão assistindo, fazem o mesmo com meu cabelo. Há quem apanhe os cabelos, não sei o que fazem com eles. Agora levam-nos para o estrado. Somos irmãos na morte. Vamos ser mortos ao mesmo tempo. Tomara que isto termine depressa!

Já aconteceu. Deixei de ouvir o toque do tambor, os gritos das pessoas. Vejo tudo de cima, mas parece um filme mudo, não ouço nada. O Gil está comigo; parece que voamos. É isso! Não tenho corpo. Meu corpo está lá em baixo, sem cabeça. Aproximam-se de nós umas luzes. Estão chegando mais companheiros que vêm lá de baixo, há outros que já estavam aqui em cima. Não me dói nada, sinto-me bem. As luzes nos envolvem e nos levam muito depressa. Rapidamente nos afastamos do local. Já não me lembro bem dele. Agora estou num local todo branco. Sinto que estou sendo transportada. Perdi o Gil, já não o vejo. Estou sozinha, mas sinto-me bem. Sinto como se estivesse deitada, embora não tenha corpo. Acho que estou numa espécie de hospital, vão tratar de mim. Fecho os olhos que já não tenho e descanso o corpo que já não possuo. Descanso. Que bom...

A esmagadora maioria das mortes revividas em situações de regressão são violentas. Esse fato não deve causar espanto, pois temos vivido num mundo de grande violência e agressividade. As marcas de mortes passadas são traumas que muitos de nós carregamos, sem disso termos consciência.

Para mim, foi muito importante revivenciar situações de morte, pois pude limpar os registros dessas memórias traumáticas.

Nesta morte por decapitação na guilhotina, o real momento da morte foi instantâneo, porém, durante toda a regressão, houve um estado crescente de asfixiante ansiedade, desde a primeira cena na prisão, passando pelo tribunal e terminando na concretização da pena a que tínhamos sido condenados.

A sensação de liberdade após a morte substituiu o estado de angústia, mas as marcas das emoções vividas continuavam lá. Nessa morte, o processo de limpeza só ocorreu no plano etérico e de forma gradual, pois, quando houve muito sofrimento na vida, a passagem para a morte não produz a limpeza instantânea e a marca dos sofrimentos ainda permanece.

Muitas pessoas falam de hospitais para onde são levadas depois da morte, pois parecem existir esses locais de cura, onde os espíritos doentes são tratados.

Quando renascemos e atravessamos o portal para o mundo da matéria, esquecemos tudo. Porém existem marcas que se ativam em circunstâncias variadas, quer no contato com a energia de uma pessoa ou um local, ou ainda pela vivência de algo que tenha a ver com uma situação anteriormente vivida. Estas situações estão amplamente relatadas nos casos apresentados.

Uma regressão pode ajudar a erradicar essas marcas, visto que as traz para o plano consciente, contudo o tratamento para a erradicação dessas marcas depende das suas características e pode passar, por exemplo, por um exercício de Perdão ou por uma aceitação plena da morte, que não tenha acontecido na época de sua ocorrência.

Nesta regressão, a morte pela guilhotina, apesar de traumática, esteve isenta de qualquer sensação de ódio. O fato de, por um lado, me encontrar num certo estado de inocente incompreensão e, por outro, de não sentir abandono, dada a presença do meu companheiro de infortúnio, fez com que a passagem pela morte fosse feita com algum distanciamento e serenidade.

Quanto a Gil, o seu estado emocional de revolta foi suavizado pela minha presença a seu lado.

Esta regressão representou mais uma confirmação de que pertencemos à mesma Irmandade de Almas.

A regressão seguinte refere-se a uma nova situação de morte, talvez cronologicamente anterior a esta, pois situo essa vida no tempo da Inquisição. Trata-se igualmente de uma forma violenta de sair da vida, que foi objeto de um tratamento posterior. Considero esta vida muito interessante, pois me revejo em muitos aspectos dela, à luz da minha vida presente.

– Vivo numa pequena casa de madeira com minha avó. Somos muito pobres. Meus pais morreram e eu fiquei sozinha com ela.

– *Conhece a energia da sua avó?*

– Sim. É a minha mãe[10]. Ela é muito velhinha, tem as costas curvadas. Vai apanhar lenha e folhas dos pinheiros, que usamos para cozinhar e para nos aquecermos. Temos uma cabra que acompanha minha avó, quando ela vai apanhar lenha. Ela tem de ir todos os dias, porque não pode vir muito carregada.

– *Que idade tem você?*

– Talvez uns 15 anos. Trabalho numa propriedade muito grande.

– *O que faz lá?*

– De tudo um pouco, assim como as outras pessoas que lá trabalham.

– *Trabalha lá muita gente?*

– Sim, muita. Homens e mulheres e também rapazes e moças como eu. É assim que ganho dinheiro.

– *Sabe o seu nome?*

– Não sei bem. Minha avó me chama de neta e eu a chamo de avó. A cabra é que se chama Letícia.

– *Conte algum episódio importante nessa vida.*

– No final do dia, quando estou voltando para casa, chegam uns ciganos em fuga. Eram perseguidos por guardas que queriam prendê-los, não sei porquê. Eram duas mulheres, uma mais velha, um homem e duas crianças. Ninguém quis lhes dar abrigo e eu deixei que ficassem na nossa casa. Dormiram lá três noites, porque o bebê estava doente. Dei-lhe leite da nossa cabra.

– *E o que se passou com você e com os ciganos?*

– Na segunda noite em que eles lá ficaram, a mulher mais velha, que era avó das crianças, mostrou-me umas cartas muito velhas e gastas.

– *Cartas de jogar?*

---

[10] Referência à mãe na vida presente.

– Sim, mas tinham uns desenhos que me fascinaram. Nunca tinha visto nada assim.

– *E ela usava as cartas para quê?*

– Perguntei-lhe isso e ela respondeu que era para ver o passado, o presente e o futuro.

– *E depois?*

– Depois, eu lhe pedi para me mostrar como é que se fazia isso. Ela misturou as cartas e espalhou-as em cima da mesa, viradas para cima. Estou vendo-as com toda a nitidez. Uma delas assustou-me, representava a Morte. Deu-me um arrepio pelo corpo.

– *E isso tinha algum significado especial?*

– Sim, tinha. Olhei para a cigana e senti que aquilo era com ela, que ela ia morrer em breve.

– *E as outras cartas?*

– Isso foi muito estranho. Eu olhei para outras cartas e, de repente, senti que ela ia ser presa para proteger o resto da família e eles iam conseguir fugir.

– *Conseguiu então ler as cartas?*

– Sim, foi muito estranho. Eu não entendi porque estava dizendo tudo aquilo. A cigana olhou para mim e disse: "Bem que me pareceu que você tinha o dom."

– *O dom de ler as cartas?¡*

– Sim, era isso que ela queria dizer. Ela recolheu as cartas e deu-as para mim. "Vá, lance as cartas para você."

– *E você?*

– Eu embaralhei as cartas e tirei três. Estou vendo-as claramente. Uma, era um mulher parecida com a cigana, outra representava um homem com um saco cheio de moedas na mão e a terceira era outra vez a Morte, um esqueleto com uma foice grande na mão, como aquela que se usava lá na fazenda.

– *E como interpretou essas cartas?*

– Eu disse que ia começar a fazer coisas diferentes do que fazia até aquele dia, que ia ganhar muito dinheiro com isso, mas que também ia morrer por causa disso.

– *E o que disse a cigana?*

– Recolheu as cartas e disse-me que nunca mais lançasse as cartas para mim e que só o fizesse para os outros.

– *E depois?*

– Depois, disse que quase não precisava me ensinar, mas que ia me mostrar o que sabia.

– *E assim aconteceu?*

– Sim, ela mostrou-me várias coisas que se podiam fazer com as cartas e tudo o que ela me ensinou parecia que não era novo para mim. Depois disse que, no dia seguinte, de manhã ia me ensinar outras coisas, com ervas e animais.

– *Conhece a energia dessa cigana?*

– Não, mas sinto que ela é minha conhecida.

– *E eles foram embora?*

– Sim, ficaram só três noites. Quando foram embora, a cigana deixou-me as cartas e disse que não ia precisar mais delas. Abraçou-me e disse-me para usá-las com cuidado. Não sei porquê, mas fiquei chorando depois que ela partiu. Afinal, não a conhecia e só tinha estado com ela três dias...

– *E depois, começou a usar as cartas?*

– Sim. E também a fazer feitiços e curas. Foi tudo muito repentino, mas começaram a vir muitas pessoas falar comigo e eu deixei de trabalhar na fazenda.

– *E a sua avó?*

– A minha avó esteve doente e eu a curei, mas, depois, acabou por morrer de velhice.

– *E continuou nesse trabalho muito tempo?*

– Algum tempo, sim. Vejo-me já mulher, embora ainda nova.

– *E a Morte aconteceu?*

– Sim. Um dia, apareceu uma mulher com um bebê doente. Eu lhe disse que ele tinha tomado um veneno e que eu não tinha o antídoto. Disse que fora ela que tinha lhe dado o veneno. Eu senti que era isso. Ela queria ver-se livre da criança.

– *E que aconteceu depois?*

– Não percebi que era uma armadilha para mim. A criança morreu e ela foi dizer a toda a gente que eu a matara. Depois, apareceram uns guardas em minha casa, que me prenderam.

— *E levaram-na para a prisão?*

— Sim, uma prisão muito suja e feia. Eles me torturaram e violentaram, mas eu sabia que não podia fazer nada contra eles.

— *E foi morta?*

— Sim, obrigaram-me a assinar um papel que dizia que eu era bruxa. Eu não sabia assinar, eles molharam meu dedo no meu sangue e puseram lá a minha impressão. Eram uns homens vestidos de negro e com cruzes grandes ao pescoço.

— *E que morte lhe deram?*

— A fogueira. Era assim que matavam as pessoas. A cigana também deve ter sido morta assim. Estou me vendo atada a um poste e com um monte de lenha sob os pés, muito maior do que aqueles que eu tirava das costas da minha avó.

— *É só você que será queimada?*

— Não, somos muitos. Eles ateiam fogo à lenha e começa a fazer muito calor e muita fumaça.

— *Veja-se já fora do corpo.*

— Sim, estou vendo meu corpo acabar de arder, mas já não me incomoda a fumaça e não tenho dores. Há umas luzes junto a mim e eu lhes digo que quero ir embora dali, mas elas me dizem que temos de ir todos juntos, porque, se não formos, alguns vão ficar ali. Vejo virem luzes de cores diferentes dos outros corpos que estão sendo queimados. Vêm todas diretamente ao lugar onde estou, porque é aí que estão as luzes brilhantes. Vamos todos embora dali para um lugar onde vão tratar de nós.

— *E você está bem?*

— Sim, agora estou muito bem, não me custou largar o meu corpo.

Esta foi uma morte serena, apesar da crueldade do método usado. A linguagem usada durante toda a regressão foi de uma grande ingenuidade, refletindo um sábio e pueril desapego.

Quando se fazem várias regressões, o que foi o meu caso, é interessante verificar que a linguagem e as expressões utilizadas variam de regressão para regressão, refletindo a personalidade que está sendo revivida. Neste caso, tratava-se de uma criatura ingênua e inculta, usando empiricamente a sabedoria que lhe era transmitida por sua Alma. As condições que são assumidas pela Alma em cada encarnação – homem ou mulher, por exemplo – são visivelmente mostradas quando acontece uma regressão a essa vida.

Esta foi uma das vivências mais interessantes que recordei, pois verifiquei que existem em minha Alma muitos conhecimentos sobre práticas esotéricas.

A passagem pela morte foi relativamente tranqüila, não senti emoção no relato. De fato, quando não se luta contra a Morte e se aceita essa transição, ela ocorre serenamente e, mesmo que seja violenta, o sofrimento é amplamente diminuído.

Se bem que exista o instinto de sobrevivência, a resistência à Morte é, de algum modo, antinatural, uma vez que faz parte do percurso da Alma.

Aprender a lidar com a Morte é uma das mais difíceis aprendizagens da espécie humana, mas determinante para o nosso crescimento espiritual.

Ligações Familiares

**As famílias biológicas não são mais do que
a representação no plano físico da Irmandade de Almas.
Não existem Almas mães ou pais, todas pertencem
a uma fraternidade infinita. Existem apenas
Almas mais sábias e Almas menos sábias.**

No plano físico, as ligações familiares são determinantes para a construção da personalidade. Todavia ser pai, mãe ou filho é simplesmente uma condição assumida numa vivência existencial e por isso essas condições vão variando, quando as Almas se encontram várias vezes ao longo do seu percurso.

As vivências que vão tendo em conjunto, bem como os papéis que vão desempenhando nas várias vidas, constituem interessantes jogos de espelhos que as regressões permitem desvendar.

Por esta via procurei também entender algo mais sobre mim.

Meu pai nunca aceitou bem o fato de eu ter nascido menina. Sentia-o como uma figura distante, que pouco se aproximava de mim e nunca me pegava no colo. Durante algum tempo não liguei para isso, bastavam-me as brincadeiras do meu avô e os mimos das mulheres da família. Mas, depois da morte do meu avô, meu pai passou a ser a figura masculina mais próxima de mim e minha relação com ele tornou-se mais importante. A comunicação entre nós era difícil. Ele era um homem bom, mas severo, que me assustava um pouco. À medida que fui crescendo, fui tendo mais consciência de que ele me rejeitava por ser menina, caçoando dos meus vestidos e das minhas lágrimas. "Um homem não chora", dizia ele quando me via choramingar. E eu parava logo de chorar, inconsciente da dupla falsidade: nem eu era um homem e também não é verdade que os homens não chorem...

Por outro lado, minha mãe insistia comigo no alinhamento com os modelos femininos da época, criando-me uma dicotomia interior difícil de gerenciar, pois para agradar um teria de desagradar o outro.

Quis tentar entender o que estaria por trás desta situação e as respostas que encontrei foram elucidativas e surpreendentes:

— Concentre-se no seu pai e deixe que venham até você as memórias da vida que está energeticamente mais próxima da atual. O que vê?

— Vejo um japonês vestido com uma roupa de quem vai praticar arte marcial. Sou um rapazinho de uns dez ou doze anos e tenho uma roupa semelhante. Ele é meu pai. Estamos numa sala nua, sem móveis. Nas paredes existem armas penduradas: são sabres e punhais. Vamos praticar uma luta com sabre. Eu gosto muito e consigo defender-me muito bem. Sou muito ágil e meu pai, no final, depois de fazermos uma vênia um ao outro, diz que fui muito bem e que tenho de treinar todos os dias. Fico muito feliz, porque quero que meu pai se orgulhe de mim.

— Que faz o seu pai?

— Meu pai é Guarda Imperial e eu vou ser também, quando crescer.

— Projete-se 10 anos para a frente nessa vida.

— Estou mais crescido, já sou um jovem. Continuo a praticar essas artes. Também pratico uma luta só com as mãos, acho que é caratê. Também gosto muito, mas prefiro o sabre. Também sei ler e escrever, o que não acontece com todos os meus colegas. Quero que meu pai se orgulhe de mim.

– *E a sua mãe? Tem mãe?*

– Sim, mas minha mãe diz que tenho de ser o orgulho da família, um digno continuador do meu pai.

– *Conhece a energia da sua mãe?*

– Sim, é a minha avó, a mãe do meu pai.

– *Então agora projete-se 10 anos para a frente nessa vida.*

– Já sou um homem. Sou guarda imperial, como o meu pai. Ele já está velho. Vai haver uma festa onde será feita a passagem de testemunho, meu pai vai deixar de trabalhar e eu vou ficar com o posto dele. Na festa, vai haver uma exibição da arte do sabre. Sou muito bom nisso e meu pai está muito feliz. Foi a primeira e única vez em que o vi chorar.

– *Volte a projetar-se 10 anos para a frente nessa vida.*

– Sou um homem e já tenho filhos. Meu filho mais velho vai seguir o mesmo caminho. Estou com ele na mesma sala onde treinava com o meu pai, que está sentado vendo-nos treinar. Já está muito velho, mas fica muito feliz em ver honrado o nome da família.

– *Volte a projetar-se 10 anos para a frente nessa vida.*

– Meu pai já morreu, agora sou eu o chefe da família. Tudo vai acontecer de acordo com o previsto. A honra da família está salvaguardada. Vou poder passar para meu filho o que meu pai passou para mim.

– *Deixe agora essa vida e concentre-se na sua mãe da vida presente. Deixe que venham até você as memórias energeticamente mais próximas da vida atual. O que vê?*

– Minha mãe está lavando roupa num grande tanque, onde há várias mulheres fazendo o mesmo. Eu a ajudo e gosto muito do cheiro da roupa lavada. Há um outro tanque, onde vamos passar a roupa no final da lavagem, que tem água com flores e uns líquidos coloridos que perfumam a roupa. Minha mãe lava roupa para gente rica e tem calos nas mãos de tanto esfregar. Estou sempre com ela, ajudando-a, mas do que eu gosto é de ir entregar a roupa na casa da família para quem ela trabalha. Gosto daquela casa, do cheiro que há no ar quando as árvores estão em flor, do aroma dos perfumes que ardem nos jarros que lançam fumaça. Depois de entregarmos a roupa, mandam-nos sempre à cozinha e as criadas me dão guloseimas e riem muito com as minhas exclamações, quando vejo as grandes mesas cheias de peixes ou os animais inteiros que assam no fogo.

– *Onde se passa tudo isso?*

– Na China. As criadas fazem umas bolas com arroz e fritam-nas em óleo. Gosto muito disso, mas gosto ainda mais de uns bolos doces que elas fazem. Só que nem sempre os têm, mas como já sabem que eu gosto, vão fazê-los quando nós chegamos, se têm tempo. E eu espero e fico vendo-as trabalhar. Minha mãe me deixa com elas e vai fazer compras com o dinheiro que recebeu. Eu vou sozinha para casa depois. Conheço bem o caminho.

– *Tem mais família?*

– Tenho. Meu pai foi trabalhar na cidade e só vem para casa de vez em quando. Tenho outra irmã, mais velha, que cuida da casa, enquanto a minha mãe trabalha.

– *Projete-se 10 anos para a frente nessa vida.*

– Já sou crescida. Não quero continuar ajudando minha mãe. Fui pedir trabalho na cozinha da casa para a qual minha mãe trabalha. Agora estou lá trabalhando e gosto muito. Minha mãe ficou zangada e, quando vem à casa, nunca vem à cozinha. Fico triste com isso, mas não vou ceder à vontade dela.

– *Projete-se mais 10 anos para a frente nessa vida.*

– Deixei de trabalhar na cozinha da casa, porque tive um filho de um dos senhores da casa e passei a viver nos aposentos das mulheres. Minha mãe agora lava a minha roupa e a do meu filho, mas não a vejo nunca. Ela não queria que eu tivesse uma vida diferente da dela e agora estamos afastadas. Só minha irmã continuou a ver-me e conhece o meu filho.

– *A energia da sua irmã lhe é familiar ou de alguém com quem conviva?*

– Não. Só conheço o meu filho. É o meu primo Carlos[11].
– *Projete-se mais 10 anos para a frente nessa vida.*
– Continuo na mesma casa, mas não tenho mais filhos. Sou importante, porque tenho um filho. Dão-me tudo o que preciso e agora posso cheirar o aroma das flores todos os dias e mandar pedir os bolos de arroz sempre que me apeteça.
– *Vá agora para o momento da decisão de quem iriam ser os seus pais na vida presente. Qual o papel de cada um na sua vida?*
– Eu tenho de aceitá-los como são e eles de me aceitar como sou. Cada um de nós vai ter de aceitar as escolhas dos outros.

E assim fiquei relativamente esclarecida quanto às ligações com os meus pais, dando facilmente abertura a um processo de reconciliação com as imagens por mim interiorizadas relativas a cada um deles.

Entendi a relutância do meu pai em me aceitar como filha. Embora já não praticasse artes marciais, guardava ainda muita da energia militar dessa vida no Japão, bem como as ligações a códigos de honra muito rígidos.

Quanto à minha mãe, compreendi a sua dificuldade em aceitar modelos femininos diferentes do seu, querendo para mim um código de conduta que estivesse de acordo com os seus padrões.

A regressão ajudou-me a relativizar todos os choques vividos nas relações familiares e a perceber que, na vida atual, tudo se desenrolou dentro do plano previsto para nós.

Surpreendentemente, enquadrei de forma inesperada a minha relação com meu primo Carlos, bastante mais novo do que eu, por quem tive sempre uma afeição maternal, sentimento retribuído por ele no mesmo tipo de energia.

A escolha dos pais para a encarnação de uma Alma nunca é feita ao acaso e possui sempre propósitos bem definidos, embora eles sejam do nosso conhecimento apenas em nível inconsciente.

---

[11] Nome real na vida presente.

Esta regressão foi determinante para a aceitação consciente dos meus pais da presente vida.

Em outra regressão, já tinha encontrado minha mãe como minha avó e voltei a rever meu pai em outra situação relatada mais à frente. É provável que tenhamos estado juntos em muitas outras vidas, pois é muito normal existirem ciclos reencarnatórios dentro da mesma família e os papéis irem variando ao longo da progressão da linha familiar.

No entanto, a minha experiência me diz que temos acesso apenas àquilo que é verdadeiramente importante para a resolução dos problemas cuja solução procuramos.

Lembremo-nos que, no ventre materno, mergulhamos nas águas do esquecimento e assim nascemos com o consciente limpo de memórias antigas, como uma taça vazia que vamos enchendo à medida que a vida vai sendo vivida.

Tudo o que chega ao plano consciente, de forma espontânea ou induzida, é exclusivamente aquilo que é importante para a expansão da consciência. O acesso às informações contidas nos infinitos arquivos do Universo é conduzido por uma Inteligência Superior, da qual a nossa Alma faz parte.

Continuando a investigar algumas das raízes dos meus relacionamentos atuais, quis saber algo sobre os meus dois filhos[12]. A harmonia que reina entre nós é de tal forma natural, que temos comentado muitas vezes que o nosso conhecimento deveria ser muito antigo.

Fui procurar nos registros se essa informação estaria disponível e encontrei respostas que me deram imensa alegria:

– Estou no jardim de uma casa. É a minha casa, eu vivo aqui. É um jardim bonito, bem cuidado. Estou sentada numa cadeira, à sombra

---

[12] Os nomes usados são os reais: Pedro e Ester.

de uma árvore. Está um dia quente, deve ser verão. Estou olhando as brincadeiras de uma criança, uma menina de uns três anos. A babá está brincando com ela e ela corre e ri. Eu recomendo cuidado com a menina.

– *É sua filha?*

– Não, é minha neta. É filha do meu filho. A minha nora morreu e ela vive comigo.

– *Conhece a energia dessa criança?*

– Sim, é a minha filha Ester.

– *Tem mais netos?*

– Não, tenho só esta. Meu filho é militar, fica longe de casa muitas vezes e eu tomo conta da minha neta. Meu filho nesta vida é meu filho Pedro.

– *E sabe onde isso se passa?*

– Sei, é na Rússia, em São Petersburgo.

– *Vive mais alguém na casa além de vocês e da babá da sua neta?*

– Vivem mais criados. A minha família vive em outra cidade. Eu sou viúva, meu marido também era militar. O meu filho seguiu a vida do pai e tenho muito medo que lhe aconteça alguma coisa e eu fique sozinha com minha neta.

– *E o seu filho está longe de casa?*

– Não, ele vive aqui. Só vai para mais longe quando o mandam. Somos só os três, só temos uns aos outros.

– *Projete-se 5 anos para a frente nessa vida.*

– A minha neta está mais crescida e já sabe ler e escrever. Eu gosto de acompanhar as lições dela. Também está aprendendo a tocar piano e tem uma voz muito bonita. No final da tarde, meu filho e eu gostamos de ficar tocando e cantando. Todos gostamos muito de música.

– *Projete-se mais 5 anos para a frente nessa vida.*

– Estou um pouco mais velha e estou preocupada porque se fala de guerra. Estão sempre falando de guerra. Ainda bem que minha neta não é um rapaz. Assim não vai para a guerra.

– *Projete-se mais 5 anos para a frente nessa vida.*

– Estou ainda mais velha e a minha neta mais crescida. Meu filho esteve na guerra e já voltou. Foi ferido, mas já está recuperado. Contudo anda triste e só a alegria da filha o faz sorrir. Continuamos com os nossos serões musicais e agora vêm mais pessoas que gostam muito de ouvir a minha neta cantar. Acho que ela vai se casar com um rapaz que a corteja. Gosto dele, acho que vai ser bom para ela, mas meu filho vai sentir muito a falta da filha. Ela é muito alegre e passa os dias cantando.

– *Projete-se mais 5 anos para a frente nessa vida.*

– Estou doente, na cama. Minha neta está casada, mas veio cuidar de mim. Meu filho está muito preocupado comigo, mas está muito feliz por ter a filha de volta em casa. À noite, voltamos a ter serões musicais. Eu peço para ela cantar e, como me custa levantar da cama, trouxeram o piano para o meu quarto. É um fim de vida muito feliz.

– *Existem mais memórias de vidas com algum dos seus filhos ou com os dois?*

– Estou vendo um dormitório com muitos colchões no chão. Estamos indo dormir. Somos muitos rapazes, todos de cabeça raspada e roupas iguais. As roupas são uma espécie de panos onde nos enrolamos. Aquilo é um mosteiro e nós somos noviços. Sou um dos garotos e os meus filhos também estão ali. Somos muito parecidos, pois temos todos caras com olhos amendoados, cabelo raspado e idades semelhantes.

– *Fale mais sobre essa vivência.*

– Somos garotos felizes, dão-nos tudo o que precisamos e ensinam-nos muitas coisas. Nós três somos muito amigos e temos uma grande cumplicidade. Combinamos ser sempre amigos e fizemos um juramento de nunca nos separarmos.

– *E ficam juntos no resto da vida?*

– Sim. Continuamos naquele mosteiro e somos monges budistas. Gostamos muito da nossa vida e vivemos muito felizes. Só a morte nos separará na vida na Terra.

– *Existem mais memórias de vidas com algum dos seus filhos ou com os dois?*

– Acho que sim, mas não são importantes.

– Estas são as memórias que trazem mais informação em relação à vida presente?
– Sim.

E assim deixei as memórias onde me encontrei com os meus filhos. Quer a tranqüila vivência no mosteiro, quer a serenidade e alegria da vida familiar na Rússia, são semelhantes à vida que tem animado a nossa vida a três.

Acredito que nasceram como meus filhos para que pudéssemos reviver a harmonia e cumplicidade que tão bem conhecemos.

Outra figura familiar muito importante para mim foi o meu avô paterno. Apesar de ter vivido muito pouco tempo com ele, foi das figuras que mais me marcou e com quem eu sentia uma ligação muito profunda.

Assim, foi natural querer conhecer mais alguma coisa sobre a nossa relação.

– Concentre-se no seu avô. Sinta a energia dele e deixe que venha até você a informação sobre o conhecimento de suas almas.

– Estou me vendo como uma menina de uns 4 anos. Tenho um vestido grande demais para mim e muito sujo. Estou brincando com umas pedras e umas pinhas pequeninas, sentada no chão, no meio de árvores altas. Acho que estou numa floresta. Está um dia bonito e há sol, apesar das árvores não deixarem entrar muita luz. Estou muito tranqüila, não acho que esteja perdida, mas não vejo ninguém. Ah! Chega perto de mim uma mulher, que fala comigo e para quem eu sorrio. É minha mãe. Traz um avental cheio de cogumelos, segura a minha mão e me puxa para eu me levantar. Depois vamos as duas caminhando de mãos dadas pelo meio das árvores. Ela orienta-se muito bem, sabe exatamente para onde quer ir. Saímos da floresta e entramos num povoado. As casas são de pedra e têm um ar pobre. Pessoas circulam por entre elas. Falam com minha mãe e algumas fazem-me festas na cara ou no cabelo. Eu sou muito loura e minha mãe é morena, fazemos um grande contraste.

– *Sabe onde se passa essa cena?*

– Não. A língua é desconhecida para mim. É bonita, cantada, parece italiano, mas antigo.

– *Vocês vivem naquela aldeia?*

– Sim. Estamos chegando em nossa casa. Meu pai é estrangeiro, fala a nossa língua com um sotaque esquisito. Ele vem ao nosso encontro e está muito satisfeito. Fala com minha mãe e ela também fica muito satisfeita. Meu pai pega-me no colo e começa a dançar e cantar. Minha mãe ri e vai para dentro de casa com os cogumelos no avental. Ele é muito louro e tem olhos claros.

– *Essas energias lhe são familiares?*

– Sim, o meu pai é o meu avô e a minha mãe é a minha avó.

– *E sabe porque estão tão satisfeitos?*

– Não, não entendi o que eles disseram, sou ainda muito pequena e não entendo muitas coisas que os adultos dizem.

– *Então projete-se para a frente nessa vida.*

– Nós vamos embora dali. Talvez fosse por isso que eles estivessem tão contentes. Estão colocando objetos e roupas num carro puxado por um cavalo. Depois, subimos no carro também e vamos embora. Passamos por várias pessoas que nos acenam adeus. Falam comigo e dizem "Adeus Marianna".

– *Tem pena de ir embora?*

– Não. Estou com os meus pais e estou feliz.

– *E para onde vão?*

– Não sei. Vamos seguindo e parando pelo caminho. Dormimos no carro. Acho que vamos para longe.

– *Então veja-se já no seu destino.*

– Não chegamos lá. Eles mudaram de idéia, estão sempre mudando de idéia quanto ao lugar para onde vamos. Eu não me importo, é muito divertido o caminho. Meu pai toca uma espécie de acordeão e canta canções na língua dele. Minha mãe também já aprendeu e canta com ele. Ela acompanha as canções com um instrumento que parece um pandeiro. A mim, ensinam-me a dançar e paramos em locais onde as pessoas vêm nos ver. Depois nos dão dinheiro e outras coisas.

– *Que outras coisas?*

– Comida, roupas, objetos...

– *Projete-se 5 anos para a frente nessa vida.*

– Estou mais crescida. Agora danço melhor e também canto. As pessoas gostam muito de nós e vêm nos convidar para dar o nosso espectáculo em muitos lugares.

– *Projete-se agora 10 anos para a frente nessa vida.*

– Continuamos com a mesma vida. Somos muito felizes. É muito bom chegar num lugar e todos nos receberem bem e com muita alegria. Eu gosto muito, apesar de estarmos sempre mudando de casa, nunca termos uma casa nossa e ficarmos sempre em lugares emprestados. Agora temos dois carros, porque tem um homem que também anda conosco. Ele também canta e toca um instrumento com cordas, é uma espécie de guitarra, talvez um alaúde. Agora somos quatro no espetáculo. Somos muito felizes.

– *Conhece a energia do homem que é seu marido?*

– Sim, é o meu pai.

– *Projete-se agora 10 anos para a frente nessa vida.*

– Já tenho uma filha. É uma menina. Ela é a minha tia Eduarda[13].

– *E continuam na mesma vida?*

– Sim, os quatro. A minha filha também vai ser artista, como nós. Tenho certeza disso.

– *Projete-se agora 10 anos para a frente nessa vida.*

– Meus pais estão ficando velhos e já lhes custa fazer viagens muito longas. Vamos ter de deixar de andar de um lado para outro e nos instalar em algum lugar. Escolhemos uma cidade muito bonita junto de um lago. Temos uma casa nossa e agora fazemos o nosso espetáculo numa espécie de teatro. Meu marido torna-se um empresário e como a minha filha canta com uma voz muito bonita, agora tem um professor que a ensina a cantar ainda melhor. Temos todos muito orgulho dela. Vêm pessoas de longe para ouvi-la cantar.

– *Projete-se mais 10 anos para a frente nessa vida.*

---

[13] Nome real da minha tia, irmã mais nova do meu pai.

– Meus pais estão muito idosos, mas continuam a gostar de cantar. Somos muito felizes. Gostamos todos muito uns dos outros e somos muito alegres. Acho que as pessoas gostavam tanto de nos ver atuar, porque nós lhes transmitíamos esse amor e essa alegria.

Esta regressão, que não consegui localizar nem no tempo nem no espaço, deixou-me uma emoção muito forte, pois a pueril e genuína alegria de viver foi a sua nota dominante. Ela me trouxe de novo o som das risadas dos jogos com o meu avô; fez-me perceber por que razão a minha avó tinha freqüentado o Conservatório e o meu avô, apesar de ter uma profissão de tipo administrativo, tinha sido um fervoroso praticante de teatro amador nos seus tempos de juventude.

Entendi também a frustração da minha tia em não ter seguido uma carreira artística. Recusando esse apelo por lhe faltar a coragem de enfrentar uma vida incerta em termos de resultados materiais, escolheu uma profissão mais segura, mas onde nunca se sentiu feliz.

Quanto ao meu pai, entendi também por que razão ele tirava de vez em quando a sua máscara de sisudo Guarda Imperial e deixava que a sua sensibilidade o atraiçoasse, quando via ou escutava ópera, por exemplo, embora não tivesse tido qualquer educação musical.

Quanto a mim, aceitei as minhas raízes artísticas, mas, mais do que tudo, entendi o meu impulso de nômade, que tem sempre me desviado de um sedentarismo excessivo e que me faz muitas vezes sentir vontade de colocar uma mala no carro e partir sem destino, ao encontro da aventura.

Memórias de locais

**A palavra chave para tudo o que existe é Energia.
Quando a Alma reconhece a energia de um lugar
onde um corpo, que foi seu, viveu, amou, foi feliz
ou sofreu, os sinais que envia para o corpo
que está usando são fortíssimos. Quanto mais
ligados à Alma, mais facilmente receberemos
as suas informações. A Alma nunca
se engana nesses reconhecimentos.**

Desde menina que o Oriente me atraía.

Na biblioteca do meu avô, que explorei até à exaustão desde que aprendi a ler, encontrei alguns livros sobre o Japão, nos quais existiam reproduções de textos japoneses. Os caracteres me atraíam. Comecei a copiá-los cuidadosamente, deliciando-me com as suas formas.

O delicado material de escrita – os finos pincéis, os tinteiros, os carimbos – sempre constituíram para mim uma inexplicável atração. Na adolescência, quando nada disso se encontrava facilmente em Portugal, consegui encontrar algumas dessas coisas e ainda ensaiei o desenho de caracteres com tinta preta.

Japoneses e chineses partilham os mesmos símbolos de escrita, se bem que as línguas sejam diferentes. Ambos os países me atraíam, nessa altura tão longínqüos, pois era um tempo em que a televisão ainda estava dando seus primeiros passos e não se sonhava com telefones celulares ou Internet, que vieram tornar o mundo menor.

Minha vida profissional de adulta obrigou-me a viajar muito e levou-me a ambos os países. Num e noutro me senti em casa. Era uma sensação estranhíssima, uma mistura de *déjà vu* com uma saudade nostálgica, especialmente no Japão.

Nessa altura, ainda nada lera sobre regressões, não tinha sequer começado a praticar yoga. Era uma executiva na vida empresarial, dava aulas na Universidade e achava que o "Cogito ergo sum"[14] era a síntese de todas as verdades.

Porém, uma vozinha interior a que eu chamava intuição, dizia-me que, na vida, havia mais alguma coisa além disso. Agora sei que era a voz da minha Alma falando comigo...

As ligações fortes com locais, tal como com pessoas, constitu-em uma forma inconsciente de entrada nos registros que o Infinito nos reserva.

Depois dessas minhas visitas a ambos os países, o trabalho apertou e não tive muito tempo para escutar a minha voz interior até que conheci Gil. Um dia, pela mão de amigos comuns, ele foi à minha casa e interessou-se de imediato pelas peças japonesas que eu tinha expostas. A primeira conversa que tivemos foi sobre o Japão. Contei-lhe sobre a minha visita a esse país, ele do seu desejo de lá ir.

Iniciamos nesse momento uma relação de amizade, pois a comunicação entre nós fluiu de forma leve. A sensação de velho conhecimento foi mútua e agora sei que foram as nossas almas que se reconheceram.

Quase simultaneamente a este encontro, ao ler um jornal, meu

---

[14] "Penso, logo existo.", máxima do filósofo René Descartes.

olhar foi atraído para um pequeno anúncio encimado pela designação "Cultura Japonesa". Propunha cursos numa escola pertencente a uma Fundação japonesa. Num impulso, inscrevi-me. E assim fui avançando gradualmente nos segredos da língua, nos mistérios da cerimônia do chá, na simbologia do *ikebana*[15] e nos labirintos dos *origami*[16].

E a minha vozinha interior segredava-me que haveria de descobrir alguma coisa sobre a ligação com aquelas culturas.

Uma noite, essa voz falou mais alto e me disse uma coisa muito estranha. Estava estudando aplicadamente uma lição, às voltas com as dificuldades da numeração, *ichi, ni, san*[17], quando um pensamento atrevido me surgiu, de forma espontânea e inexplicável. E o pensamento era como uma legenda de um filme sem imagens dentro da minha cabeça: se tiver de descobrir qual a origem do seu elo com o Japão, irá voltar a esse país sem que para isso tenha de fazer alguma coisa.

Fiquei uns segundos parada, relendo a frase escrita na minha mente por mão invisível, como uma imagem que, depois de ter desaparecido, a retina ainda conserva. Encolhi os ombros, "que tolice!", e voltei ao *ichi, ni, san*.

Mas ao fim de dois anos de estudo intenso da língua japonesa, quando já conhecia os vários sistemas de contagem e tinha ido muito além do *ichi, ni, san*, surgiu inesperadamente uma nova ida ao Japão, igualmente a trabalho.

Voltei a esse país com uma delegação portuguesa de empresários. O programa incluía várias visitas a empresas todas na região de Tóquio. Dessa vez decidi tirar umas férias e ficar lá mais uns dias. Sozinha. Queria escutar a voz do país falando com a minha própria voz interior, usando provavelmente uma linguagem univer-

---

[15] Arranjos florais.

[16] Dobraduras de papel.

[17] Um, dois, três em japonês.

sal, um esperanto[18] qualquer, que me esclarecesse de vez e fizesse nascer um sol dentro de mim, à semelhança do representado na sua bandeira.

Chegamos a Tóquio no final do dia, mortos de sono e de cansaço, mas, para abreviar a adaptação à hora local, decidimos ir dormir apenas no horário japonês, embora para nós fossem nessa altura cerca de umas 6 da manhã. Fomos jantar no bairro de Ginza, a Baixa de Tóquio, e enquanto me refrescava no quarto antes de sair para jantar, liguei a televisão, testando o meu estudo. E espanto dos espantos, a primeira notícia que escutei – ouvi e não queria acreditar nessa espantosa sincronicidade: celebrava-se nesse dia o 500º aniversário da chegada dos portugueses ao Japão, à ilha de Tanegashima!

Senti esse fato como um sinal de que a linguagem daquele país comunicava-se de fato com minha linguagem interior.

A permanência no país decorreu normalmente e sem incidentes. Depois de meus companheiros de viagem regressarem a Portugal, lancei-me à descoberta e decidi ir visitar Quioto e Nara, cidades antigas, cheias de história e de templos. Apesar de me sentir muito bem e da sensação de estar em casa continuar comigo, sentia que me faltava alguma coisa. E veio repentinamente uma ordem interna: vá a Hiroshima!

"Hiroshima meu amor"[19]... Tinha lido o romance e visto o filme, mas não tinha pensado em fazer essa visita. Hiroshima, como Nagasaki, constituem dois símbolos fortes na nossa cultura do pós-guerra e ir a qualquer um destes locais é fazer uma peregrinação pela Paz.

Mas não era esse o objetivo da minha peregrinação, era uma etapa de uma peregrinação estritamente pessoal. E senti que tinha de cumprir a ordem de ir a Hiroshima. Comprei um bilhete só de ida no

---

[18] Língua criada pelo médico polaco Zamenhof, em 1887, que pretendia ser uma linguagem comum a todos os países.

[19] Romance da escritora Marguerite Duras, que foi adaptado para o cinema.

Shinkasen[20], telefonei para o hotel mais próximo do Jardim da Paz, o coração da Bomba, onde hoje voam as pombas da Paz, e reservei um quarto sem data de saída.

Ao chegar a Hiroshima, a minha sensação de estar em casa era mais forte. Havia uma mistura de dor e alegria, uma inexplicável e irreprimível vontade de chorar.

Mal coloquei a mala no hotel, saí para o Jardim da Paz. Só fui visitar o Museu da Bomba, onde está contada em imagens e objetos a história da queda da Bomba, no dia seguinte. Nesse dia passeei pelo jardim, visitando, um por um, os memoriais nele construídos.

No centro, conserva-se um edifício em ruínas que deixa ainda perceber as linhas elegantes que teve, com uma cúpula redonda, agora semi-destruída. Porém o mais aterrador é a cor. O edifício é negro, totalmente calcinado.

No coração do Jardim há um pequeno altar, onde não existe nada senão um fogo permanente. Junto desse altar rezei, pedindo Luz para que nunca mais se repita o que ali se viveu e quando, à japonesa, baixei a cabeça numa vénia ritualista, reparei que, através da chama, se via o edifício. Tive um choque. Era uma visão assustadora. O fogo ainda estava ali, o edifício nunca deixará de arder na memória de quem se incline perante o sofrimento.

A minha visita a Hiroshima foi emocionalmente muito forte. Chorei muito, parecia que as minhas lágrimas limpavam alguma ou muitas coisas. Não sei por que chorava, mas sentia que não valia a pena interrogar-me.

Regressei de Hiroshima com a convicção de que aquela visita tinha sido importante, embora nada me tivesse sido revelado, senão a confirmação do meu "déjà vu". Só muito mais tarde cheguei a entender tudo, naquela altura eu não sabia, apenas intuía e de forma sutilíssima.

---

[20] Comboio de alta velocidade.

O sofrimento estava escrito algures na minha energia, contudo eu tinha apenas uma vaga idéia dele.

Agora sei que, quando se sente algo forte num local, seja uma atração ou uma repulsa, isso significa que se tem alguma ligação com aquele lugar. A sensação pode ser muito vaga, mas, ao nos concentrarmos nela, é possível expandir o grau de consciência e perceber o que nos atrai ou nos afasta. Isso pode acontecer, por exemplo, com uma cidade, um país ou outra forma física qualquer. No Japão, na China e em São Petersburgo senti muita familiaridade, que se traduziu num grande bem estar.

As sensações de repulsa podem ser, por exemplo, medo ou angústia e podem traduzir-se em sensações físicas desde suores, aperto no coração, contrações intestinais etc. Isso aconteceu-me de algum modo em Hiroshima e também na Escócia, como contarei mais à frente.

Através de uma regressão, é possível conhecer qual a ligação com um local. De todas as vivências regressionais que fiz, a mais violenta talvez tenha sido aquela que me deu a chave para conhecer o mistério de Hiroshima na minha vida.

— *Concentre-se na energia da cidade que conhece como Hiroshima. Se existe em você alguma memória de uma ligação com ela em outra vida, deixe que ela venha ao seu plano consciente.*

— Sou japonesa. Tenho cerca de 12 ou 13 anos e tenho um irmão mais novo.

— *Onde se vê?*

— Estamos em casa com a nossa avó. Não há mais ninguém.

— *Então vocês não têm pais?*

— Temos. O pai está na guerra e já não o vemos há muito tempo. A mãe sai sempre cedo. Ela é professora e vai para a escola, onde estão fazendo trabalhos por causa da guerra.

— *Reconhece a energia de alguém dessa vida?*

— Sim, o meu irmão é o Gil.

— *Onde fica a casa?*

— Em Hiroshima. A nossa casa fica no alto, a escola da mãe é lá embaixo.

– *Estavam lá no dia 6 de Agosto de 1945[21]?*

– Sim, estávamos em casa. De repente, houve uma grande luz e só depois veio o ruído, um ruído que parece fazer estalar os ossos, porque entra por dentro de nós e parece fazer-nos rebentar por dentro. É horrível, horrível, horrível. *(Contorcia-me e enrolava o corpo, aproximando os joelhos da cabeça.)*

Nós não entendemos o que aconteceu, mas eu tenho medo pela minha mãe. Agarro o meu irmão pela mão e corremos para procurar nossa mãe. Vamos descendo para o centro, e só vemos fogo, gente correndo em todas as direções, e um cheiro horrível, acho que é uma mistura de fogo e corpos queimados. Se o Inferno tem cheiro é como este.

(Alguns vômitos sacudiram-me violentamente.)

Sempre agarrada à mão do meu irmão, caminho sem olhar para trás. Meu vestido está rasgado. Não quero ver nada, só quero encontrar minha mãe. Tenho que arrastar meu irmão, ele pára olhando para tudo, de boca aberta. Eu o puxo e corro, corro. Quero saber se a escola ardeu e se mamãe está bem.

Tropeço, não vejo bem em quê, as ruas estão destruídas, já não há ruas, não sei se é por aqui que se vai para a escola. Está tudo, tudo destruído. Há muita gente gritando, ouço gente chorando, vejo muita gente correndo. Está tudo, tudo destruído. Sinto muito calor e muita sede. Estou morrendo de sede. Também estou muito cansada, acho que não consigo andar mais. Tropeço e caio, estou tão cansada que não consigo me levantar, mas estou sempre agarrada à mão do meu irmão.

Sinto o corpo muito quente, acho que tenho queimaduras. E tenho muita sede, muita sede, muita sede...

E acho que morri. Estou vendo tudo de cima. Vejo meu irmão caído no chão sobre o meu corpo, chorando e chamando por mim. Eu não ouço, mas percebo que ele me chama. Sei que estou à espera que

---

[21] Dia em que foi lançada a bomba atômica em Hiroshima.

ele desencarne para partirmos juntos. Vejo outros desencarnados flutuando, não há luzes, está tudo escuro aqui em cima. Meu irmão veio finalmente para perto de mim e voltou a agarrar minha mão. Não vejo ninguém conhecido, minha mãe não está aqui. Estamos perdidos, como estávamos lá em baixo, está tudo escuro e eu não sei para onde ir.

– *Chame o seu guia, chame o guia do seu irmão.*

– Não sei quem são, não sei chamá-los. Está tudo escuro, está tudo escuro... *(Chorava convulsivamente.)*

– *Saia dessa cena, veja-se já em zona iluminada.*

– Estou num lugar igual àquele onde estive antes. É uma espécie de hospital, aqui tratam de nós. Não vejo o Gil, acho que ele está em outro lugar, mas não estou preocupada. Sei que vamos nos encontrar depois de estarmos curados.

Assim descobri mais um elo da minha ligação com o Japão, e particularmente com Hiroshima, bem como a informação sobre mais uma morte que vivi em conjunto com Gil. Ignoro se acabamos por ter o mesmo destino, quando lutávamos contra os romanos, mas é provável que sim, dada a desigualdade de armas com que lutávamos, pois éramos, talvez, gauleses sem poção mágica, possuindo apenas as nossas mãos nuas para lutar contra as legiões romanas.

Senti racionalmente algumas dúvidas sobre a vida em Hiroshima, pois achei que havia muito pouco tempo de intervalo entre aquela vida e a atual, dado que nasci em 1951. Porém, interiormente, não duvido de que a minha Alma teve um corpo que morreu em Hiroshima. Além dos fortíssimos sinais que recebi durante a visita a essa cidade, tive acesso a mais informações sobre essa vida, particularmente às razões que levaram a que ela acontecesse. Esse relato encontra-se um pouco mais à frente, no último capítulo da PARTE I.

Ao longo de todos os trabalhos regressionais que realizei, cheguei a constatar que, de fato, a nossa medição de tempo na Terra não é igual à medição do tempo em termos cósmicos. E disso a minha mente racional não entende nada.

Tenho verificado igualmente que os ciclos reencarnatórios estão se tornando mais rápidos e que, mesmo em escala cósmica, esse processo está acelerado. Aproximamo-nos do fim de um ciclo e isso acontece sempre nessas épocas.

Para onde se encaminharão as nossas Almas no final do ciclo, ignoro totalmente. Continuo a acreditar que há certos mistérios que não estamos preparados para entender.

* * *

A Escócia constituiu uma experiência igualmente interessante. Quando visitei esse país, encontrava-me ainda muito longe de qualquer conhecimento consciente sobre regressões ou vidas passadas.

Cheguei a Glasgow num dia de inverno, escuro e chuvoso. Existem locais que, mesmo sem sol, acendem luzes dentro de nós, isso nada tem a ver com a beleza ou fealdade desses locais, mas simplesmente com as impressões que despertam em nós. Porém, neste caso, o dia de chuva foi exatamente o símbolo do que senti ao pisar solo escocês.

Visitei outras cidades na Escócia, estive em excelentes hotéis e fui sempre bem recebida em todos os lugares que visitei. E, todavia, desde que cheguei a esse país e senti a sua energia, o meu coração ficou pesado, preso numa inexplicável angústia. E uma quase irreprimível vontade de ir embora acompanhou-me sempre.

O alívio que senti, quando me sentei no meu lugar no avião e decolei daquele solo, foi enorme. Nunca entendi por que razão me senti tão mal na Escócia, ficando sem qualquer vontade de lá voltar, até que, numa regressão, encontrei a resposta.

A chave me foi dada pelo conhecimento de uma pessoa. Quando vi Xavier pela primeira vez, tive uma sensação forte de reconhecimento, algo que já havia sentido antes quando conhecera Gil. Do lado dele ocorreu exatamente o mesmo, o "déjà vu" também foi muito forte. Ao olhá-lo, senti inexplicavelmente que ele deveria usar bigode. Via nele um farto bigode de pontas viradas para cima. Essas sensações indefiníveis de informações, que me chegam de forma sutil, mas segura, tenho-as com muito mais freqüência e com muito mais força à medida que trabalho com estes assuntos, ou seja, quanto mais os canais se abrem, mais informação vai fluindo. Tenho, assim, aprendido a confiar cada vez mais nas minhas primeiras impressões, pois elas são sempre mais genuínas, visto que estão destituídas de quaisquer elaborações racionais.

Foi através de uma regressão que encontrei a chave para todas estas sensações de reconhecimento:

– Estamos na Índia, não sei em que região[22]. Sou indiana e visto um "saree"[23] muito bonito. Estou vendo um desfile de militares. São ingleses. Uns vêm a cavalo, outros a pé. Estão fardados e faz muito calor. Coitados, que calor devem estar sentindo com aquelas fardas!

Eu estou com meu irmão. Meu Deus! O Gil é o meu irmão, como fica bonito vestido à indiana. Está com uma roupa clara, uma espécie de boné na cabeça e uma camisa comprida. Estou muito interessada em ver os militares; há homens bonitos. Gosto das fardas.

– *Conhece algum desses militares?*

– Acho que sim. Sim, há um em que estou interessada. Ele vem a cavalo e é alto, ruivo, sardento e com grandes bigodes também ruivos. Acho graça da cor deles e acho-o elegante. Ele passa perto de mim e olha-me, sorrindo. Eu também lhe sorrio. Mas... ele é o Xavier! É o Xavier, com uns bigodes grandes.

»Meu irmão olha para mim pelo canto do olho. Claro que ele já percebeu que existe ali um interesse entre nós.

– *O seu irmão é mais velho?*

– É mais velho, sim. Não sei porquê, mas é como se fosse meu pai. Não entendo bem, talvez eu não tenha pai, não sei... Sou nova, devo ter uns 20 anos.

---

[22] Mais tarde, recebi a informação de que esta vivência se passou na região de Chennai (Madras).

[23] Veste típica das mulheres indianas.

– *Concentre-se no militar e em você. Fale da relação de vocês.*

– Ele é um militar escocês, prestando serviço na Índia. Minha família é rica e eu danço num Templo. Gosto de dançar, vou muitas vezes dançar sozinha num lugar de onde vejo o mar. Foi aí que o encontrei pela primeira vez. Apaixonamo-nos. Gosto muito quando ele me pega no colo e me atira para o ar. Eu rio muito e ele também.

– *Onde é que ele faz isso?*

– Naquele lugar onde nos encontramos. É uma espécie de hotel. Eu vou para lá, onde ele espera por mim. Há mais militares fazendo isso com moças e mulheres indianas. Alguns militares trazem as próprias mulheres com eles. Mas ele não tem mulher.

– *Sabe o nome dele?*

– Chama-se Timothy. Eu o chamo de Timmy e ele me chama de Shiva[24], mas o meu nome não é esse. Ele me chama assim porque diz que eu danço como Shiva.

(Nesta altura fiz uma pausa e a minha face mostrou desagrado.)

– *O que está acontecendo? Está aborrecida com alguma coisa?*

– Não gosto quando ele bebe, ele às vezes bebe muito. É a bebida lá da terra dele, mas não gosto do cheiro dele quando bebe. E também não gosto porque ele fala muito alto.

– *A sua família aprova esse relacionamento?*

– Não. O meu irmão vive me espionando, mas eu consigo sempre fugir. Nunca conseguiu me seguir até aqui.

– *Aqui onde?*

– Ao lugar onde me encontro com Timmy! Nós vamos fugir juntos.

– *Fugir para onde?*

– Para a terra dele, para a Escócia. Ele vai voltar e eu vou com ele. Vamos de barco.

– *E conseguem fugir?*

---

[24] Deus da mitologia hindu que é representado dançando num anel de fogo.

— Sim, conseguimos. O meu irmão sabia, mas deixou-me ir. Chorou quando se despediu de mim. Eu também chorei, mas queria muito ir com Timmy.

— *Agora quero que se veja já na terra do Timmy.*

— Não gosto da terra dele. Pensei que ia gostar, mas não gosto. O céu é muito escuro e faz muito frio. Nós nos casamos, mas estou triste. As pessoas da família dele são simpáticas, só que todos os homens bebem muito. Deve ser por causa do frio e porque precisam se alegrar. O céu é muito escuro e as casas são frias...

— *Vai voltar para a Índia?*

— Não. Continuo a vestir os meus "sarees", porque não quero vestir a roupa das mulheres desta terra, mas tenho muito frio. São roupas muito complicadas, aquelas que elas vestem. Agora estou grávida. Choro muito. Tenho saudades da Índia, de dançar. Aqui não danço, ninguém sabe tocar as músicas para eu dançar. Choro muito.

— *Agora vai concentrar-se na criança que nasceu.*

— Era uma menina, mas nasceu morta. Estou muito doente, muito fraca, estou na cama e ele está ao meu lado. Bebeu muito e adormeceu. Está dormindo ao pé da minha cama. Quero dançar, mas estou muito fraca. Levanto-me com muito custo. Começo a dançar, mas sinto-me tonta. Acho que vou cair. Caio no chão, mas ele nada percebe e continua a dormir. Chamo por ele, mas ele não acorda. Sinto-me muito fraca, quero deitar-me outra vez, mas não consigo me levantar.

— *Passe à frente dessa cena, veja-se no dia seguinte.*

— Estou deitada na cama e estou muito fraca. Não quero comer. Choro baixinho, as lágrimas rolam por minha face.

(E neste ponto da narrativa as lágrimas corriam-me pelo rosto.)

Acho que vou morrer. Ele está perto de mim e também está chorando. Está dizendo que foi um erro ter me trazido. Eu também acho. Estou muito fraca, quero fechar os olhos e dormir.

— *Passe à frente dessa cena, veja-se no dia seguinte.*

— Já estou morta. Vejo o meu corpo na cama e Timmy chorando junto de mim. Tenho muita pena dele, mas tenho de ir embora. Há umas luzes perto de mim e eu estou flutuando no teto. Agora estou bem, mas ainda tenho pena do Timmy. Peço às luzes que me deixem ficar e elas deixam.

– *Deixam-na ficar muito tempo?*

– Não sei se é muito tempo, mas vejo Timmy dizendo que vai nos colocar, a mim e à nossa filha, num mausoléu. Ele chora. Tenho pena dele. Peço às luzes que me deixem ficar. Acho que morri mais cedo do que estava previsto para mim, por isso é que as luzes me deixam ficar.

– *Então o que faz, uma vez que já não tem corpo?*

– Fico perto dele. À noite, ele chora muito. E bebe muito também. Mas agora já não posso dizer-lhe que não beba... Posso estar perto dele e sei que posso transmitir-lhe qualquer coisa de mim. Não quero que ele se sinta tão infeliz.

– *E não há outras pessoas junto dele?*

– Poucas. Ele não quer ver muita gente. Há uma pessoa que vem muitas vezes. É a Emma.

– *Quem é Emma?*

– É a prima dele. Eu a conheci. Acho que ela sempre gostou dele e não ficou muito satisfeita quando ele me trouxe. Mas não disse nada. Ela agora vem vê-lo muitas vezes, dá ordens às criadas, areja a casa. Está sempre falando sobre as janelas, que é preciso abrir as janelas.

– *E ele gosta que a Emma vá lá na casa?*

(Aqui fiquei em silêncio durante alguns instantes e foi preciso repetir a pergunta.)

– Ele não gosta dela, ou melhor gosta, mas não está apaixonado. Mas acho que vai se casar com ela. É bom. Ela sabe que ele não a ama, mas não se importa. Ela sempre gostou dele. Diz que não se importa de ficar com os restos. *(Pausa.)* Eles vão se casar outra vez.

– *Outra vez?*

– Sim, eles vão casar outra vez, quando ele for o Xavier. E dessa vez vão casar gostando um do outro.

– *Quer dizer que o Xavier casou nesta vida com a mulher que foi a Emma?*

– Sim, casou e eles já foram casados mais vezes.

– *E na Escócia, você vê o casamento do Timmy?*

– Vejo. Pedi às luzes para ver. Eles estão se casando no jardim da casa dele. Montaram lá um altar e vão se casar ali. Está tudo muito bonito, há muitas flores. Estou vendo tudo do alto e as luzes andam perto de mim. Passo por cima da cabeça do Timmy e ele olha para cima, como se me visse. Acho que ele me sentiu. Agora vou embora. As luzes vão me levar. Estou bem, sinto-me muito leve e muito feliz.

Regressei desta vivência com uma grande alegria no coração, pois finalmente minha Alma tinha merecido o descanso e a paz.

Encontrei nesta regressão uma idéia interessante, que revi em algumas outras situações de casos que acompanhei e que diz respeito a mortes que não ocorreram na altura prevista no plano de vida desenhado no nascimento. Essas mortes resultam sempre do exercício do livre arbítrio, da liberdade de escolha por parte da Alma, pois não existem erros ou obras do acaso. Quando uma morte é antecipada, normalmente não se dá a subida imediata para planos mais elevados e a Alma pode ficar ligada ao plano da matéria até se completar o seu ciclo existencial, ou até estarem reunidas as condições que permitam o desligamento efetivo da matéria.

Com esta regressão, também percebi a sensação de peso que tinha sentido quando visitara a Escócia, país de grande beleza natural, mas onde me sentira muito triste e inquieta. Embora essa visita tivesse ocorrido muito antes de iniciar o meu processo de busca espiritual, a sensação desagradável havia sido fortíssima, tirando-me totalmente a vontade de lá voltar. Todavia sinto que, atualmente, à luz da informação que possuo, poderei lá voltar sem me sentir mal. Quem sabe se não encontrarei outras reminiscências de vidas mais felizes nesse país?

***

A minha ligação com a Índia constituiu outra surpresa para mim. A atração por esse país sempre existiu, embora não tão forte como a que me ligava ao Japão. Surgiu nesta regressão e em outra, num curto, mas colorido, episódio de uma vida como "sadhu"[25]:

– Caminho por uma estrada de terra e empunho um pau alto, que me ajuda a caminhar. Meu corpo é magro e escuro. Na cabeça, tenho um turbante sujo e um pano à volta da cintura, que serve de calção muito rudimentar.

– E possui um objetivo nessa caminhada?

– Sim, dirijo-me a uma cidade santa.

– Onde fica essa cidade?

– Na Índia. Vem-me o nome de Puri. Acho que esse é o nome da cidade.

– E o que vai fazer lá?

– Há uma festa religiosa e eu vou lá por isso.

– E vai acompanhado ou vai sozinho?

– Sozinho. Eu ando sempre sozinho e não falo com ninguém.

– Por que razão não fala?

– Porque fiz voto de silêncio. Há muitos anos que não falo. Só rezo.

– E não trabalha?

– Trabalhar? Não preciso. Como muito pouco e apenas o que me dão. Se não me derem, não como.

– E não tem casa?

– Homens como eu não têm casa nem possuem qualquer bem. A roupa que uso foi-me dada e, quando ela tiver de ser trocada, alguém me dará o que preciso.

---

[25] Tradução: homem santo. Homens que fazem voto de silêncio, são nômades e nada possuem de seu.

– *E porque vive desse modo?*

– Porque é assim que está certo.

– *Certo para quem?*

– Para mim, nesta vida.

– *E que pede nas suas orações?*

– Paz. Medito, enquanto caminho. Vejo as pessoas e vejo além delas.

– *O que significa "além delas"?*

– Que sinto o que elas sentem e me comunico com elas sem falar. Algumas entendem e outras não.

– *Gosta da sua vida?*

– Não sei o que é isso. Esta é a minha vida. Do que gosto é das cores.

– *Cores de quê?*

– De tudo. As pessoas têm cores, no que vestem e à volta delas, os objetos também, as árvores, tudo tem cores.

– *Quer falar mais sobre essa vivência?*

– Não. O meu mundo é silencioso e colorido. E é assim que estou bem.

Contrariamente ao habitual, estava extremamente lacônica nesta regressão, provavelmente sintonizada com o voto de silêncio do "sadhu". Não sei se ela me ajudou a apreciar ainda mais o colorido das roupas, dos monumentos e das especiarias quando visitei a Índia, mas sei que, no meio do ruidoso bulício das estradas e cidades indianas, compreendi verdadeiramente a necessidade de fazer silêncio.

Nos lugares que visitei na Índia, já sabedora destas vivências, me senti à vontade e com uma agradável sensação de estar em casa. E ao visitar o Taj-Mahal[26], extasiada por sua beleza e contagiada por

---

[26] Célebre mausoléu na cidade de Agra (Índia), construído pelo rei Shah Jahan em homenagem à sua amada.

sua história de amor, pensei que, em algum lugar na Escócia, talvez exista ainda um mausoléu, humilde réplica do Taj em termos de intenção, onde repousa um dos meus corpos.

E me senti feliz por saber que podia pensar isso.

Reencontros de Almas

**Cada Alma possui uma melodia, única
e inconfundível. Sempre que nos reencontramos,
nossa Alma reconhece as velhas melodias que
já escutou antes. E nas Almas gêmeas,
existe um padrão vibracional comum, que soa
mais forte e mais vibrante.
Assim as Almas se reconhecem.**

Além dos reconhecimentos já relatados, encontrei alguns outros, que foram igualmente importantes para o meu processo de expansão de consciência.

Muitas das pessoas com quem tenho desenvolvido afinidades e empatia, certamente já cruzaram comigo em vidas passadas, mas das quais não possuo até agora nenhuma informação consciente. Mesmo que possa nunca vir a ter acesso a esses conhecimentos, não sinto qualquer obsessão por obtê-los, nem tampouco me sinto frustrada pelo fato de desconhecer a grande maioria das minhas vidas passadas. Acredito que tudo o que for importante virá ao meu conhecimento, mais cedo ou mais tarde.

Conheci Liliana no Centro de yoga. A Mestra que tivemos foi a mesma. Assim que nos conhecemos, sentimos uma grande empatia uma pela outra, uma daquelas empatias instantâneas e inexplicáveis.

Durante algum tempo, partilhamos as nossas descobertas em nível espiritual, vivendo um paralelismo muito grande nos nossos percursos.

Um dia, nossa Mestra propôs-se a fazer conosco uma regressão simultânea, numa tentativa de esclarecer as raízes da nossa ligação. Embora para nós tal coisa fosse inédita, aceitamos prontamente a idéia.

Ao longo de todo o trabalho de regressão estivemos de olhos fechados, deitadas lado a lado, cada uma no seu tapete de yogui. A nossa condutora induziu o estado de relaxamento profundo em ambas simultaneamente e enviou-nos à descoberta da nossa ligação.

Todavia, no início da regressão, cada uma seguiu o seu percurso. Eu voltei à minha vida de corsário, Liliana reviveu uma vida como cigana. Curiosamente, ambas revimos situações de morte, como se estivéssemos, de algum modo, preparando o nascimento para a vida onde iríamos nos encontrar.

Eu abri a regressão, enquanto Liliana se mantinha de olhos fechados e em relaxamento profundo, mas escutando tudo o que eu ia descrevendo.

O meu corsário, já velho e desiludido, vivia de memórias e arrastava o seu dia-a-dia. Já não planejava mais nada, pois na sua vida não havia lugar para mais planos:

— Estou numa casa modesta e vivo sozinho. Não tenho mulher, nem filhos nem netos. Minha vida foi passada no mar, acho que deve ter sido por isso que não tenho família.

— *E o que faz agora?*

— Nada de especial. Vou todos os dias ver o mar e gosto de ver chegar os navios, mas cada vez conheço menos gente nas tripulações. Enquanto for capaz de me levantar e caminhar, virei olhar o mar.

— *E o que sente?*

— Sinto muita saudade de navegar, mas tenho muito arrependimento por ter contribuído para a morte de pessoas. Vou à igreja e peço perdão por isso. Não me arrependo de mais nada, só disso. E fiz um contrato com Deus.

– *Um contrato? Explique melhor.*

– Sim, um contrato. Eu vou todos os dias à Igreja antes de ir até ao cais e Ele vai me deixar morrer olhando para o mar. Este é o nosso contrato.

– *E Deus está de acordo?*

– Acho que sim. Eu morri no cais, junto ao mar. Um barril muito grande que estava sendo descarregado de um navio, rolou descontroladamente e veio bater em mim. Eu caí, bati com a cabeça no chão e morri instantaneamente. Acho que fui perdoado.

E deste modo se fechou a história do corsário, numa morte desastrada, mas onde ele encontrou finalmente a paz do perdão.

Nos minutos finais da minha regressão, já Liliana se agitava, mas nossa condutora conseguiu mantê-la em silêncio até eu terminar, só nessa ocasião lhe deu a palavra e foi então a minha vez de escutá-la em silêncio.

Liliana viu-se numa reunião noturna de ciganos. Cantavam e dançavam à luz da fogueira e das estrelas, numa noite quente de verão. Talvez fosse também noite de lua cheia, embora ela não tivesse se referido a esse pormenor. Sentia-se uma exaltação quase mística no seu relato, parecendo que as danças e os cantos cumpriam um ritual. Sentia-me profundamente ligada ao seu relato, quase diria que também estava vendo as mesmas cenas, assistindo ao mesmo filme, no mesmo momento e na mesma sala de cinema.

De súbito, o sangue ferveu, ciúmes e paixões entraram em cena e ela, cigana jovem e bonita, viu-se tentando apartar dois pretendentes: machos lutando pela conquista da fêmea. Surgiram facas e, no calor da luta, uma facada perdida resolveu a contenda de forma irreversível, matando a bela cigana. Morte inglória, ou talvez não, pois desconhecemos os contornos do romance, mas talvez sua morte tenha servido para comprovar a inutilidade da guerra. Minha amiga viu-se ainda ligada à cena, observando, de outro plano, o desespero dos lutadores, enquanto eu me senti levada para junto dela, como se a estivesse acompanhando nessa sua última visão.

Nossa Mestra procurou conduzir-nos para fora das vivências de morte, direcionando-nos para uma vivência comum.

Subitamente, nos encontramos.

Estávamos num jardim, o da casa onde vivíamos. Éramos irmãs gêmeas. Quando nossa Mestra nos perguntou a idade, dissemos em uníssono exatamente a mesma: sete anos.

E toda a regressão se desenrolou em perfeita sintonia. Éramos duas crianças a falar. Eu me sentia como uma criança de sete anos e, mesmo que quisesse, meu discurso não poderia ser mais elaborado do que o desse nível. A conversa entre as três decorreu de forma tão natural, que parecia que nossa Mestra era uma visita da casa, vinda ao jardim para conversar conosco.

O mais curioso de tudo foi a espantosa sincronicidade das nossas respostas, testada até à exaustão por nossa Mestra.

A certa altura, em resposta a uma pergunta sobre os nossos pais, envolvemo-nos numa discussão de crianças. "O pai gosta mais de você do que de mim, a você desculpa tudo e a mim não desculpa nada." E a outra retorquia: "Já te disse que você não sabe falar com o pai, tem de ser mais carinhosa com ele..."

E trocamos impressões sobre a mãe, a forma de lidar com ela, até que nos envolvemos numa disputa de tal forma acesa sobre um brinquedo que nossa Mestra decidiu trazer-nos de volta para o presente.

Regressão terminada, ao voltarmos a nos sentir adultas, comentamos a surpresa de termos nos sentido totalmente crianças, cada uma com sua personalidade, uma mais cordata, outra mais rebelde, mas usando um vocabulário infantil, sentindo e pensando como crianças, enquanto nosso ego de adultas se remetia à condição de espectador.

Não tivemos certeza do país onde vivíamos, mas pareceu-nos um país do norte da Europa e, pela descrição das nossas roupas, calculamos que fosse lá pelo fim do século XVIII ou início do século XIX.

Não voltamos a essa vida em mais nenhuma circunstância, mas o objetivo foi alcançado, pois pretendíamos essencialmente conhecer a qualidade da nossa relação.

A partir deste dia, Liliana e eu passamos a tratar-nos como irmãs. Porque irmãs já nos sentíamos, já tínhamos sido...

Os reencontros são sensações verdadeiramente extraordinárias e mais extraordinário ainda é conseguir identificar as raízes do conhecimento. Outra pessoa com quem se deu um reconhecimento foi Manuela. Ela procurou-me para tentar entender um "amor à primeira vista" e iniciou comigo um processo de procura interior que a levou muito longe. Na PARTE II, apresento o seu caso.

Entre nós também se estabeleceu uma ligação empática muito forte. Um dia, numa sessão em que estávamos utilizando o instrumento de autoconhecimento conhecido como Tarot, entrei em regressão espontânea:

– Sou um jovem de cerca de 18 anos. Estou caminhando por uma estrada de terra junto a uma costa marítima. A estrada é alta, o mar fica muito abaixo e a falésia é de rocha. Estou vestido com uma espécie de gibão e umas calças. Nos pés tenho botas, já velhas. Quando caminho, levanto poeira. Está sol, é manhã. Cruzo com várias pessoas. Uma delas é um homem vestido de forma simples e com um chapéu esquisito na cabeça, não consigo descrevê-lo. Leva um pau para se apoiar. Passa também uma mulher com uma bilha de metal à cabeça. Cumprimentamo-nos, somos todos conhecidos. Não sei porquê, mas sinto que isto é na Irlanda. Falamos uma língua bonita. Acho-a meio cantada, é agradável de escutar.

Estou feliz. Vou me encontrar com meu Mestre. Com ele aprendo muitas coisas. Gosto muito dele.

Agora o caminho começa a descer, há uma aldeia lá em baixo. É lá que mora meu Mestre. Ele vive numa ponta da aldeia, tenho de atravessá-la inteira para lá chegar. As casas são baixas e têm teto de bambú ou qualquer coisa desse gênero, não têm telhas. Estou ansioso para chegar lá, gosto muito de estar com ele.

Quando chego à casa, a porta está aberta e eu entro. Há um cheiro forte de sujeira e de restos de comida; um cheiro desagradável que permanece, apesar da porta estar aberta. Mas não me importo com isso e entro chamando pelo Mestre. À direita, há uma mesa com uns bancos e sobre ela estão uns livros grossos e velhos. No lado esquerdo, há uma pedra onde se acende o fogo, acho que para cozinhar e aquecer. Há uma outra mesa junto da pedra com uns pratos e copos de metal. Chamo pelo Mestre e ele responde, lá do fundo da casa, que já está vindo. Sento-me à mesa e começo a ler um dos livros.

Meu Mestre vem lá de dentro e, quando olho para ele, assusto-me, porque está com ar de doente. Magro, olheiras fundas, uma grande palidez. Noto nele o mesmo cheiro da casa, talvez seja por ter estado doente. Pergunto-lhe o que tem e ele sorri e me diz: "Estou velho." Fico apreensivo, ele é muito importante para mim e gosto muito dele. "Vamos lá fora" me diz ele. Levantamo-nos e saímos. Ele se apoia em mim, anda com dificuldade e bastante curvado. Caminhamos para o lado oposto à aldeia, afastamo-nos mais das casas e vamos por um caminho de terra que tem uma curva ao fundo. Ouvimos uns cavalos e passam por nós uns três ou quatro cavaleiros que levantam imenso pó. Depois da curva, há um conjunto de árvores que fazem mais ou menos um círculo. Têm um ar muito seco, talvez seja outono. Meu mestre pára junto da árvore que está mais despida e me diz: "Eu sou como esta árvore. Ela está velha e cada vez tem menos folhas. Todas estas árvores aqui – e aponta o círculo – estão velhas. Você tem de procurar um lugar com árvores mais novas. Aqui, já nenhuma pode lhe dar o que você precisa." Começo a chorar e abraço-me a ele, encostando a cabeça em seu peito e ele coloca uma das mãos sobre a minha cabeça. Ficamos ali abraçados durante algum tempo, até que nos separamos e voltamos para a aldeia. Voltamos a cruzar com os cavaleiros. Agora há um a menos, deve ter ficado lá pela aldeia, com certeza. "Está vendo? As separações têm de ser feitas..." Aceno que sim com a cabeça. Vou chorando em silêncio e não consigo falar. Ele continua caminhando apoiado em mim. Quando chegamos novamente em sua casa, ele se atira num dos bancos, numa evidente demonstração de fraqueza. Eu fico de pé por uns instantes e depois me sento. Ficamos em silêncio. Depois, pega os livros que estão em cima da mesa e empurra-os para mim. Com voz pausada, diz: "São seus." Eu nem contesto, sei que ele não vai precisar mais deles. Aponta com a cabeça para uma pena e eu a pego, mergulho-a numa tinta arroxeada e fico à espera. Ele abre um dos livros. Com o dedo aponta um espaço em branco numa página e diz o nome de uma pessoa e uma localidade. Não consigo reproduzir o que ele disse, mas sei que é isso. É o nome do meu novo Mestre e o lugar onde ele vive. Percebo que está chegando a hora de eu ir embora, ele está ficando cada vez mais curvado, precisa ir se deitar outra vez. Ajoelho-me no chão junto dele e coloco a cabeça no seu colo. Ele volta a colocar uma das mãos sobre a minha cabeça e eu ergo os olhos e pergunto-lhe o que posso fazer para ajudá-lo. Ele balança a cabeça e diz: "Nada! Minha hora chegou." Eu me levanto, pego os livros e saio correndo. Estou chorando. Já um pouco longe, paro e olho para trás. Ele está lá, à porta da casa, segurando-se à parede. Ergue o braço para me acenar um adeus e eu faço o mesmo. Tenho os olhos enevoados por causa das lágrimas e continuo a corrida, para me afastar dali depressa. Foi a última vez que vi meu Mestre.

Falei sempre com os olhos fechados, as imagens passando velozes pela minha mente, como num filme em que era simultaneamente atriz e espectadora.

Quando abri os olhos estava chorando e Manuela também.

"O Mestre era você, Manuela..."

Não sei exatamente o que me terá ensinado aquele Mestre, apenas sei que estabeleceu comigo uma ligação profunda e que o senti como um pai espiritual. Numa vida tive de me despedir dele, na atual, tive a alegria do reencontro.

O fato de ter revivido aquela cena, levou-me, por um lado, a entender melhor a minha relação de espontânea empatia com Manuela, mas também a ter uma perspectiva diferente do percurso das Almas. As inúmeras experiências que vamos vivendo servem para enriquecer a nossa Alma e torná-la mais sábia e, para isso, os papéis vão variando ao longo do percurso. Tanto somos Mestres como Aprendizes, tanto somos homens como mulheres, tanto somos ricos como pobres.

Tudo isso faz parte de um Plano, misterioso e perfeito na sua concepção.

As marcas da Essência

**Se todas as Almas são iguais por sua Matriz
comum, todas são diferentes devido ao percurso
que vão efetuando.
Assim, nenhum de nós é apenas aquilo
que é visível, mas é muito mais do que isso.
Cada um é aquilo que a sua Alma é.**

– Estou num lugar com muitas árvores. Acho que são oliveiras, têm os troncos muito torcidos e há alguns com formas estranhas. Está sol e faz calor. Estou à espera de alguém, mas estou distraído, pensando.

– *E que pensamentos são os seus?*

– Estou pensando nas coisas que estudo. Gosto muito de estudar. Ah, já entendi: estou à espera de um amigo. Ele também estuda, vamos à mesma escola. Não é bem uma escola, mas é uma casa onde estão os nossos mestres.

– *Consegue situar no tempo e no espaço?*

– Acho que é na Grécia. Estou vestido com uma espécie de toga curta. Sinto que é na Grécia, mas sei que não penso no país como país. Não sei explicar bem. E quanto ao tempo, isso não me preocupa nada, não penso nisso, estou focalizado apenas no que estudo.

– *E o que estuda?*
– Aprendo a falar.
– *A falar?*
– Sim, a falar para as outras pessoas, a discursar.
– *Estuda oratória?*
– Sim, é isso.
– *E que mais?*
– Aprendo a escrever poesia e outras coisas. Aprendo também coisas sobre o corpo e a mente.
– *Que idade tem?*
– Uns 15 anos.
– *E o que vai fazer com essas coisas quando for homem?*
– Vou estudar ainda mais, para ensinar o que vou sabendo.
– *O que é o Mundo para si?*
– O Mundo é a terra, o céu e as pessoas.

Esta regressão levou-me a uma vida que considero representativa de uma das principais marcas da minha Alma: a procura do conhecimento. Em muitas vidas e de várias maneiras, minha Alma encarnou em corpos cujas mentes queriam saber mais, estudando incansavelmente as matérias disponíveis. Quando visitei as ruínas da brilhante cidade de Éfeso, hoje na atual Turquia, detive-me longo tempo nas ainda bem conservadas ruínas de sua Biblioteca, atraída por esse local como centro do conhecimento de então. Não sei se passei por lá em alguma das minhas vidas, não senti nenhuma afinidade em particular, mas senti muito fortemente a ligação ao que essa Biblioteca representava.

Na minha vida presente e durante muitos anos, fui uma intelectual, buscando conhecimento em viagens e estudos, até que aprendi que conhecimento que não passe pelo coração é totalmente inútil. É através do coração que ele chega à nossa Alma e a enriquece, é sentindo-o, que o conhecimento se torna Energia de Luz.

A utilização de conhecimentos e práticas esotéricas é outra faceta da minha Alma que descobri em várias regressões, nomeadamente na que se segue:

— Estou numa casa circular feita de pedra. Esta casa fica no interior de um grande recinto murado. São pedras grandes, as do muro. Há outras casas no interior, umas redondas e outras quadradas. As redondas são dos sacerdotes.
— *Então você é um sacerdote?*
— Sacerdotisa. Sou mulher. Estou sentada no chão em cima de uma pele e, à minha frente, tenho uma espécie de mesa baixa. Em cima da mesa está uma folha dourada, fina e brilhante. Aquela folha é sagrada e é feita de ouro. Sobre a folha estão várias penas de cores e tamanhos diferentes. Eu lanço as penas sobre a folha e faço leituras divinatórias. Sou muito conhecida e respeitada por isso.
— *É nova ou velha?*
— Já não sou muito nova. Já vivi várias épocas de chuva e de sol.
— *E como está vestida?*
— Com uma vestimenta muito rudimentar, é um tecido estranho, não sei definir. Mas visto-me de muitas cores quando estou no Templo.
— *E o seu trabalho é fazer adivinhação?*
— Sim. Naquela cidade há vários sacerdotes e sacerdotisas, mas sou a única que faz essas leituras. Os chefes vêm consultar-me e estou preparando-me para isso. Mas não estou satisfeita com o que vejo.
— *Por quê?*
— Porque vejo guerra. Sim, vejo guerra no desentendimento entre chefes e vou ter de lhes dizer isso, mas estou pensando como irei fazê-lo. Sei quem vai trair e quem vai ser traído e não há nada que possa ser feito para evitar. O destino está correndo e vai acontecer, porque quem vai ser traído fez coisas que merecem isso.
— *E quem vem consultá-la? É quem vai trair ou quem vai ser traído?*
— Pois o problema é esse mesmo. Vêm ambos os lados. A traição vai ter de acontecer. O que se pode fazer é evitar que haja mais desentendimentos. E isso só pode ser evitado com uma aliança. Vai ter de

ser feito um casamento, só assim as coisas se harmonizarão. É isso que vou ter de recomendar, pelo bem de todos os que vivem aqui. O desejo de mandar cega os homens e é preciso falar-lhes com muito cuidado, para que não se deixem tomar pela cólera. Ela torna os homens maus.

Ouço o ruído dos chefes que chegam. Recolho as penas e bato palmas três vezes, para acordar os deuses e pedir-lhes ajuda.

Vou lá fora recebê-los. Quando saio, vejo uma ave pousada sobre a pedra grande do Centro. As suas cores são de bom agouro. Fico mais confiante. Acho que vou conseguir o objetivo de manter a paz."

Esta vivência regressional veio reforçar minha convicção de que a ligação com a magia e o ocultismo aconteceu em muitas vidas, tornando quase inevitável que o mesmo acontecesse na vida presente.

A partir de todo o trabalho de autoconhecimento que empreendi, no qual as regressões desempenharam um papel predominante, sei agora que transcendi largamente o conhecimento mental da minha personalidade. Compreendi agora que a procura que tenho feito em todas as regressões que vivenciei, não tem sido de respostas para este ou aquele aspecto da minha vida, porque sinto repulsa ou atração por uma pessoa ou por um lugar ou porque tenho medo disto ou daquilo.

A procura que empreendi, desde que minha Mãe espiritual me fez a primeira regressão, foi a da minha Alma.

Maior do que as descobertas sobre a Irmandade de Almas a que pertenço, é a descoberta da minha própria Alma, elo de uma Consciência Superior.

O meu corpo e a minha mente estão ligados a uma Alma que possui, ela própria, a sua individualidade, fruto do percurso que tem feito, à luz da reta do Tempo, aceita como referência para simplificar o entendimento.

Para que possa cumprir integralmente o meu Plano de Vida, preciso conhecer minha Alma, usar tudo o que ela sabe e que me possa ajudar nesse cumprimento.

Minha Alma traz marcas e conhecimentos para a minha personalidade, o processo consciente de integração de tudo isso é aquilo a que chamo expansão de consciência.

Através das regressões, descobri uma Alma que possui uma forte marca de independência, afastando-se de regras opressoras, que ama a liberdade e sacode apegos excessivos, como o sacerdote Vradi e o "sadhu" indiano.

Descobri também uma Alma que já esteve ligada a quem possuía conhecimentos de artes divinatórias e esotéricas, como as magas mortas por quem queria dominar o conhecimento e a Sacerdotisa, que viveu no Reino dos Maias, como vim a descobrir mais tarde.

Igualmente deparei com uma Alma amante da música e da dança e, claro, acima de tudo, do estudo e do conhecimento.

Não é uma Alma guerreira, é uma Alma de Paz.

E desta forma percebi que conhecer a Alma é chegar à Essência, é verdadeiramente transcender o Tempo e a Morte.

O *Tempo e a Morte*

Inimigos ou cúmplices? Nem inimigos nem cúmplices, são unicamente aquilo que quisermos que eles sejam.

– Este é um local de grande tranqüilidade. Está situado numa gruta, mas é iluminado por várias aberturas no teto e nas paredes laterais. A entrada é feita por uma abertura em forma de arco. Na parte superior dessa abertura, estão gravados na rocha vários caracteres, que, para mim, são indecifráveis. Acho que seria capaz de os reproduzir num papel, mas talvez não seja importante fazê-lo, provavelmente ninguém conseguiria entendê-los.

– *Mas conhece o seu significado?*

– Sim, sei que eles dizem que esse local é um Templo de Cura e que todos são bem vindos.

– *Continue a descrição.*

– Quando se entra, o teto não é muito alto e há várias aberturas que deixam entrar a luz. Existe uma corrente de água que vem do exterior e que cai em cascata para a parte de baixo da gruta. Ela cai dentro de um lago de paredes de pedra, bastante grande. Deve haver um escoamento da água para fora, pois o lago está sempre cheio. Existe uma ponte sobre o curso de água e temos de atravessá-la para descer os degraus, que nos levam à parte de baixo, onde está o lago. São muitos degraus, todos cavados na rocha. Em baixo, além do lago, há uma espécie de câmaras naturais onde as pessoas deixam a roupa, porque vão despidas para dentro da água. As pessoas estão silenciosas, o único ruído que se ouve é da água a cair. Na parte superior, estão umas pessoas, homens e mulheres vestidos de branco, que colocam na água várias coisas.

– *Que coisas?*

– Vejo flores de várias espécies e umas essências, que parecem dissolver-se na água. São para limpar e purificar as pessoas, apesar da água em si já ser sagrada.

– *A água é de um rio?*

– Exatamente. O rio vem de umas montanhas sagradas e foi feito um desvio para aquela gruta. No exterior, também existe uma cascata, porque há um desnível no curso do rio.

– *Fale das suas sensações nesse Templo.*

– Eu estou dentro da água. Podemos ficar lá o tempo que quisermos. Há quem mergulhe, outros deslocam-se caminhando e outros estão simplesmente encostados à parede.

– *Que forma tem o lago?*

– É circular. Algumas pessoas gostam de se colocar exatamente em baixo da queda de água. É bonito ver a água caindo e o barulho é refrescante.

– *E que efeitos de cura possui essa água?*

– Esta água limpa e purifica todos os corpos: o físico, o emocional e o mental.

– *Consegue situar esse Templo no tempo e no espaço?*

– Não. Acho que este lugar é muito, muito antigo, mas eu vou para lá muitas vezes.

– *Explique melhor.*

– Este lugar é uma Memória para onde posso ir sempre que quiser. A minha Alma tem acesso a ele sempre que eu quiser.

– *Na sua vida atual também?*

– Sim, desde que eu precise ir lá para me curar.

– *Então esse Templo encontra-se no plano etérico?*

– Sim. E eu posso lá ir quando preciso.
– *E no intervalo entre vidas?*
– Também.
– *À luz da sua vida presente, situe-se na última vez em que lá esteve no intervalo entre vidas.*
– A minha Alma está muito cansada. Traz marcas de sofrimento e de dor. Está limpando tudo isso nas águas.
– *De onde vem?*
– Da vida em Hiroshima.
– *Conhece o seu Plano de Vida para esta vivência?*
– Sim, foi uma escolha.
– *Uma escolha sua?*
– A minha Alma tinha de terminar um ciclo existencial que tinha ficado incompleto[27]. Era necessário haver Almas que aceitassem viver uma morte violenta, para que se cumprisse o que tinha de se cumprir.
– *Quer dizer que o que aconteceu em Hiroshima estava previsto?*
– Nada acontece por acaso. Tudo se conjugou para que isso acontecesse e, por isso, era preciso haver quem lá morresse.
– *Então você escolheu essa morte?*
– Sim. A minha Alma tinha de equilibrar, com essa morte, escolhas anteriores.
– *Então a morte em Hiroshima foi um castigo?*
– Não existem castigos. A Alma possui consciência e sabe do que precisa. Quando não sabe, os Mestres sabem e dizem.
– *Então se não existem castigos, por que razão existe tanto sofrimento na vida?*
– Quando se percebe por que razão as coisas acontecem, o sofrimento acaba. O sofrimento é uma forma de tomada de consciência para quem não consegue ter acesso a outras.

---

[27] Esta passagem refere-se a uma vida em que as minhas escolhas me conduziram a uma antecipação da morte, como no caso relatado da vivência na Escócia.

– E que outras formas existem?

– O entendimento do Plano é a principal, mas pode haver quem aceite sem compreender.

Quando se conhece o Plano de Vida e se sabe as razões que o ditaram, não existe razão para sofrer. Mas há quem tenha acesso direto à Alma e transcenda tudo isto, aceitando sem ter necessidade de compreender.

– *Mas se não há castigo, quem faz mal numa vida não vai ter de sofrer em outra?*

– Sim, vai ter de sofrer, mas não é por castigo. Vai ter de sofrer por uma questão de equilíbrio e, sobretudo, de consciência.

– *Então o seu sofrimento em Hiroshima e em outras vidas não foi castigo?*

– Nem castigo nem prêmio. Tudo é uma questão de equilíbrio.

– *Agora está no Templo de Cura, preparando-se para a próxima vida. Fale da preparação para essa próxima vida.*

– Vou poder ter acesso a muitos conhecimentos que a minha Alma possui, desde que as escolhas que faça estejam em sintonia com o Plano. Minha missão tem a ver com a passagem do conhecimento transformador.

– *E existem encontros que, com certeza, vão ocorrer?*

– Alguns sim, outros, só se eu fizer as escolhas certas.

– *Então isso quer dizer que existe liberdade de escolha?*

– Sim, existe liberdade de escolha, quer na vida no plano material, quer no plano etérico. O Plano prepara o caminho certo, mas podemos não querer segui-lo e escolher desviar-nos. Se isso acontecer, não sofremos nenhum castigo, apenas as conseqüências da nossa escolha.

– *E qual é o objetivo final de todo o percurso vivencial?*

– A Consciência do Amor.

Além de acreditar que sou uma Alma muito antiga, acredito também que só existe uma via: a do Amor, manifestado em infinitas formas.

É isso que eu quero que seja o instrumento do percurso da minha Alma, de vida em vida, neste percurso em espiral que vai do Uno para o Uno.

Porque na Unidade nos reunimos e na Diversidade nos manifestamos.

Segundo Portal

Dado que os percursos das Almas são diferentes, existem também diferentes níveis de conhecimentos e sabedoria, pois as capacidades de aprendizagem das Almas manifestam-se de maneiras distintas.

Ciências, como a Astrologia ou a Numerologia, permitem distinguir os níveis de antigüidade e de conhecimentos adquiridos pelas Almas; pessoas mais sensitivas têm também facilidade em sentir tudo isso.

A cada vez que se encarna, existe um Plano de Vida, vulgarmente conhecido como destino, que a leitura das mãos, a carta astrológica ou o mapa numerológico, permitem identificar. Igualmente é possível ter acesso a essa informação através de uma vivência regressional, tais como alguns casos apresentados neste livro.

Ao nascer para o plano da matéria, a Alma liga-se ao corpo físico, animando-o com o seu sopro de vida, que é freqüentemente designado como espírito.

Na vida, no plano material, o espírito que habita o corpo possui livre arbítrio, ou seja, tem liberdade de escolha e pode cumprir ou não o que estava previsto em seu Plano de Vida. É através da ligação com a Alma que se consegue o alinhamento com a missão que tinha sido proposta. Esta ligação, se bem que natural, requer cuidados em sua manutenção, pois podem surgir obstáculos de várias ordens, que levem ao afastamento do espírito e do corpo que ele habita, em relação à Alma. Genericamente, pode se dizer que esse afastamento é provocado pelo excessivo apego à matéria.

É possível, contudo, viver-se a vida física desligado da Alma, apesar de todas as conseqüências espirituais que isso acarreta.

De forma simplificada, pode se dizer que existem níveis de densidade energética muito diferentes entre o corpo físico e a Alma. Digamos que a Alma é energia pura, totalmente imaterial, enquanto o corpo físico é a energia mais densa, situando-se no limite oposto ao da densidade energética da Alma. Assim, entre a Alma e o corpo físico, existem vários "corpos" de densidades energéticas diferentes, estando naturalmente os menos densos mais próximos da Alma e os mais densos mais próximos do corpo físico. Todos estes "corpos" comunicam-se entre si e a palavra que normalmente designa este conjunto é "aura". O corpo físico está, portanto, rodeado de várias camadas energéticas com densidades que vão do mais para o menos denso. As glândulas endócrinas funcionam como ligações do corpo físico aos corpos áuricos.

Como se sabe, a aura é invisível para a maior parte das pessoas, embora haja quem consiga vê-la, existindo também métodos de captação fotográfica.

Durante a vida, alimentamos o nosso corpo físico através daquilo que ingerimos e do ar que respiramos. Alimentamos igualmente a nossa aura, não só através da forma como tratamos o corpo físico, mas também utilizando outros meios, como o contato com a natureza, os tratamentos energéticos, a meditação, a oração e outras práticas.

A ligação direta do corpo físico com a Alma é feita através do alto da cabeça. Quando nascem, as crianças trazem essa zona ainda aberta, apenas tapada pelo couro cabeludo, só se fechando após alguns meses de vida no plano físico. Isso se justifica, porque a adaptação ao novo meio tem de ser feita de forma gradual, dado que o choque com a matéria é violento.

A parte da aura mais próxima do corpo físico chama-se "corpo emocional". Esta camada da aura destina-se a filtrar as emoções, de modo a impedir que as impressões emocionais mais violentas criem um grande choque com os outros corpos áuricos mais sutis. No corpo emocional registram-se todas as impressões emocionais, que podem ser limpas através de tratamentos energéticos, meditação, oração e outras terapias variadas. Se não forem limpas, poderão não se desvanecer e ficar presentes durante toda a vida física, perturbando a energia de quem as viveu. As emoções apenas registradas no corpo emocional não passam para outras vidas, todavia, as mais profundas e violentas poderão ir até camadas mais sutis da aura e serem assim transportadas de vida para vida. Essas impressões se desvanecem quando estamos desencarnados, mas reativam-se em contato com a energia da Terra. Ao nascer, a criança não traz corpo emocional e, por isso, o contato com as camadas mais sutis da aura é mais direto e conseqüentemente com a Alma também. Não existindo esse filtro, é normal as crianças recordarem facilmente coisas de outras vidas e terem acesso a mundos mais sutis. O corpo emocional vai se formando ao longo dos primeiros anos de vida, completando-se a sua formação por volta dos sete anos.

Quando se morre, o corpo físico e o corpo emocional separam-se da Alma, dando-se assim um retorno a um estado de vida em planos de menor densidade energética.

As descrições de situações de morte e pós-morte, conseguidas através de regressões, constituem testemunhos extraordinários de todos estes processos, esclarecendo as misteriosas regras que regulam os ciclos de nascimentos e mortes.

PARTE II

Leis Espirituais

As leis do mundo físico são o espelho das leis espirituais que nos regem. Em cima como em baixo e embaixo como em cima.

À Descoberta

Comecei a tomar verdadeira consciência da minha Alma a partir dos 40 anos, depois de uma carreira profissional ligada ao ensino e ao mundo empresarial.

A essa altura, uma palavra entrou em minha vida e no meu vocabulário de forma muito sensível. Trata-se da palavra "Energia". Nossa matéria essencial é energia e lidamos diariamente com energias de diferentes densidades.

Percebi que era sensível às energias e que aquelas cores que eu via à volta das pessoas, quando era menina, eram suas auras. Durante muitos anos desliguei-me destas questões e apenas quando comecei a praticar yoga voltei a me interessar por este assunto.

Descobri então que, além de ver para lá do corpo físico, podia também sentir as energias, quer de forma mais física nas mãos, quer sentindo-as simplesmente dentro de mim. Passou a ser normal entrar num local e sentir sua energia, pegar num objeto e ter percepção da sua história energética.

Os cursos, seminários e *workshops* que freqüentei, as muitas dezenas de livros que li, em nada se comparam com as experiências que fui fazendo. Educada no método científico, procurei sempre a confirmação de tudo o que ia me acontecendo, neste percurso de descoberta no mundo das chamadas "ciências ocultas".

Quanto ao trabalho na condução de regressões, tudo começou de forma inesperada, quando estava fazendo uma limpeza da aura de uma jovem altamente sensitiva chamada Ana.

Ana tinha 28 anos e sempre se sentiu fortemente desenquadrada na família. Os pais davam-se muito mal e insistiam em manter o casamento, afirmando que o faziam por causa da filha. Única filha do casal, não conseguia sentir-se amada. Tinha sido uma criança infeliz e atravessado vários estados depressivos na adolescência, os quais tinha tentado superar sozinha. Era uma pessoa muito persistente e tinha canalizado sua energia para o estudo, tendo conquistado uma posição invejável na carreira profissional que escolhera. Chegara até mim por informação de uma amiga, como acontece com a grande maioria das pessoas que me procuram.

Estava no meio do tratamento, quando ela entrou em regressão espontânea. A nossa ligação energética era já tão forte, dado o grande número de tratamentos já feitos, que entrei em sintonia com ela e "vi" tudo aquilo que ela estava revivendo.

Normalmente, Ana instalava-se para o tratamento e ficava muito tranquila, de olhos fechados. Às vezes até adormecia, mas naquele dia estava um pouco inquieta e quando estava tratando do seu *chakra*[28] do coração, começou a agitar-se. Perguntei-lhe o que estava acontecendo e a voz dela respondeu-me de forma quase irreconhecível, pois parecia uma criança falando. Nas regressões, o discurso é sempre uma interessante simbiose entre a personalidade que se está recordando e aquilo que se é na presente vida, embora mais liberto de preconceitos e pressupostos. Entrei em diálogo com Ana e rapidamente percebi que ela entrara em regressão espontânea:

– Não quero que eles me encontrem aqui. Consegui fugir, mas tenho medo que me encontrem. Mas eu sei que está aqui, sei que está aqui.

– *O que é que está aí?*

---

[28] *Chakra* é uma palavra em sânscrito que significa "roda". O *chakra* do coração é um centro energético suprafísico ligado à glândula endócrina chamada timo.

— As coisas da minha mãe. Eles puseram todas aqui e não querem me dar nada dela. Querem que eu me esqueça dela, mas eu não vou me esquecer. Quero levar uma coisa comigo.

— *Que lugar é esse onde está?*

— É o sótão. Eles atiraram tudo aqui, todas as coisas que a minha mãe deixou. Eles não a deixaram levar nada.

— *Quem são eles?*

— O meu pai e os meus avós. Não gosto deles. Eles fizeram mal à minha mãe. Obrigaram-na a ir embora e a deixar-me. Eu sei que ela não queria, ela me disse, mas eles obrigaram-na. Eles são muito maus. Tenho medo do meu pai. Ainda bem que ele vai embora também.

— *E você, para onde vai?*

— Vou para casa dos meus tios. Não gosto muito deles, mas tenho menos medo do que do meu pai.

— *E a sua mãe, foi embora para onde?*

— Não sei, se calhar foi para a floresta. Eles chamam-na de bruxa, mas eu sei que ela não é má. Eles é que são maus. Na floresta está aquele homem, o que tem barbas, mas não é mau. A minha mãe chama-o de Mestre.

— *O que procura no sótão?*

— Quero o cordão que a minha mãe usava e que o Mestre lhe deu. Eu sei que ela não o levou, porque o escondeu numa caixa. E eles trouxeram a caixa para cá.

— *Então procure a caixa. (Ana agita-se mais.)*

— Está aqui. É esta. E o cordão está aqui.

— *Descreva-me o cordão.*

— É de prata e tem uma medalha. Na medalha há uns desenhos esquisitos. Minha mãe diz que é uma língua antiga, eu não sei lê-los.

— *O que quer fazer com esse fio?*

— Vou guardá-lo. *(Agita-se mais.)* A minha mãe está aqui. *(Chora e estende os braços como se quisesse abraçar alguém.)* Mamãe, eles são maus, mandaram você ir embora...

— *Que diz a sua mãe?*

– *(Ana chora e soluça.)* Ela diz que tem de ir embora, mas que vai me amar sempre e estar perto de mim. E diz para eu pôr o cordão e nunca o tirar. Diz para eu o guardar sempre comigo.

***

Ana chorava convulsivamente e chamava pela mãe de forma desesperada. Comecei a chamá-la, baixo mas firmemente, a fim de trazê-la de volta ao presente.

Ana abriu os olhos e olhou em volta com ar surpreso.

– O que é que aconteceu?

– Acho que você entrou em regressão espontânea...

Ficamos falando longamente sobre essa experiência, tentando entender o que tinha acontecido. Ana lembrava-se de tudo o que tinha visto e dito e, ao recordar a vivência, mais pormenores ficavam evidentes. Para mim, a experiência tinha sido muito forte, pois eu tinha acompanhado toda a regressão de Ana, sentindo o que ela tinha sentido e vendo o que ela tinha visto. Comprovamos isso, fazendo simultaneamente a descrição do sótão e surpreendemo-nos com a exatidão das descrições.

Esta experiência foi muito importante para Ana, pois tinha sentido que os pais naquela vida eram os mesmos da vida presente, tendo-lhes assim sido dada uma nova oportunidade de se reconciliarem. A partir desse dia, Ana mudou o seu relacionamento com os pais e através das sucessivas sessões que tivemos, fui acompanhando o processo de reconciliação que se desencadeou, e que acabou por aproximar os pais um do outro.

Para mim, foi o início de um novo capítulo em minha vida.

Ana quis saber a continuação da história e pediu-me que a ajudasse a voltar à mesma vivência.

– *Vai voltar ao dia em que descobriu no sótão o cordão que a sua mãe usava.*

– Sim, já estou lá. Estou com o cordão no pescoço, mas tenho de escondê-lo, porque não quero que o tirem de mim. Minha mãe diz que ele me protege.

– *Então sempre vai para a casa dos seus tios?*

– Vou. Eles vêm me buscar e eu vou para casa deles.

– *Como é que vão, em que meio de transporte?*

– Vamos num carro puxado a cavalos.

– *E como é a casa dos seus tios?*

– É grande e tem um jardim. Mas assim que puder, vou fugir para a floresta à procura da minha mãe.

– *Então ande 10 anos para a frente.*

– Já estou na floresta, mas não encontrei minha mãe. Ela já tinha morrido. Meus avós mandaram matá-la com medo que ela fizesse alguma bruxaria ao meu pai. Mas eles estavam enganados, minha mãe não fazia mal a ninguém e aqueles com quem ela se dava, o Mestre e os seus seguidores, não faziam mal a ninguém.

– *E o seu pai viveu com você?*

– Não, meu pai era militar e teve de ir embora para longe. Eu fiquei morando com meus tios, mas depois fugi. E agora encontrei o grupo do Mestre da minha mãe e estou com eles.

– *Fale-me do que fazem.*

– Nós cultivamos ervas e legumes, que comemos e vendemos. As ervas servem para tratar as pessoas. Há muita gente que nos procura pedindo ajuda. Eu agora também já sei curar. E também há os rituais, que nós fazemos muitas vezes.

– *Que rituais são?*

– À Lua, ao Sol, aos habitantes da floresta. Eu não vou a todos, só a alguns. Vamos aos rituais conforme aquilo que já sabemos.

– *Fale do Mestre.*

– Ele já é muito velho. Tem barbas e cabelos compridos, todos brancos. Há outros homens como ele, mas mais novos, que aprendem com ele. E também há mulheres que aprendem com ele.

– *E é ele quem conduz os rituais?*

– Nem todos. Os outros homens e mulheres também conduzem. Eu gosto muito de participar dos rituais, mas só vou àqueles a que me deixam.

– *É capaz de descrever um ritual?*
– Sou. Há um que eu gosto muito. É o da Lua cheia.
Colocamo-nos todos em círculo na clareira dos rituais. No centro está a pedra, que é o altar e ao pé da qual o Mestre se coloca. Junto do Mestre ficam os Principais. Espera-se pela hora em que a Lua aparece por cima das copas das árvores e, nessa altura, o Mestre ergue os braços e entoa a saudação à Lua, que nós todos repetimos. Repete três vezes e eu gosto muito das palavras que ele diz, embora haja algumas que são muito antigas e eu mal conheço o significado delas, pois nós nunca as usamos fora dos rituais. Depois, as mulheres que querem ter filhos vão até junto do altar e uma por uma, ajoelham-se junto do Mestre, que pede à Lua que lhes prepare o corpo para receber a semente. Elas voltam à roda e todos entoamos mais cânticos à Lua, pedindo que ela nos proteja e afaste de nós todo o mal. As mulheres presentes fazem uma roda e dançam à volta do altar, cantando. Os homens também cantam e batem palmas. Depois misturam-se e dançam todos, o Mestre e os Principais também. Quando a Lua já está muito alta, voltamos a nos reunir em círculo à volta do altar e o Mestre ergue os braços e agradece à Lua por ter voltado mais uma vez a estar conosco. Nós repetimos o agradecimento e fazemos dois círculos, o das mulheres, mais perto do altar e o dos homens no exterior. O Mestre bebe de uma taça grande três goles do líquido doce, depois bebem os Principais e passam ao círculo das mulheres. Cada uma bebe três goles e vai passando a taça. A última mulher passa-a para o círculo dos homens e o último a beber vai dá-la ao Mestre outra vez. O Mestre bebe o resto. E depois vamos embora, primeiro saem as mulheres e depois os homens. Os Principais e o Mestre são os últimos a sair. Eu gosto muito dos cantos e das danças e sei que muitos que ainda não têm idade para lá estar, vêm devagarinho, pela calada da noite, espreitar o ritual.
– *E vocês vivem na floresta?*
– Sim, vivemos num lugar onde há muitas árvores e animais à solta. No inverno, há muita neve, mas é muito bonito. Gosto mais de viver aqui do que na casa dos meus tios. Eu fugi e eles nunca mais souberam de mim.

– *Então ande 10 anos para a frente.*
– Continuo na floresta. Agora tenho uma filha, a quem hei de dar o cordão que minha mãe me deixou. É a única recordação que tenho dela.
– *E sente-se feliz?*
– Sim. Estou feliz, porque aqui não precisamos de muitas coisas para nos sentirmos bem. Há um homem de quem eu gosto e que é o pai da minha filha. Quando ela nasceu, estive muito doente, mas trataram-me com as ervas que usamos e fiquei bem, só que não posso ter mais filhos e por isso o pai da minha filha tem outra mulher. Mas não me importo, porque ele continua a gostar de mim.
– *Então ande 10 anos para a frente.*
– Estou mais velha, mas continuo a sentir-me feliz. Gosto da luz da floresta durante o dia e dos barulhos da floresta à noite.
– *E a sua filha?*
– A minha filha está aprendendo os rituais, vai ser sacerdotisa. Estou muito orgulhosa dela. Já lhe dei o cordão que era da minha mãe, mas ela não aceitou. Quer que eu o guarde comigo até morrer.
– *Então ande 10 anos para a frente.*
– Já morri, já não estou na aldeia da floresta, mas não tenho saudades. Estou num lugar muito bonito.
– *Fale-me desse lugar.*
– É como se fosse um jardim. Há muita paz e tranqüilidade. E a minha mãe está aqui comigo. Estamos muito felizes, não precisamos de mais nada.

Ana foi a minha cobaia em termos do trabalho de regressão a vidas passadas. Fizemos juntas estas descobertas, e a partir desta experiência começaram a surgir pessoas pedindo-me que as ajudasse a entender situações na sua vida.

O trabalho que tinha feito comigo mesma foi extremamente importante para que me aventurasse a conduzir regressões. Igualmente acompanhei regressões conduzidas por outras pessoas, sempre numa perspectiva de ajudar nos processos de expansão de consciência de quem se submetia a este trabalho.

Não gosto de utilizar o termo terapeuta de regressão, embora seja uma designação muito comum para quem conduz regressões. Mas eu rejeito essa designação, pois não considero a regressão como uma terapia.

Minha experiência, quer de regressões vividas por mim ou simplesmente conduzidas ou presenciadas, mostrou-me que a regressão é um instrumento de fundamental utilidade para o autoconhecimento e para a expansão da consciência. Através da regressão, trazemos para o nível consciente muitas memórias antigas, algumas mais traumáticas, outras menos. Várias pessoas a quem conduzi ou vi conduzir vivências regressionais, curaram fobias e transmutaram traumas de forma quase instantânea, sendo os efeitos da regressão claramente visíveis. Nessas situações, sem dúvida que a regressão constituiu uma peça muito importante para a cura. Outras pessoas usaram a regressão unicamente para o seu processo de expansão de consciência, pelo que não a chamaria de terapia. O tipo de regressão que utilizo, e que utilizam as pessoas com quem trabalho, poderia constituir um instrumento de grande utilidade numa psicoterapia. Todavia as vivências regressionais a vidas passadas não substituem, de forma alguma, nenhuma dessas terapias de acompanhamento psicológico. Com mais rigor, penso que poderia falar-se de terapia pela regressão e não de terapia de regressão.

Em nenhuma das regressões que conduzi ou acompanhei surgiram pessoas vendo-se como Napoleão ou outra figura histórica importante. Viam-se sempre como pessoas comuns, algumas poderosas e ricas, outras pobres e humildes. Umas conseguiram dizer os seus nomes, outras surpreenderam-me ao usarem facilmente termos técnicos, que lhes deveriam ser desconhecidos na vida atual, e outras ainda, sem dúvida a maior parte, limitaram-se a falar do que sentiam.

Da minha experiência, concluí que cada pessoa se focaliza naquilo que é verdadeiramente importante para entender o que está na altura de ser entendido. Nada aparece fora do tempo certo, as chaves de acesso são concedidas de acordo com a preparação de cada pessoa.

Não utilizo hipnose no meu trabalho, nem tampouco as pessoas com quem trabalhei, presenciando a sua condução de regressões.

Os pacientes são simplesmente colocados em relaxamento profundo, sendo conduzidos ao acesso que está disponível. Por essa razão, algumas pessoas não conseguiram ter acesso aos registros, pois os seus bloqueios mentais impediram-nas de relaxar o suficiente.

Nem todos estão preparados para uma regressão, não só por sua situação espiritual, mas também por seu estado físico e psicológico da época.

Durante todo o processo, é fundamental estar em total sintonia com a pessoa, fazendo uma verificação do seu estado energético. Apesar de ter presenciado várias situações em que as pessoas reviveram vivências de elevada tensão emocional, nunca nenhuma excedeu os limites do controlável.

A partir do trabalho que venho realizando ao longo dos últimos anos, quer através das regressões, quer através da Numerologia e do Tarot, retirei algumas conclusões relativamente às leis espirituais que regem o nosso percurso em sucessivas reencarnações.

São essas conclusões que venho partilhar na PARTE II deste livro, utilizando alguns dos casos de pessoas que os Mestres conduziram até mim.

Leis espirituais do percurso das Almas

1. Lei da Causalidade

Para tudo o que acontece, existe sempre uma causa
e é sempre produzido um efeito.

2. Lei do Equilíbrio

Tudo tende de forma mecânica e automática
para o equilíbrio energético.

3. Lei da Autonomia Espiritual

Cada Alma possui os seus Mentores espirituais,
mas é autônoma nas suas escolhas.

Estas Leis representam três aspectos da Verdade Universal e não atuam de forma isolada, mas sim integrada, encontrando-se relacionadas de forma indissolúvel. A sua separação tem unicamente objetivos de melhor entendimento.

O percurso das Almas, nas suas sucessivas reencarnações, é um misterioso novelo, que se vai desenrolando até limites infinitamente mais complexos do que a nossa mente consegue alcançar.

Todavia, à semelhança da mecânica celeste que grandes sábios como Copérnico ou Galileu desvendaram, também nos processos reencarnatórios existe um movimento que ocorre sem intervenção da vontade ou escolha das Almas. As duas primeiras Leis refletem este aspecto mecânico e automático.

A terceira Lei refere-se ao aspecto não coberto pelas duas Leis anteriores, ou seja, o da vontade e liberdade de escolha que as Almas possuem, quer desencarnadas, quer revestindo uma personalidade no plano material. A maior ou menor autonomia tem basicamente a ver com a sabedoria que a Alma possui. Assim, a intervenção dos Mentores

Espirituais será, de igual modo, maior ou menor. O mundo espiritual é muito rico e cada Alma possui vários mestres, guias e protetores espirituais. Alguns poderão dar-se a conhecer e ser sentidos pelos seus protegidos, enquanto estes ainda se encontram sob a forma material. Em outras situações, apenas quando a desencarnação acontece, eles são vistos pelos seus protegidos. Em vários dos casos que ilustram a apresentação destas Leis, as pessoas referiram-se aos seus Mestres espirituais durante as vivências regressionais, constituindo interessantes exemplos deste tipo de contatos.

Cada uma das três Leis possui manifestações específicas, que se encontram desenvolvidas e sistematizadas, acompanhando a descrição dos casos verídicos aqui relatados.

1. Lei da Causalidade

**Para tudo o que acontece, existe sempre
uma causa e é sempre produzido um efeito.**

As principais manifestações desta Lei são as seguintes:

- Nada é aleatório e não existem acasos.

- Um efeito desencadeado numa vida pode transitar para outra ou outras, independentemente da causa que o provocou.

- Os efeitos manter-se-ão enquanto as causas não forem eliminadas ou transmutadas.

- Apenas se consegue atuar eficazmente sobre os efeitos se houver acesso às suas causas.

A primeira grande manifestação desta lei diz respeito ao fato de não existir aleatoriedade, tal como não existe na Natureza onde vivemos. Tudo possui uma causa ou um conjunto encadeado de causas, estabelecendo-se assim uma teia que tudo une, não havendo lugar para sorte ou azar. As sincronicidades, a que normalmente chamamos coincidências, evidenciam sempre relações de causalidade, nem sempre perceptíveis, mas que poderão ser desvendadas por uma atitude mais atenta e mais consciente. Assim, ao invés de comparar situações ou acontecimentos, a atitude mais correta é de tentar perceber como se relacionam entre si, ou seja, encontrar a relação causa-efeito.

O segundo aspecto baseia-se na existência de uma cadeia de nascimentos e mortes, que constituem as sucessivas reencarnações que as Almas vão experimentando no plano material. Dessa forma, e porque esse percurso constitui um todo com uma lógica própria, as ligações entre as várias vidas permanecem, pois embora haja uma descontinuidade material de vida para vida, não existe uma descontinuidade em nível espiritual. Há, assim, efeitos que transitam de vida para vida, perdendo-se as suas causas no nevoeiro dos tempos passados.

Conseqüentemente, conforme referido nos dois últimos aspectos, enquanto as causas não forem descobertas e trabalhadas no sentido da sua resolução, os efeitos irão permanecendo de vida em vida, podendo eventualmente tomar aspectos ligeiramente diferentes em cada nova vivência.

Alberto

Alberto tinha 35 anos, era casado e tinha um filho de 5 anos. Tinha uma vida familiar harmoniosa, era engenheiro civil e trabalhava numa empresa ligada à construção.

Nunca conseguira aprender a nadar, o que lhe causara alguns infortúnios na sua juventude, ao decepcionar, por esse fato, algumas jovens que lhe interessava impressionar. Um incontrolável medo de mergulhar na água sempre o impedira de praticar natação, não freqüentando piscinas e apenas avançando no mar até uma distância dentro dos seus limites do razoável.

Queria conhecer as razões dessa fobia, que já deixara de incomodá-lo, mas que agora, com o nascimento do filho, havia novamente começado a angustiá-lo.

— *Concentre-se na energia de uma grande massa de água. Que sentimento lhe causa?*

— Medo. Sinto falta de ar.

— *Concentre-se nessas sensações e deixe que venham até você as informações sobre a causa delas existirem.*

— O mar. Odeio o mar. *(Alberto começa a agitar-se.)* O mar brinca conosco. Odeio o mar.

— *Por que razão odeia o mar?*

— Porque ele destrói tudo, engole os destroços e depois fica calmo e sereno, como se nada tivesse acontecido.

— *Concentre-se nas razões que o levam a sentir assim.*

— *(Alberto agita-se ainda mais.)* Estou em um barco. É grande, é um barco de madeira, tem mastros e velas. É um barco antigo, talvez do século XVII. Sim, deve ser dessa época; as pessoas vestem-se como as dessa época.

— *E você está nesse barco?*

— Sim, sou passageiro. Há nele vários passageiros. Gosto de vir para fora apanhar ar e ver os trabalhos da tripulação. Gosto de ouvir como eles falam uns com os outros, os termos que usam. Gosto de falar com o comandante. À noite, vou muitas vezes para o camarote dele e conversamos sobre as nossas viagens.

— *Você também já viajou muito?*

— Sim, mas ele já viajou mais do que eu. Já esteve várias vezes na América e eu estive lá só uma, já foi a ilhas longínqüas de que nunca ouvi falar. Gosto de ouvi-lo contar coisas sobre os hábitos dos nativos dessas ilhas que visitou.

— *Sabe qual a nacionalidade dele?*

— É inglês.

— *E você?*

— Eu não, mas falo inglês corretamente. Sou de um país mais a norte, acho que sou dinamarquês. Ele me chama de Sandqvist, parece-me que o nome soa assim.

— *E vão de onde para onde?*

— Vamos... de Dover para Calais, é isto que me vem à mente.

— *Então é certamente isso que está certo. O que vai fazer na França?*

– Acho que faço qualquer coisa relacionada com minas, estive na América também por causa disso. Vou ensinar qualquer coisa, trabalhar em minas, não sei se são de ouro ou de outra coisa qualquer. Parece que sei muito disso. O comandante quer saber e eu lhe conto muitas coisas, explico-lhe as técnicas, são coisas complicadas, até faço desenhos com uma pena num papel para lhe explicar.

– *E você vai sozinho ou viaja com alguém?*

– Acho que vou sozinho; não me vejo pensando em ninguém. Viajo muito, não tenho família porque não quero prisões.

– *Então agora concentre-se em algum episódio importante da viagem.*

– *(Alberto recomeça a agitar-se.)* A tempestade. Começa a ficar tudo muito escuro. O dia transforma-se quase em noite, o céu mete medo. Chove muito e já não posso ficar no convés; tenho de voltar ao meu camarote. Há trovoada, é um espectáculo magnífico, mas assustador. O pior é quando o mar começa a agitar-se. Sopram ventos desencontrados, e o barco, que parecia tão sólido, torna-se um frágil pedaço de madeira a boiar nas ondas. Elas passam por cima do barco, atravessando-o de lado a lado, enquanto, ao mesmo tempo, ele sobe na crista de uma onda e, logo a seguir, cai num abismo, para, logo em seguida, rodopiar num turbilhão. Não tenho onde me agarrar, tudo cai e se desloca de um lado para outro dentro do meu camarote. *(A agitação de Alberto aumenta ainda mais.)* Bato com a cabeça não sei onde, vejo-me ensangüentado e caído no chão. Ouço os gritos das pessoas em meio ao ruído da tempestade. Quero que isto acabe depressa. É intolerável este medo, nunca tive tanto medo na minha vida.

– *E como termina esta cena?*

– O barco afunda. Há mastros que caem, eu tento sair do camarote apesar de ferido, mas não consigo abrir a porta, há qualquer coisa bloqueando-a. Quero abrir a janela, mas os balanços do barco não me deixam chegar lá. O barco inclina-se, sinto que estou caindo. Acho que o barco tombou, quero agarrar-me a qualquer coisa, mas não tenho onde. A água começa a entrar, não tenho para onde fugir. Sinto falta de ar, não consigo respirar! *(Alberto está agitadíssimo.)*

– *Deixe essa cena, veja-se já fora do corpo.*

– Sim, já estou fora do corpo. Estou vendo o barco afundando, há outras luzes vindo para onde estou. O barco afunda e desaparece, o mar o engole. Amanhã vai estar calmo outra vez e vai parecer que nada aconteceu. Odeio o mar, odeio o mar!

– *Você está fora do corpo, deixe-se conduzir para longe daí, vá para outro plano.*

– Não quero ir, mas sinto-me puxado. Estou zangado porque não consigo ter vontade. Por um lado o mar engoliu-me e agora levam-me sem me dizerem para onde. Não quero ir.

– *Deixe-se conduzir, você está sendo levado para um plano onde não existe sofrimento. Vai deixar de sofrer, deixe-se conduzir.*

– Sim, sou levado numa espécie de vórtice e agora estou num lugar que parece outra vez o meu camarote no navio, mas com cores muito mais suaves. Está tudo nos lugares outra vez, parece que não houve tempestade. Sinto-me bem e posso deitar-me e descansar.

– *Muito bem, descanse e deixe que tratem de você. Já passou tudo, agora pode descansar.*

Alberto abriu os olhos e passou as mãos pelo rosto. Pareceu-me que procurou, de forma instintiva, o local onde havia se ferido na cabeça.

– Agora entendo porque tenho tanto medo do mar. E mais do que medo, tenho raiva e zanga. Fiquei muito zangado por ter morrido, queria muito ir para a França, não queria deixar a vida...

A Lei da Causalidade estava aqui bem patente em todas as suas manifestações: o medo do mar não havia surgido por acaso, tinha uma causa bem forte, tendo-se estendido à vida presente, pois Alberto/Sandqvist morrera em situação de terror e zanga e essas marcas continuavam bem presentes em sua energia. A cura da fobia estava agora facilitada, pois se conheciam as suas causas e Alberto estava decidido a aprender a nadar, para poder sentir a alegria de fazê-lo junto com o filho.

Curiosamente, nesta regressão surgiu mais um aspecto interessante, ligado ao fato de Alberto/Sandqvist dizer que, depois da passagem pela morte, estava novamente instalado num lugar que era a representação do seu camarote no navio. Esta situação significa que, nos planos etéricos mais sutis, as formas são aquilo que quisermos que sejam, quer dos locais, dos objetos, ou das pessoas. Para facilitar a adaptação ao seu novo estado de desencarnado, surgiu no plano etérico um duplo do seu local de morte, onde tinha vivido os seus últimos dias no plano material.

É comum isto acontecer, como aconteceu em outros relatos, pois o desligar da matéria em muitas situações é traumático e assim se facilita a adaptação à sua nova condição.

Maria do Carmo

Maria do Carmo tinha cerca de 40 anos e um medo quase incontrolável de lugares altos. Ao longo da vida tinha tentado dominar esse medo, que ela própria classificava de irracional, mas soçobrava freqüentemente nessas tentativas de controle.

Fomos procurar a causa desse medo através de uma regressão:

– Estou colhendo cactos e ervas. Sou uma mulher já com certa idade, de vez em quando tenho de me endireitar, porque me doem as costas. Vou colocando no avental os bocados de cactos e as ervas que apanho.

– *Para que são essas ervas e cactos?*

– Para fazer medicamentos e curar pessoas.

– *É curandeira?*

– Sim, aprendi com a minha mãe, que já tinha aprendido com a mãe dela.

– *E você também passa esses conhecimentos a alguém?*

– À minha neta, não tenho filhas, só filhos.

– *Mas esse conhecimento só se pode passar a mulheres?*

– Sim, porque os homens não sabem ver qual é o mal das pessoas. Nós sim.

– *Então você vê quais as doenças que as pessoas têm e depois dá-lhes o tratamento?*

— Sim, é isso que eu faço. Mas também vejo outras coisas.
— *Que coisas?*
— Coisas que vão acontecer. E a minha neta também vê.
— *Coisas que vão acontecer a quem?*
— A qualquer pessoa. Às vezes é só para as pessoas que querem saber e eu tenho de procurar, outras vezes, as coisas vêm sem eu perguntar. Às vezes vejo coisas que preferia não ver.
— *E quando as coisas vêm sem as procurar, o que faz?*
— Umas vezes conto a elas, outras vezes fico calada. Há dias recebi uma informação e estou ainda em dúvida se hei de de falar nela ou não. Enquanto apanho as ervas, fico pensando nisso.
— *E que informação é?*
— É sobre um incêndio que pode destruir grande parte da aldeia. Eu vi a casa onde o fogo vai começar, é uma vingança e o fogo vai ser ateado durante a noite. Se não o apagarem depressa, vai destruir muitas casas.
— *E se avisar as pessoas disso, poderão evitá-lo?*
— Não sei, mas acho que poderão fazer alguma coisa. Não sei quando vai ser exatamente, mas vi que não havia lua no céu e isso já está próximo.
— *E você vai avisar as pessoas?*
— Não sei, tenho dúvidas.
— *Projete-se mais para a frente e veja o que decidiu.*
— Avisei os donos da casa, porque eles vieram falar comigo. Eles andam com medo. Só não lhes disse que tinha visto quem vai atear fogo à casa.
— *E eles?*
— Disseram que iam ficar atentos.
— *Projete-se mais para a frente e diga se o incêndio aconteceu.*
— Aconteceu. *(Maria do Carmo começa a agitar-se.)*
Aconteceu e foi ainda pior do que eu tinha visto. Arderam muitas casas e morreram pessoas. *(Maria do Carmo agita-se mais.)*
Na aldeia, souberam que eu tinha falado no incêndio e querem que eu diga quem foi. Várias mulheres vieram falar comigo, quando eu estava colhendo ervas. Me agarraram e começaram a me bater,

para eu dizer quem tinha sido. Eu luto, debato-me e consigo fugir. Elas vêm atrás de mim, eu corro e elas continuam a me perseguir. *(Maria do Carmo está cada vez mais agitada.)*

Não tenho para onde fugir, o campo fica acima do mar, é muito alto e elas estão me empurrando para lá. Não tenho para onde fugir! Elas me alcançam à beira do precipício, me agarram, me batem e querem que eu diga quem foi que pôs fogo à casa. Eu não digo, mas tenho muito medo de cair, elas estão me cercando. Uma delas diz: "Então se não vai dizer, morre!" e me empurra. Eu caio de uma grande altura e o meu corpo bate nas saliências da rocha. Mas, quando chego lá abaixo, ainda estou viva. Não consigo me mexer. Vejo tudo enevoado, mas consigo ver o lugar de onde caí. Quero gritar, mas a voz não me sai. Não consigo me mexer e ninguém vem me socorrer!"

– *Veja-se já fora do corpo.*

– Sim, estou vendo o meu corpo lá em baixo. Caí de uma grande altura.

– *Então repita: O meu medo das alturas vem de outra vida. Nesta vida não existe lugar para o medo.*

Fizemos um trabalho de limpeza do medo e Maria do Carmo passou a comportar-se muito mais tranqüilamente em situações onde antes se descontrolava.

Nenhum medo ou fobia nasce de forma espontânea ou aleatória e a identificação da causa é determinante para a sua cura. O conhecimento do medo faz parte do nosso percurso de tomada de consciência através da vida no plano físico, pois ele pertence exclusivamente a este plano. As memórias de medos são tratadas após a Alma desencarnar, mas podem reativar-se no contato com um novo nascimento, visto que podem transitar de vida para vida. Nessa nova encarnação, quando confrontados com a causa, o seu efeito é desencadeado, pois é no plano consciente que o trabalho da erradicação do medo tem de ser feito para ser eficaz.

O conhecimento da causa de sua fobia através da regressão permitiu a Maria do Carmo lidar de outro modo com os seus efeitos.

Tinha me confessado que um dos seus sonhos era subir ao alto da Torre Eiffel, mas nunca tinha arranjado coragem para tal. Algum tempo depois desta sessão, recebi um postal de Paris. Maria do Carmo tinha conseguido realizar o seu sonho!

Pedro

Pedro sempre demonstrou uma notável propensão para a língua inglesa, tendo aprendido a falar e a escrever em inglês muito cedo, o que não aconteceu com outras línguas. A sua expressão na língua inglesa rapidamente se tornou fluente, embora o seu sotaque fugisse à pureza britânica e soasse mais como norte-americano. A família atribuía isso ao fato de os filmes falados em "inglês americano" terem acompanhado o seu crescimento.

Aos 8 anos, numa viagem a Londres com a família, foi notada a desenvoltura com que se comunicava na língua inglesa. Alguns episódios dessa viagem ficaram nos anais familiares, evidenciando como ele ficava à vontade na expressão e na compreensão.

Dez anos depois, Pedro foi de férias a Nova Iorque. A sensação de reconhecimento e de ligação com o local foi muito forte. Apesar de Nova Iorque ser uma cidade em que a orientação não é muito difícil, dada a sua configuração de ruas paralelas e perpendiculares, Pedro mostrou-se excepcionalmente à vontade ao caminhar pela cidade. Pela forma como se movimentava, quase se diria que não era um turista, mas sim alguém que visitava um local onde não ia há muito tempo.

Esta situação foi tão forte, que Pedro decidiu fazer uma regressão.

— *Concentre-se na cidade de Nova Iorque e diga-me que memórias lhe desperta.*

— Sim, eu conheço muito bem Nova Iorque, vivo lá, mas vejo a cidade diferente do que ela é agora.

— *Diferente como?*

– É mais antiga. Tem automóveis, mas são muito antigos.

– *Situe-se num dia importante para você, quando vivia em Nova York.*

– É o fim do dia. Vou para casa a pé. Há muitos automóveis, é uma cidade muito moderna.

– *Vem do trabalho?*

– Sim.

– *Como é que se chama?*

– Tiberini.

– *É italiano?*

– Não, os meus bisavós é que eram. Eu sou americano.

– *Onde mora?*

(Aqui, Pedro fez uma pausa.)

– Não sei dizer o endereço, sei onde fica a casa. Estou a caminho.

– *Descreva-me a casa.*

– É uma casa com dois andares e tem um jardim ao redor. Do lado de fora, tem uma caixa de correio onde está escrito o meu nome.

– *Vive lá com quem?*

– Com a minha mulher, o meu filho e a Honey.

– *Quem é a Honey?*

– É a nossa empregada. É negra e me conhece desde que nasci. Quando me casei e vim para Nova Iorque, ela veio também.

– *E porque veio para Nova Iorque?*

– Porque aqui é que está o dinheiro.

– *E o dinheiro é importante para você?*

– Claro que sim. Como é que eu poderia sustentar a minha família sem dinheiro?

– *Qual é o seu trabalho?*

– Trabalho com o dinheiro dos outros. Eles me dão o dinheiro e eu o invisto. É um grande negócio. Os outros dão o dinheiro, eu o invisto e fico com uma parte dele para mim. Muito fácil.

– *Um banco?*

– Não, eu trabalho por conta própria. Eu não guardo o dinheiro, invisto-o.

– E hoje o dia correu-lhe bem?

– Sim, correu muito bem, estou muito satisfeito. Vou muito feliz para casa, ficar com a minha mulher e o meu filho. Hoje consegui uma grande vitória num negócio e foi um excelente dia.

– Como está vestido?

– De forma muito simples. Uso um terno e um chapéu. Levo uma pasta na mão.

– Sabe a data desse dia?

– Não sei bem, mas o ano é 1919.

– Veja-se agora já em casa. O que está acontecendo?

– Entro em casa e chamo pela Honey. Ela responde lá de dentro e diz que está fazendo o jantar. Aparece à porta da cozinha. É gorda e usa um avental com babados e na cabeça uma touca, também com um babado todo à volta. Ri para mim, diz-me olá e volta para dentro.

Junto da cozinha há uma sala grande, que é onde comemos. Tem uns sofás e eu atiro a pasta sobre um deles. Ao lado da sala há um escritório, onde está o telefone. Preciso telefonar para uma pessoa. Estou pensando nisso, quando ouço minha mulher falando comigo, enquanto desce a escada. A escada faz uma curva e tem um corrimão apoiado numas colunas. Vejo tudo tão bem, mas é difícil descrever. Na parede da escada há uma janela.

– Reconhece a energia da Honey ou de sua mulher?

– Não, mas a da minha mulher vou voltar a encontrar.

– Gosta dela?

– Muito. Os três são as pessoas de quem eu mais gosto. Por eles faço tudo.

– E o seu filho?

– É bebê, está dormindo lá em cima.

– Como é o nome dele?

– Jonathan.

– Avance agora 5 anos para a frente desse dia.

– Estou ao telefone. Estou muito irritado. Há pessoas que me devem dinheiro. Se os meus clientes quiserem o dinheiro deles de volta, não tenho como lhes dar. Estou irritado e muito preocupado.

Sinto que as coisas vão se complicar. É apenas uma sensação, mas sinto que se acabaram os tempos fáceis e que vêm aí tempos difíceis.

– E o seu filho?

– O meu filho está mais crescido. É um garoto muito levado. Gosto muito de brincar com ele. Se não andasse tão preocupado, podia brincar melhor com ele.

– Avance mais 5 anos para a frente desse dia.

– Estou cada vez mais preocupado. Tenho prazos muito apertados. Sinto-me cercado, encurralado.

– E a sua família sabe das suas preocupações?

– Não, eu não lhes conto nada, mas a minha mulher pressente.

– E o seu filho, como é que ele está?

– Já é um rapazinho. Conversa muito comigo, mas eu não ando com muita paciência para ele. Estou muito preocupado com a educação dele, porque tenho medo de que nos falte dinheiro. Estou muito angustiado.

– Avance mais 5 anos para a frente.

– Já não estou lá.

– Já não está lá por quê?

– Porque morri. Fui um mau pai e um mau marido. Lutei tanto por eles e deixei-os quase na miséria.

– E morreu como?

– Matei-me. Era a única saída, não havia outra. Deixei-lhes a casa e o pouco dinheiro que consegui salvar. Se tivesse de pagar as dívidas, então é que eles ficariam na miséria. De alguma maneira tentei salvá-los de uma situação ainda pior...

– E é capaz de vê-los agora, depois de ter morrido?

– Não. Eu queria, mas não me deixam. Dizem-me que o meu trabalho terminou e que agora tenho de descansar.

– Então deixe que tratem de você e situe-se no momento das escolhas para a sua vida como Pedro.

– Vou ter a possibilidade de me sentir realizado, desde que as minhas escolhas não envolvam trabalhar com dinheiro. Vou poder aprender a lidar com o dinheiro de uma forma mais leve, usá-lo sem que isso constitua um peso.

Ao visitar Nova Iorque, Pedro tinha ativado a memória de uma vida nessa cidade. Essas situações são freqüentes, desde que a energia do local não tenha sofrido grandes transformações.

Quando a regressão é feita depois da visita, como foi o caso, é mais fácil ter acesso a informações sobre a toponímia e as datas, pois as chaves de acesso ampliam-se, devido ao fato das informações sobre o contato com a energia do local já passarem a existir de forma consciente.

Com esta regressão, Pedro percebeu não apenas a causa da sua afinidade com a cidade de Nova Iorque e com a língua inglesa, mas também sua relutância em lidar com questões financeiras. Se tivesse escolhido repetir o padrão da vida anterior, provavelmente teria tendência a desenvolver o mesmo comportamento.

Nesta vida, as escolhas de Pedro levaram-no a dedicar-se à música e é um jovem feliz, agora ainda mais consciente do que não quer para si.

Andréia

Andréia tinha 24 anos quando a conheci. Tímida, falava baixo e pausadamente. Inteligente e bonita, não conseguia valorizar-se e a sua auto-estima estava francamente baixa. Tinha completado recentemente um curso de Assistente Social. Disse-me que queria trabalhar com marginais, especialmente os sem-teto, estando já envolvida em associações desse tipo. A sua forma de vestir era muito discreta, não se maquiava e usava o cabelo curto e escorrido.

Nunca tinha namorado. Confessou-me que "se um rapaz começa a interessar-se por mim, eu começo logo a fugir, mesmo que simpatize com ele. Tenho medo..."

– *Medo de quê, Andréia?*

– Não sei, tenho medo, todas as minhas colegas já tiveram namorado, eu nunca tive nenhum... Quero entender por que é que eu sou assim...

Andréia foi conduzida para a vida que estava mais diretamente ligada a esse sentimento de medo dos homens:

– Estou dançando numa espécie de palco, estou meio despida. Há outras mulheres como eu. Acho que isto é um cabaré. Há fumaça no ar, o ambiente é irrespirável. A sala está escura, o lugar onde estou dançando é que está iluminado. As luzes são fortes, o meu corpo está muito exposto, mas eu não me importo, estou habituada. Danço e canto de forma automática. Há uma orquestra tocando. Pequena, são poucos músicos.
– *E quantas são as dançarinas?*
– Somos cinco, eu estou numa das pontas. Sei que há muitos homens me olhando, mas isso é normal para mim. Cantamos em alemão. Acho que estou na Alemanha.
– *Sabe em que época está?*
– Em 1926. O cabaré chama-se "Céu Estrelado".
– *E você, como é que se chama?*
– Margaretta. Não gosto de mim, detesto aquele trabalho, mas tenho de ganhar dinheiro. Os meus pais vivem longe e eu vim para a cidade. Munique, estamos em Munique.
– *Que idade tem?*
– 25, aliás 24, o meu aniversário vai ser daqui a dias. Minhas colegas estão preparando uma surpresa. Elas acham que eu ainda não percebi, mas já as ouvi combinar as coisas. Gosto delas, só não gosto desta vida.
– *Você acabou a dança. E agora?*
– Agora é a parte pior: vamos para a sala ficar com os homens. Há um que tem vindo todas as noites. É gordo, cheira mal, mas não posso deixar de ficar com ele, porque ele me escolheu.
– *Veja-se junto dele.*
– Sim, estou sentada à mesa com ele. Ele se chama Schoner, acho que é assim que se fala. Os empregados chamam-no *Herr* Schoner e eu também, mas ele me chama de Maggie.
Ele quer que eu vá com ele a uma festa amanhã. Não gosto de ir a essas festas, porque há sempre muita confusão, muitos homens, muita

bebida e muito sexo. Já fui a várias festas destas, eles pagam sempre muito bem. São sempre em casas grandes e nunca se sabe de quem é a casa. Disse que sim, que iria à festa, não tinha como recusar.

– *Continue a ver-se sentada junto dele.*

– Agora vamos fazer sexo no quarto.

– *Onde é esse quarto?*

– É no prédio ao lado do cabaré. Cada uma de nós tem lá um quarto para onde leva os clientes. Não é nosso, não dormimos lá, só o usamos com os clientes. Ele é nojento, mas eu sei fazer sexo sem deixar que ele me toque muito. Ele transpira muito, mas assim que acabamos, vou me lavar.

– *Agora situe-se no final dessa noite de trabalho.*

– É quase manhã. Vou voltar para casa. Estou cansada, tenho de ir dormir, porque à noite vou para a festa.

– *Como é a sua casa?*

– Não é uma casa só minha. Dormem lá muitas pessoas. Há muitas camas pelos vários quartos, uma espécie de beliches. Para mim é bom. Eles saem cedo para trabalhar e eu fico sozinha, dormindo durante toda a manhã. Agora apareceu por lá o Hanz, que está desempregado. Ele me aborrece porque quer fazer sexo comigo. Diz-me: "Você fica lá no cabaré fazendo sexo com homens que não conhece. Por que é que não pode fazer comigo, que moro na mesma casa que você?" Ele é nojento e me aborrece. Meto-me na cama e cubro a cabeça. Ele acaba desistindo e vai para a cozinha beber cerveja.

– *Veja-se agora na noite desse dia.*

– Estou na festa. Nunca tinha estado nesta casa. O homem gordo foi me buscar no cabaré e me trouxe para cá. Há várias salas e ele me deixou para ir ver, numa dessas salas, uma mulher dançando e despindo-se. Fazem muito barulho, batem palmas cada vez que ela tira uma peça de roupa. Entrei numa outra sala e estavam lá dentro um homem sentado num sofá com duas mulheres à volta dele.

Andréia relata pormenorizadamente tudo o que de mais ou menos escabroso se passava naquela casa. Deixei-a falar sobre isso para permitir que ela se desinibisse em relação a esse tipo de atividade, pois

134

Andréia tinha uma enorme relutância em falar de qualquer coisa que se relacionasse com sexo. Finalmente, ela relata que foi levada por um homem desconhecido para uma sala e que fez sexo com ele, de acordo com as regras habituais nessas situações. Porém...

— Depois de termos acabado, o homem gordo aparece e zanga-se comigo. Me bate, o outro homem foge e ele me dá várias bofetadas. Não entendo por quê, não havia nada combinado entre nós. Ele podia fazer o que quisesse e eu também. Ele me agarra por um braço muito violentamente e me leva para fora. Ele já bebeu, está embriagado. Vocifera, me insulta e me joga dentro do carro. Seguimos pela estrada, está tudo muito escuro. Ele não dirige bem o carro. Eu choro e ele continua a me insultar. A certa altura pára. Estamos num descampado. Ele sai do carro e vem abrir a porta do meu lado. Puxa-me para fora e começa a me bater. Arranca-me o vestido, aperta-me o pescoço, quase me sufoca. Caio no chão, ele me dá pontapés. Depois, vai embora com o carro e me deixa ali sozinha.

(Andréia relata tudo isto com voz entrecortada pelo choro. Sua voz revela aflição e dor. Por vezes, não permito que o sofrimento continue e conduzo as pessoas para fora da cena causadora de sofrimento. Porém, com Andréia senti que tinha de deixar que fosse até o fim, pois o sofrimento teria de se esgotar na vivência de Margaretta para que Andréia pudesse ficar livre dele.)

— Veja-se agora no dia seguinte a essa cena.
— Estou no hospital. Meu rosto está todo esmurrado. O nariz está quebrado e me faltam dentes na boca. Estou muito mal, o corpo está cheio de hematomas e feridas. Não sei se vou poder voltar a trabalhar...
— Veja-se depois de sair do hospital.
— Estou vivendo em outra casa, menor e mais feia do que a anterior. Da rua, trago homens para fazerem sexo comigo nessa casa. São homens sujos, muito mais sujos do que o homem gordo que me bateu.

– *Situe-se agora 10 anos para a frente dessa cena.*
– Estou vivendo na rua, acho eu. Tenho uns sacos comigo. Ainda há homens que fazem sexo comigo.
(Andréia entrou em pormenores reveladores de tal estado de degradação, que são aqui omitidos.)
– *Situe-se agora 10 anos para a frente dessa cena.*
– Já morri. Morri na rua. Agora estou num lugar muito bonito, onde não sou obrigada a fazer nada e onde posso passear à vontade.
– *Fale-me desse local.*
– É um jardim. Tem bancos, tem árvores e tem flores. Cheira muito bem.
– *Há sol?*
– Sim, há muita luz. Eu estou aqui descansando e o meu Mestre vem me ver de vez em quando.
– *Situe-se agora no momento da decisão da sua reencarnação como Andréia.*
– Meu Mestre me disse que tenho de voltar à Terra. Mostrou-me onde vou nascer e quem vão ser os meus pais. Mas eu não quero ir. Ele diz que eu tenho de ser mulher e eu não quero. Não quero ir.
– *Qual o propósito de ser mulher nesta vida como Andréia?*
– Tenho de ser feliz. Tenho de gostar de mim e aprender a ser feliz.

Antes de terminar a regressão, conduzi Andréia a uma reconciliação com a memória de Margaretta, levando-a a criar em seu coração um memorial de homenagem ao sofrimento da pobre alemã. Em seguida, levei Andréia a renascer, consciente do seu propósito de vida.

Foi um trabalho muito emocionante.

Andréia voltou mais vezes para outro tipo de conversa, mas nunca mais quis rever vidas passadas. A descoberta das causas das suas dificuldades para se sentir feliz abriu caminho para a reconciliação consigo mesma.

Susana

Susana é uma jovem de 28 anos e possuía uma licenciatura e um Mestrado na área jurídica quando veio até mim. A sua grande questão era entender a obsessão que sentia pelo continente africano, a ponto de equacionar freqüentemente a hipótese de ir viver lá, abandonando a sua área profissional. A família não possuía quaisquer ligações africanas e opunha-se com veemência à sua ida.

– *Sintonize-se com o continente africano e vá às causas da sua ligação com ele.*
– Estou num lugar com muitas crianças, todas elas negras. Estou tomando conta delas, ou melhor, estou tomando conta de tudo, porque tenho um cargo de chefia qualquer e há outras pessoas que estão realmente tomando conta das crianças.
– *É mulher?*
– Sou sim e as outras pessoas também. As crianças é que são meninos e meninas.
– *O que sente nesse lugar e nesse momento?*
– Sinto uma certa apreensão. Estou preocupada porque estou pensando no barco.
– *Qual barco?*
– O barco que traz os medicamentos e as provisões. Ele vem pelo rio e já devia ter chegado. Não gosto nada deste atraso, não só porque precisamos das coisas, mas também porque ouvimos falar de ataques.
– *Ataques por parte de quem?*
– Dos negros. Atacam sem aviso. Eles são pobres, mas não é só para roubar que eles atacam. Não sabem reconhecer o que fazemos por eles.
– *Onde é que está?*
– Na África.

(Pela sensitividade que encontrei em Susana, senti que ela seria capaz de recordar mais pormenores, como datas e locais. Porém, como em muitas outras pessoas que encontrei, existe um filtro mental, sutil mas muito forte, que constitui um bloqueio para que informações deste tipo sejam verbalizadas, como se a mente criasse uma barreira ao fluxo de informações. Nem todas as pessoas conseguem pronunciar palavras cujo significado desconhecem na sua vivência atual, ou encontrar o ponto para onde a memória as transporta nas suas referências temporais.)

– *Fale-me do local onde está.*
– É perto de um rio. É um edifício branco, comprido. Tem dois andares. Embaixo é o hospital, de um lado para os homens e do outro para as mulheres. Em cima, dormimos nós e as crianças.
– *Fale-me de você.*
– Eu vim para cá há alguns anos, somos várias. Acho que somos missionárias.
– *São todas mulheres?*
– Não, também há homens, mas menos.
– *E que idade tem?*
– Tenho uns 40 anos, sou magra e alta. Sou loura, mas a pele da minha cara já está escura por causa do sol.
– *Como é o seu nome?*
– Tinha um nome, mas mudei. Agora chamo-me Miriam.
– *E porque foi para esse local?*
– Não tinha nada a fazer na minha terra e aqui havia muito trabalho a ser feito. Já estou aqui há vários anos. Estive em outro lugar, também na África, e depois construíram este edifício e vim para cá.
– *Sente-se feliz?*
– Sim, gosto de estar aqui porque sou útil, faço um trabalho que ajuda as pessoas.
– *Fale-me desse dia em que se situou.*
– Estou preocupada porque o barco não chega. Há uma criança que cai de uma árvore e todos correm para ver o que aconteceu. São dois, afinal, são dois garotos. Um deles chora, machucou-se nas pernas,

está arranhado. O outro não, levanta-se e não está ferido. Eu digo que foi bem feito, não deviam ter subido na árvore e repreendo uma das vigilantes, aquela que tomava conta deles. Há uma divisão de tarefas pela idade das crianças, parece-me. Ela quer se justificar, mas eu me afasto. Estou sem paciência para ouvi-la. Os garotos estão bem, estou preocupada é com o atraso do barco.

– *E não há algum jeito de se comunicar com o barco?*

– Não, não existe maneira de se comunicar com eles. Afasto-me do lugar onde estamos. É um espaço muito grande em frente do edifício, o chão é de terra e há várias árvores, palmeiras e outras que não sei como se chamam. Na parte de trás do prédio passa o rio e há um cais. Vou até lá e fico no cais, olhando o rio. Não se vê barco nenhum. Na outra margem andam umas pessoas, são homens negros, vestidos à maneira deles. Não vejo muito bem, o rio é largo.

– *Há alguma ponte?*

– Não, não existe qualquer ponte. O barco de que estou à espera é grande. Só os barcos dos negros é que são pequenos.

– *E o barco acaba por chegar?*

– Não, passam vários dias e o barco não chega. Estamos ficando com falta de medicamentos e de comida. Mando um dos nossos negros saber o que está acontecendo. Ele vai de barco, uma espécie de canoa.

– *E que notícias traz?*

– Que não deixaram o barco sair. Assaltaram-no e roubaram tudo. Foi preciso carregar tudo de novo e o barco já está a caminho.

– *E depois?*

– O barco chega. Não gosto de ver tanto movimento na outra margem, enquanto estamos descarregando o barco. Fico inquieta. Rezo, mas à noite tenho pesadelos.

– *Que pesadelos?*

– Que assaltam a casa e lhe ateiam fogo. Tive esse pesadelo várias noites seguidas.

– *E isso acaba por acontecer?*

– Sim, uma noite, quando estávamos todos dormindo, vieram muitos negros e assaltaram a casa. Roubaram e destruíram. As crianças acordaram, assustaram-se e começaram a chorar. Eu tentei falar com os assaltantes, pedi-lhes que roubassem tudo o que quisessem mas que poupassem as pessoas. Eles não me escutaram, empurraram-me e saquearam e destruíram tudo. Eu tentei proteger as crianças, mas eles agarraram todas nós e levaram-nos lá para fora. Era uma grande confusão, com as crianças chorando e homens correndo de um lado para outro. Violentaram-nos, é horrível. Nós gritávamos, mas eles riam e ainda gritavam mais do que nós. Quando me largaram, pus-me de pé a custo e aproximei-me do edifício. Algumas das minhas companheiras também se aproximaram. Ouvimos as crianças chorando e gritando, mas não sabemos onde elas estão. Estão dentro da casa, eles fecharam-nas lá! Mas... a casa está em chamas. Eles estão indo embora e deixaram as crianças lá fechadas. Estão entrando nos barcos e a casa está em chamas. Há muito fumaça. Meu Deus! As crianças estão lá dentro! Corro para tentar salvá-las. A porta está fechada, quebro o vidro de uma janela. É preciso entrar para salvá-las, elas estão fechadas lá em cima. Está tudo em chamas aqui embaixo. Tento entrar pela janela, uma das minhas companheiras grita que há uma janela por onde se pode entrar. Corro para lá. Entramos, há muita fumaça. Queria chegar à porta para abri-la, mas eles bloquearam-na. Tentamos afastar o que a está bloqueando, é tudo pesado, são móveis, a fumaça nos cega, tossimos, os meus olhos estão cheios de lágrimas, da fumaça e do desespero. Ouço um grande estrondo dentro de casa. Não sei o que é. Alguma coisa caiu, talvez um teto ou uma parede. Conseguimos afastar as coisas. A porta está meio destruída e já entra ar, agora é só ir buscar as crianças e já vamos poder sair. Corro para a escada, mas cai uma trave lá de cima sobre mim e eu tombo no chão. Estou fora do meu corpo olhando para ele. Ele ainda se mexe, arrasta-se um degrau ou dois e depois fica quieto. Quero ir salvar as crianças. Vou até lá em cima, mas não consigo abrir a porta. Elas batem na porta, mas eu não consigo abri-la. Precisava do meu corpo que ficou lá em baixo, precisava do meu corpo.

(*Toda esta descrição foi feita de forma muito agitada, a voz acompanhando de forma dramática todas as cenas. Não a interrompi, a*

veemência do discurso era tal que não era possível interrompê-la. Assim, deixei-a ir até à sua morte e apenas aí a interrompi.)

– *Situe-se agora no dia seguinte, depois de tudo ter acabado.*

– As crianças, é preciso salvar as crianças, eu ando de um lado para o outro à procura das crianças, mas não vejo nenhuma. Está tudo muito escuro, não há luz. Sem luz eu não consigo ver onde estão as crianças!

(Susana continuava muito agitada. O seu corpo etérico continuava a tentativa inacabada de salvamento das crianças. Quanto tempo terá o fantasma de Susana/Miriam vagueado por aquela missão destruída, junto ao rio por onde chegava o alimento e a morte? Talvez muito tempo, provavelmente acompanhada por outros fantasmas produzidos pela mesma noite violenta. Todavia isso não era importante, mas sim afastar o fantasma de Miriam das memórias de Susana.)

– *Regresse à sua vida como Susana. Já está aí?*
– Sim.
– *Agora quero que vá até esse local, quero que sinta e veja a Susana no local da missão onde Miriam vivia. Está se vendo lá?*
– Sim, estou.
– *Agora quero que vá ao encontro da Miriam. Chame-a e aproxime-se dela. Já a viu?*
– Sim, ela está aqui.
– *Vai repetir: Miriam, você já não pertence a este plano, o seu lugar já não é aqui.*
– Miriam, você já não pertence a este plano, o seu lugar já não é aqui.
– *Repita: Chamo os guias de Miriam para a levarem deste plano para onde é o seu lugar agora.*
– Chamo os guias de Miriam para a levarem deste plano para onde é o seu lugar agora.
– *Os guias de Miriam vão aparecer. Já os vê?*

— Sim, vejo umas luzes aproximarem-se.
— *Agora mostre-os a Miriam, diga-lhe para olhar a luz.*
— Miriam, olhe os seus guias, olhe para a luz.
— *Ela já os viu?*
— Sim, ela tem uma luz de cada lado.
— *Despeça-se dela, diga que ela cumpriu sua missão e que pode ir descansar.*
— Adeus Miriam, você cumpriu a sua missão e pode ir descansar.
— *Diga-lhe que as crianças já estão todas salvas.*
— As crianças já estão todas salvas.
— *Ela já está indo embora?*
— Está. As luzes amparam-na, uma de cada lado e levam-na. Eles sobem no ar e desaparecem.
— *Agora vai olhar à sua volta. Vê as ruínas do prédio?*
— Sim.
— *Agora vai deixar esse local porque a missão está cumprida. Vai regressar ao momento presente porque é aqui que pertence.*

E Susana regressou ao momento atual, abrindo os olhos. Um enorme ataque de choro a sacudiu. Deixei-a chorar, a limpeza tinha de ser feita.

Existem muitos casos semelhantes ao de Susana, vontades irresistíveis de retomar uma missão inacabada ou não consumada. A regressão a essa memória, como processo de expansão de consciência, integra no nível consciente a causa dessa vontade, permitindo que a escolha seja feita de forma mais equilibrada. A atração de Susana pelo continente africano não tinha brotado do nada, tinha uma causa bem real, clarificada pela regressão. Ao perceber a causa da sua vontade de partir para África, até aí inexplicável, Susana decidiu não o fazer e investir na sua profissão, pois sentiu que esse ciclo estava agora encerrado e que outros ciclos teriam de ser desencadeados.

Elisabete

Elisabete é casada e tem dois filhos já crescidos, Ricardo e Rodrigo, 21 e 23 anos. Tinha acabado de completar 50 anos quando me procurou. O fato de ter completado esta idade provocou-lhe alguma necessidade de reflexão. Essa necessidade foi agravada pela parada forçada na sua vida profissional, provocada pela falência da empresa à qual dedicara 30 anos da sua vida. Desempregada e sem direito a qualquer indenização, Elisabete questionava-se sobre o sentido do que lhe acontecera.

De forma breve, Elisabete contou-me a sua vida. Filha de pais bastante pobres, tinha construído sua vida a custo, estudando e trabalhando, lutando sempre para conseguir melhores condições de vida. Seus pais tinham tido uma vida difícil e Elisabete guardava consigo um sentimento de injustiça perante as dificuldades que sempre tinha conhecido, embora tivesse um espírito positivo e não fosse uma mulher amarga. "Para uns a vida é mãe, para outros é madrasta", dizia ela. Sempre preparada para a luta, contou-me sua vida, falando das dificuldades como contínuos desafios a vencer.

Elisabete procurou-me porque queria saber as razões da existência de tantas dificuldades: "O que é isto? É carma, são escolhas erradas, a minha vida tinha de ser mesmo assim?"

Sem nenhum objetivo específico, partimos para a regressão. Enviei Elisabete para uma vida onde tivesse vivido algo importante para a vida atual e surgiu uma memória muito antiga, perdida no tempo e no espaço:

– Estou num ritual. Está acontecendo num lugar estranho, acho que é um templo. O edifício tem forma de pirâmide com um quadrado na base, portanto a pirâmide tem quatro faces. De cada um dos lados do quadrado sobe uma escadaria de degraus muito largos e altos. A escadaria estreita para cima e termina à mesma altura nos quatro lados. São uns 5 ou 6 lances. Para cima, existe uma parede e no alto há uma janela. A pirâmide não termina em bico, é uma pirâmide truncada.

A cor das paredes e dos degraus é avermelhada. Na parte superior, no topo das escadas, há uma porta lateral e embaixo, no canto oposto, existe outra porta. Eu sou homem e estou de pé num dos degraus, o primeiro. Como eu, estão outros homens, todos vestidos de maneira igual – eu também estou vestida assim – com roupa comprida de tom acinzentado. Não somos muitos, a sensação que tenho é que se trata de um ritual especial, que é só para alguns.

– *Quantos são?*

– Talvez uns doze ou quinze. Em baixo, no centro da base quadrada estão 3 homens, sacerdotes, claro. Acho que somos todos sacerdotes, mas os que estão lá em baixo são os mais importantes. Estão fazendo uns gestos e entoando uns cânticos, que nós repetimos em coro. No chão, há 4 braseiros, um em cada canto do quadrado, de onde sai fumaça, bastante fumaça. Cheira bem, devem ser ervas aromáticas. No primeiro degrau estamos três, eu estou no meio, e atrás de nós estão os outros. Mas... apesar de estarmos num ritual, existe um grande mal-estar entre nós, não sei bem exprimir, talvez sentimentos de desconfiança, medo de traição, vingança. É desagradável. O ritual acaba e vamos embora, saindo todos pela porta de cima. Eu troco olhares com outro e isso é um sinal. Acho que temos qualquer coisa combinada, mas não sei o quê.

– *Continue, avance no tempo.*

– Sim, temos um encontro combinado no templo. É noite e está escuro, mas nas paredes há umas coisas que brilham e que iluminam. Estão dentro da própria parede. Não sei o que são, parecem uns cristais com luz própria. Entro pela porta de baixo e o outro pela porta de cima. Ele desce e vem se encontrar comigo. Os degraus são muito altos! Há uma espécie de conspiração, estamos muito zangados por causa de uma injustiça. Ah, já entendi! Um dos três sacerdotes que celebravam o ritual foi escolhido para esse lugar pelo mais velho, que é o Sacerdote principal, e nós não concordamos com a escolha. Ai, meu Deus! Estamos planejando matá-lo!

– *Continue.*

– Estamos combinando atraí-lo ao Templo e vamos matá-lo. Que horror!

– *Continue, avance no tempo.*
– E fazemos isso. Ele vem se encontrar conosco e saímos os três pela porta de baixo. Há um corredor estreito e caminhamos em fila, ele vai no meio. Esse corredor dá na rua, está uma noite quente e há luar. Estamos junto de um lago e há uma espécie de cais pequeno, onde estão amarrados uns barcos, uma espécie de pirogas, são barcos compridos e estreitos. Acho que lhe dissemos que queríamos lhe mostrar uma coisa no lago, um fenômeno qualquer da natureza, não sei explicar bem. Ele está olhando para o céu e nós cravamos uns punhais nas costas dele. Ele cai e nós agarramos o corpo e nos metemos num barco com ele. Vamos até um ponto afastado da margem e jogamos o corpo no lago. Depois regressamos e vamos para nossos quartos.
– *Quartos?*
– Sim, agora é que eu vejo o exterior. A pirâmide deve ficar num plano inferior, para cima há um edifício onde nós dormimos. Entro no meu quarto e tiro a roupa, que está suja de sangue. O quarto é muito pequeno, tem uma entrada que não tem porta, só um cortinado grosso. Entra-se para uma salinha redonda, onde há uma arca no chão e um banco. Daí entra-se para o quarto, que tem uma espécie de varanda para o exterior. É tudo aberto, não há portas, pelo menos eu não as vejo. No quarto, há uma cama no chão e um móvel. É um móvel estranho, não consigo descrevê-lo. Há uma mesa e dois bancos.
Largo a roupa no chão e tiro outra da arca. Deito-me na cama.
– *Como se sente?*
– Nervoso e um pouco receoso, mas também sinto que fizemos justiça.
– *E depois?*
– De manhã muito cedo, o sol ainda está nascendo, vou lá fora. Há umas mesas de pedra. O edifício é grande, deve ter muitos quartos. Estão colocando muita fruta, pão e uns jarros em cima das mesas. Estamos todos ali, somos mais do que os que estavam no ritual. Aquilo parece uma espécie de mosteiro. Somos todos homens. Está lá o outro que cometeu o crime comigo e trocamos um olhar cúmplice, mas não nos falamos. A bebida é adocicada e escura, não sei o que é.

— *Já deram falta do que foi assassinado?*
— Não, parece que não.
— *Situe-se agora no momento em que isso acontece.*
— Sim, já sabem do que se passou. O Sacerdote Principal manda nos reunir todos no Templo. Estamos todos lá e sentamo-nos nos degraus, dispersos pelas escadarias. Ele está falando do que aconteceu, mas não parece saber quem o matou. Diz que vai ter de escolher outro para substituir o que morreu, mas parece que não será agora. Começamos a nos levantar e há três que ficam falando baixo entre eles. Acho que suspeitam de qualquer coisa.
— *Continue, avance no tempo.*
— Estou com receio que descubram, mas não me sinto arrependido. Foi escolhido outro para o lugar do que morreu e continuamos pouco satisfeitos. Acho que eu e o outro queríamos ser os escolhidos, há uma guerra qualquer em relação a isso.
— *Avance no desenrolar dos acontecimentos ligados a essa situação.*
— Está chovendo muito. É uma chuva torrencial, muito forte. O chão está todo enlameado e estou no meu quarto. Da entrada do quarto vejo o lago, a chuva cai com muita força na água e há trovões e relâmpagos. É dia e estou apreciando o espectáculo da tempestade. Não sei se há mais alguém ali, minha sensação é que estou ali como guardião e que os outros todos foram embora. Mas sinto isso como natural, é como se fosse minha função ficar guardando o edifício.

De repente, vejo uma pessoa lá fora. É um homem, está completamente encharcado. Ele vem correndo e recolhe-se num dos quartos. Não tem permissão para fazê-lo, mas eu não quero lhe dizer isso. Tenho pena dele por estar tão molhado e estar chovendo tanto.
— *Conhece esse homem?*
— Não.
— *E que vai fazer?*
— Quando parar de chover vou falar com ele e dizer-lhe que tem de ir embora.
— *Situe-se no momento em que isso acontece.*
— Vou até o quarto dele; está deitado no chão. Despiu a roupa e, com certeza, foi à arca buscar roupa seca para vestir. Ele não devia

fazer isso, vou ter de lhe dizer que não tem autorização para fazê-lo. Mas, quando entro, ele se levanta de um salto e, antes que eu possa dizer-lhe alguma coisa, ataca-me com um punhal.

– *E você?*

– Eu não posso me defender, não tenho nenhuma arma comigo e caio no chão. Ele me apunhala várias vezes. Fico todo ensangüentado, e só penso que aquilo é uma injustiça, que morro injustiçado!

– *Situe-se agora depois da morte.*

– Estou morto. Vejo meu corpo no chão. O homem se abaixa e me toca para ver se estou morto. Arrasta meu corpo até ao lago. Fica um rasto de sangue na lama. Entra comigo no barco. Joga-me no lago e vejo o meu corpo ser engolido pela água. Sinto-me preso àquele lugar. Tenho um grande peso comigo, que me puxa para baixo e não me deixa flutuar no ar. Eu devia flutuar e não consigo.

– *Você é uma Alma aprisionada. Chame os seus guias.*

– Não sei chamá-los.

– *Situe-se no momento da sua libertação desse lugar.*

– Estão celebrando um ritual na beira do lago.

– *Quem?*

– Os sacerdotes. Estão lá os que eu conhecia e outros que não conheço. Eu estou pairando sobre o lago e vejo-os de longe. Há umas ervas ardendo. À frente, virados para o lago, estão o Sacerdote principal e mais dois, um pouco atrás dele.

Atrás deles, em semicírculo, estão os outros. É um ritual de purificação do lugar, eu o conheço bem. É muito forte este ritual. Começa a aparecer uma luz muito intensa à volta deles. O Sacerdote principal tem um bastão na mão que lança muitos raios de luz que varrem tudo ao redor. Ele gira o bastão na mão, de modo que os raios vão passando por todos os locais. Os raios têm um alcance muito grande e chegam até o lugar onde estou. A luz é muito forte e começo a me sentir puxado para cima, ou melhor, empurrado. Começam a aparecer outros corpos flutuando. Não são corpos, eles são fluídos, estou até vendo animais. Acho que são bois ou vacas e estamos todos sendo empurrados para cima. É um vórtice enorme de energia, como se fosse um tornado. É uma sensação estranha, mas agradável, porque me sinto livre.

Elisabete não conseguiu ver mais nada, mas despertou da regressão muito aliviada.

Através de uma morte violenta, pela mão de um desconhecido, o sacerdote assassino partiu da vida resgatando o seu próprio crime. O homem que o apunhalou não foi mais do que um instrumento de resgate cármico[29], não tendo surgido por acaso.

Os chamados "acasos" não são mais do que acontecimentos não previsíveis dentro dos parâmetros de avaliação de que dispomos na época.

A mente racional de Elisabete interrogava-se sobre as sincronicidades aparentemente aleatórias, vulgarmente designadas como "coincidências", enquanto a sua intuição lhe segredava que não existem acasos.

– A falência da Empresa acontecer nesta altura da minha vida não é por acaso, certo? –, perguntava Elisabete. E ela própria respondia:

– Neste momento, aos 50 anos, é que eu sou capaz de refletir sobre a minha vida, agora é que sou capaz de fazer as perguntas certas...

O trabalho regressional com Elisabete não ficou por aqui, toda a sua vida atual girava em torno dos conceitos de justiça e injustiça e essa era, de fato, a busca da sua Alma. Ao longo de várias vidas, Elisabete vinha vivendo repetidamente padrões relacionados com estes dois conceitos, estando de certa maneira encurralada numa espiral de causa e efeito girando à volta do mesmo eixo.

A continuação do trabalho com Elisabete encontra-se relatada mais à frente, incluída na Lei do Equilíbrio.

---

[29] Do sânscrito *Carma*, também escrito *Karma*. Este conceito encontra-se desenvolvido na Lei do Equilíbrio.

André

Quando uma pessoa me procura pela primeira vez, tento sempre conhecer a sua motivação para o fazer. André me disse que não sabia. Tinha ouvido falar de mim e decidiu me procurar. "Mas não tenho nenhuma razão em especial, não sei porque estou aqui..."

Jovem, 27 anos, era empresário de uma pequena empresa na área das telecomunicações. A vida corria-lhe bem e era solteiro. Como não existia nenhuma procura em especial, enviei André para onde existisse uma ligação com a presente vida:

– Sou militar. Estou fardado, acho que sou oficial. Parece que sou alemão. Sim, estou falando alemão. Estou numa rua, está frio, há neve no chão. Estou comprando um jornal e estou muito preocupado com alguma coisa. Ah! Já entendi! Estou preocupado porque acho que vai haver uma guerra e não gosto nada dessa idéia. Sou um militar muito rígido, mas não gosto de guerras. Sou da Força Aérea e adoro voar. Estou à espera de um carro que me vai levar a algum lugar, mas a minha mente está obcecada com a idéia da guerra. O carro chega e pára junto de mim. O condutor sai para me abrir a porta de trás. Devo ser importante, ter uma patente elevada, com certeza.

– *E para onde vão?*

– Vamos para um cabaré. Quando lá chegamos, ele vem abrir a porta outra vez e eu saio do carro e entro no cabaré. À porta, está um homem que me cumprimenta. Devo ser conhecido, até porque me dirijo a uma mesa como se ela já estivesse reservada. Já entendi! A mesa está reservada para nós, militares. Está sempre reservada e quando queremos ir, vamos. Já está nela sentado um outro militar. Cumprimentamo-nos, ele deve ser da mesma patente que eu. Ele me chama de Franz e eu o chamo de Otto. Uma jovem vem até nós e senta-se conosco. Eu ainda estou pensando na hipótese de guerra e não falo muito com ela, o outro sim. Vou olhando ao redor, distraído. Há uma jovem de olhar triste, muito bonita, que está numa mesa com um homem gordo. Ele está falando e rindo, ela ri também, mas o olhar continua triste. Não sei porque penso nisto, mas todas as vezes que a vejo, procuro ver se o olhar dela está alegre e nunca está. A que está na nossa mesa tem um olhar maroto, é brejeira, senta-se numa perna do meu colega. A jovem do olhar triste saiu com o homem e passou perto da nossa mesa. Lançou-me um olhar e eu senti quase fisicamente a tristeza dela. A nossa acompanhante, que se chama Greta, me distrai dos meus pensamentos, porque começa a cantar uma canção.

Mas a questão da guerra não me sai da cabeça...

– *Continue, avance para um momento importante no futuro.*

– Eu tinha razão em relação à guerra. Estamos em guerra. Não posso fazer mais nada senão cumprir o meu dever. Fui para a Força Aérea porque gostava de aviões, sem pensar em guerras. Agora fui apanhado e não há nada a fazer.

– *Continue a avançar.*

– Estou no deserto. Não sei onde estou, mas estou num lugar onde só existe areia. O meu avião caiu aqui, estava com um companheiro que morreu, mas eu não estou ferido. Perto do meu avião há outro, que é inglês. Estou muito cansado e arrasto-me pela areia, não sei se estou indo para algum lugar. À minha volta é tudo igual. Só quero afastar-me dali, estou muito desalentado, muito triste.

– *Sabe o que aconteceu para os dois aviões estarem caídos ali?*

– Estávamos perseguindo um ao outro, mas acabamos por cair os dois.

– *E os tripulantes do avião inglês, estão mortos?*

– Um deles está vivo. Depois de termos caído, eu estava tentando sair do avião quando ele veio falar comigo. Estava furioso, gritava e me insultava de tal maneira que eu lhe dei um murro. Ele caiu e levantou-se mais furioso ainda. Veio direto para mim e eu disparei a minha arma. Matei-o. Ele caiu no chão e eu fiquei pensando na estupidez do que tinha acontecido. Ambos salvos da queda de um avião, perdidos no deserto e, em vez de nos ajudarmos, atacamo-nos. Atirei a arma ao chão e fugi dali o mais depressa que pude. Tentei correr, mas é difícil correr na areia. Não sei por quê, lembrei-me daquela jovem de olhar triste que vi várias vezes no cabaré. Lembrei-me dela, porque estou muito, muito triste. Nunca mais quero matar ninguém. Nunca mais!

– *E você, consegue sobreviver a essa situação?*

– Não, vou morrer no deserto. A morte é um alívio, estava com muita sede e fome.

– *Fale-me da situação depois da morte.*

– Estou num lugar muito tranqüilo. Comigo estão outros como eu, temos um corpo estranho. Vejo os contornos, mas parece muito leve. Estamos vestidos com uma roupa comprida e solta, que brilha.

– *E o que fazem?*

– Estamos aprendendo sobre a vida. Todos os que estão ali mataram e agora estamos aprendendo a não matar.

– *Situe-se no momento das suas escolhas para a presente vida.*

– Vou respeitar a vida sob todas as suas formas.

André despertou da regressão muito emocionado. Vivenciar uma morte é uma experiência extraordinária e sempre transformadora. Curiosamente, André estava mais marcado pela tristeza do desfecho do encontro com o seu desditoso adversário, do que com sua própria morte. A sua apreensão inicial em relação à guerra constituía o prenúncio do desenlace – a inutilidade do ódio havia sido o seu sentimento final ao deixar a vida, provocando um efeito refletido nas suas escolhas para a vida atual. Assim, André era agora uma pessoa pacífica, incapaz de fazer mal fosse a quem fosse, inclusive aos animais. Com o seu trabalho em telecomunicações, aproximava as pessoas umas das outras, repondo um equilíbrio interior de alinhamento com o sentimento do oficial Franz.

André voltou uns dias depois. Estava nervoso e esse seu nervosismo contrastava estranhamente com a serenidade da primeira visita. Quando lhe perguntei o motivo da sua vinda, titubeou. Começou um discurso confuso e cheio de rodeios. Forcei-o a clarear suas idéias e ele conseguiu formular sua questão: queria saber se era normal que, após uma regressão, se travasse conhecimento com alguém que tivesse sido visto na vivência regressional. Respondi-lhe que sim, que tinha lhe dito, como aliás digo a todos os que fazem regressões conduzidas por mim, que é muito comum pormenores não vislumbrados durante a regressão virem ao plano consciente, pois as energias que foram despertadas ficam em atividade.

Finalmente, André foi direto à questão que o atormentava.

– Você se lembra de eu ter falado de uma jovem de olhar triste?

Sim, eu me lembrava. Fazia pouco tempo que eu havia conduzido a regressão de André.

– Quando saí desta sala, sentada lá na sala de espera, havia uma jovem. Nunca a tinha visto; era-me totalmente desconhecida. Estava lendo um livro e, quando saí, olhou-me por uns instantes e depois continuou a ler. Eu fiquei pregado ao chão, porque senti o olhar daquela jovem da regressão. Claro que pensei que era a minha imaginação, que estava sugestionado pela regressão que tinha acabado de fazer e fui embora. Mas, durante os dias seguintes, a jovem não me saía da cabeça. Estava sempre vendo os olhos dela e da outra. Até sonhei com isso. E de tal maneira estou obcecado com a idéia, que quero saber quem ela é. É contra a ética dizer-me isso?

Sem lhe responder, fui procurar na agenda. A minha intuição me dizia alguma coisa. Lembrei-me que André tinha começado a conversa comigo dizendo que não sabia porque tinha vindo. Verifiquei na agenda que a pessoa a quem ele se referia só poderia ser Andréia, que passara a vir conversar comigo com alguma regularidade. Espantosas "coincidências", quer nos nomes na vida presente, quer nas regressões que ambos tinham vivenciado!

Sem nada lhe dizer de concreto sobre Andréia, disse simplesmente a André para voltar na tarde em que constava na minha agenda uma nova visita dela. E deixei o resto para o Universo, para que terminasse a conspiração que desencadeara.

Na véspera do dia marcado, André telefonou-me, visivelmente nervoso, pedindo a confirmação do combinado. Disse-lhe que viesse um pouco mais cedo nesse dia, para ajudá-lo a diminuir a ansiedade e combinar com ele como iria se dar o encontro.

Quando Andréia chegou, deixei André no meu gabinete e fui buscá-la na sala, dizendo-lhe que queria lhe apresentar uma pessoa. Ao vê-lo, Andréia ruborizou-se violentamente, mas não lhe dei oportunidade de refletir sobre isso pois entrei no assunto sem rodeios, contando como André a vira na regressão e como tivera uma forte sensação de reconhecimento ao vê-la à saída.

À medida que fomos falando, ambos foram se descontraindo e conseguimos rir e brincar sobre o que se passara. Andréia confessou que reparara nele no primeiro dia em que se cruzaram, pois o seu olhar havia sido tão intenso que a assustara. Apreciei a sensibilidade de André ao aperceber-se rapidamente do pudor de Andréia relativamente às condições em que tinham se encontrado nessa vida em comum, afastando-se de pormenores que poderiam ser considerados incômodos e percebi que Andréia estava também sentindo a delicadeza da sua atitude.

Após uma longa e animada conversa a três, o par saiu para um jantar proposto por André e aceito sem reservas por Andréia.

Fiquei sentada no meu gabinete, numa agradável semi-obscuridade de final de dia, convidativa à meditação. Senti que tudo estava certo e que algo de muito belo tinha acontecido nessa tarde. Acasos e coincidências ou conspirações cósmicas desencadeadas por essa imensa cadeia de causas e efeitos? Cada um vê aquilo que for capaz de ver...

Na visita a seguir, Andréia estava diferente: mais alegre, mais risonha e até mais bonita. Meio envergonhada, confessou-me que ela e André tinham começado a namorar.

O verão interrompeu os nossos encontros e, após o regresso à atividade, ainda fiquei algum tempo sem saber notícias deles, até que um dia recebi um convite para o casamento.

Ainda há histórias que acabam nesse tipo de final feliz, pensei eu. Porém, na cerimônia do casamento, mudei minha opinião. Histórias que acabam? Não, as histórias não acabam, estão continuamente sendo escritas, só terminam os capítulos.

O livro, esse, é Infinito.

2. *Lei do Equilíbrio*

**Tudo tende, de forma mecânica e automática,
para o equilíbrio energético.**

As principais manifestações desta Lei são as seguintes:

• A reposição do equilíbrio energético é independente das transições de vida para vida.

• Não existe castigo, apenas conseqüência.

• O equilíbrio energético não depende da vontade individual.

• O equilíbrio energético é independente de todo e qualquer apego individual.

• O reequilíbrio pode revestir formas diferentes daquilo que o provocou.

Esta lei representa, talvez, a forma que se nos apresenta com maior dureza e rigidez, pois acontece tão independentemente da nossa vontade como a Lei da Gravidade ou outras leis da física.

Assim, a reposição do equilíbrio acontece de forma independente das transições de vida para vida, podendo obviamente prolongar-se pelo espaço de várias vidas, pois uma morte representa apenas uma interrupção de um percurso realizado pela Alma no plano material.

Sendo esse equilíbrio realizado de forma mecânica e automática, não existe lugar para a noção de um castigo atribuído individualmente, mas sim para a existência de uma conseqüência gerada pelo surgimento de um desequilíbrio da harmonia energética.

Dado esse automatismo, a procura do equilíbrio não depende da vontade individual e transcende todos e quaisquer apegos que possam existir.

Um último aspecto muito interessante desta Lei reside no fato de o equilíbrio não necessitar obrigatoriamente revestir o mesmo aspecto que o criou, pondo em causa, por exemplo, a leitura literal da lei que os homens criaram e que diz "Quem com ferro fere, com ferro será ferido".

Brigitte

Brigitte vivia na Suíça e dedicava-se ao canto lírico. Quando a vi pela primeira vez achei que era bailarina, pois, embora já tivesse mais de 45 anos, seu corpo era elegante e flexível, movimentando-se com uma agilidade notável.

Brigitte estava casada há muitos anos com um engenheiro bem sucedido profissionalmente e não tinha filhos, pois fora considerada estéril. Fez vários tratamentos, mas acabou por desistir de ser mãe.

Há cerca de 10 anos tinha conhecido um homem de origem russa, de nome Alexei, que foi viver em seu país. Alexei era alguns anos mais novo do que Brigitte, mas isso não impediu que vivessem uma paixão intensa, sem que ela tivesse se decidido deixar o casamento, até que ele a trocou por uma mulher muito jovem, com a qual foi viver.

Essa situação tinha se dado há 4 anos e Brigitte continuava inconsolável. O fato de os três serem colegas dificultava ainda mais a aceitação por parte dela de que o romance terminara.

Durante a relação com Alexei, ela tinha decidido estudar a língua russa, que já lia e escrevia com bastante facilidade.

Obviamente Brigitte me procurou para entender esta obsessão, em complemento às terapias convencionais a que se submetia há já alguns anos.

– *Concentre-se na energia de Alexei, como se estivesse vendo uma fotografia. Consegue vê-lo?*

– Sim.

– *Vai ligar-se à vivência que esteja energeticamente mais ligada à sua vida como Brigitte e onde esteve com ele.*

– Estou num camarim de um teatro, preparando-me para o espectáculo. Sou bailarina. Bailarina clássica, estilo Margot Fonteyn[30]. Adoro minha profissão. Acho que hoje vai ser a estréia, porque estou um pouco tensa e ansiosa. Mas eu sei que, quando subo no palco, esqueço tudo... Adoro dançar, é tudo para mim na vida.

– *Situe-se já depois do espectáculo.*

– Foi um sucesso, estou felicíssima. Dão-me flores, há muita gente à minha volta felicitando-me. Estou muito vaidosa. Acho que sou um bocado arrogante, mas sou apreciada como uma grande artista.

– *Como se chama?*

– Natália. Sou russa. Meu Deus, eu sou russa!

– *Concentre-se mais na sua energia como Natália e fale-me da vida dela.*

– Sou nova ainda, talvez uns 25 anos, mas parece que sou uma artista bastante famosa.

– *Sabe onde se passa essa cena?*

---

[30] Famosa bailarina inglesa, nascida em 1919 e falecida em 1991.

– Não é no lugar onde vivo. Acho que moro em outra cidade, mas aquela onde fui dançar é mais importante e por isso é que estava tão nervosa.

– *E quando sai do teatro para onde vai?*

– Estou saindo do teatro, há uma escadaria grande do lado de fora e à nossa espera há várias carruagens puxadas por cavalos. Entro em uma delas com um homem. Acho que ele é o meu empresário ou qualquer coisa assim. Mas também é meu amante. Quando estamos na carruagem, que é fechada, abraçamo-nos e beijamo-nos muito.

– *E para onde vão?*

– Vamos para uma casa onde vão nos servir uma ceia. As outras carruagens também foram para lá, estamos todos muito contentes.

– *Essa é a sua casa?*

– Não, é uma espécie de hotel. Eu vivo em outra cidade.

– *Então deixe a festa ser celebrada com alegria e concentre-se na casa onde vive.*

– É uma casa que não é muito grande, não é tão grande como a outra. Acho que vivo numa cidade pequena e não estou muito contente com isso. Quero mudar para uma cidade maior.

– *Com quem vive?*

– Com minha mãe e um filho. O meu filho... o meu filho é o Alexei. Há uma criada velha de quem eu gosto muito e, oh que engraçado, ela é a minha mãe atual.

– *Que idade tem seu filho?*

– Uns 8 anos.

– *E o pai?*

– Não sei, acho que não vivo com ele e não consigo ver quem é.

– *Não tem importância. E como é sua vida em casa?*

– Fico pouco tempo em casa. Quando volto, fico sempre aborrecida, a casa é muito pequena. Quero viver em outro lugar.

– *E o seu filho?*

– Não lhe dou muita atenção, não tenho tempo. Ele é uma criança sossegada e não fala muito. É um pouco triste, mas eu não dou muita importância a isso, minha profissão é muito absorvente. E ele tem a avó e a criada velha para tomarem conta dele.

– *Concentre-se nele. O que sente ele com esse abandono?*
– Ele é triste, já disse. Está numa escola, mas não gosta de brincar com os outros rapazes, só se dá com alguns.
– *Continue a avançar na sua vida. Avance 5 anos.*
– Já estou em outra cidade e agora vivo numa casa grande. Meu filho e minha mãe não estão comigo. Acho que minha mãe não quis vir. Agora vivo com meu empresário, mas já não estamos tão apaixonados.
– *Avance mais 5 anos na sua vida.*
– Meu filho agora está comigo. Minha mãe morreu e a criada também. Continuo sempre muito envolvida com minha profissão, mas agora meu filho já discute comigo. Diz-me que como eu não quero saber dele para nada, então que lhe dê dinheiro. Eu não quero dar, ele é muito exigente e gastador e por isso discutimos muitas vezes. Acho que ele me roubou umas jóias e meu marido quer que eu mande prendê-lo. Eu não quero e discutimos, estamos muito zangados. Ele diz que meu filho vai acabar na prisão e, se não for por causa daquele roubo, será por outra coisa qualquer. Eu choro e zango-me com ele, grito e ele sai, muito zangado comigo.
– *Avance mais 5 anos.*
– Já não estou com aquele homem, agora vivo com outro.
– *E o seu filho?*
– Meu filho já não vive comigo. Brigamos e ele foi embora. Não sei nada dele e sinto-me aliviada, mas, ao mesmo tempo, também estou preocupada. Tenho uma sensação de perigo iminente, como se ele pudesse surgir a qualquer momento e tenho medo do que possa acontecer, se ele aparecer.
– *Continue a avançar mais 5 anos.*
– Já não danço mais. Agora estou numa escola, onde ensino crianças a dançar. Também gosto, mas me faz falta o aplauso das pessoas. Tenho saudades do nervosismo das estréias, dos ensaios, do palco.
– *E o seu filho?*
– Não sei nada dele.
– *Vive com alguém?*

– Sim, vivo com um homem muito mais novo do que eu. Às vezes lembra-me o meu filho e sinto uma grande nostalgia. Gostaria que as coisas tivessem sido diferentes com o meu filho... Muitas vezes me pego chorando por causa disso. Sinto tristeza por tudo o que aconteceu com ele...

– *Continue a avançar mais 5 anos.*

– Estou bastante mais velha, mas ainda continuo a ensinar. E depois de todos saírem, fico na escola e danço sozinha. Estou me vendo dançar. A sala é grande e tem espelhos na parede. As janelas são largas, duas, ao fundo. Quando fico sozinha já está escuro, acendo umas velas e ponho-me a dançar. Imagino estar ouvindo a música e danço. Fico cansada, mas não me importo. Gosto tanto de dançar! No fim, agradeço como se estivesse no palco. Mas, quando apago as velas para ir embora e vejo que só entra pelas janelas a luz da rua, muito tênue, caio em mim e ponho-me a chorar, porque sei que tudo está irremediavelmente perdido. Não quero dançar mais! Seria melhor que não tivesse sido o que fui, para depois perder tudo!... Assim custa muito mais! Nunca mais quero dançar!

– *Quem vive com você?*

– Ninguém. Agora vivo sozinha.

– *E o seu filho?*

– Nada sei dele. Nunca mais deu notícias. Agora penso muito nele e sinto-me muito triste por tudo ter terminado assim.

– *Continue a avançar mais 5 anos.*

– Estou no hospital. Quebrei uma perna e não consigo andar. Já não posso ensinar ninguém e não sei se vou conseguir continuar a andar. Estou numa cama e não consigo me levantar. Choro muito. Estou muito triste.

– *Continue a avançar mais 5 anos.*

– Já não estou lá, já morri.

– *Fale-me de onde está.*

– Estou em um lugar muito luminoso e posso dançar. Sinto-me leve e livre. Sinto-me muito bem.

– *E tem alguma informação sobre aquele que foi seu filho?*

– Não, mas sei que vamos nos encontrar outra vez.

Desta forma, Brigitte conseguiu enquadrar a sua relação com Alexei num percurso mais amplo de ambos.

Alexei trouxe toda a sua mágoa de abandono para a vida presente, pois estas marcas transitam de uma vida para outra, enquanto não forem resgatadas ou transmutadas. Se na encarnação revivida o filho não perdoou Brigitte, esse fato veio agravar a mágoa trazida por Alexei para a atualidade. A paixão que ambos sentiram um pelo outro constituiu a via de aproximação, pois essa é uma das formas mais usuais que toma o reconhecimento entre duas pessoas.

Ignorante de toda a trama anterior, Alexei abandonou Brigitte e, através desse ato, repôs o equilíbrio entre ambos. Se bem que esse abandono tenha sido uma atitude consciente, houve todo um conjunto circunstancial que conduziu a esse desenlace. Por essa razão, pode se dizer que existe um processo "mecânico" de compensação, criador de circunstâncias propícias a que o equilíbrio seja atingido, independentemente da vontade dos intervenientes.

Este é um dos aspectos daquilo a que algumas correntes chamam de Lei do Carma.

Após a regressão, Brigitte não só aceitou o fato de não ter conseguido ser mãe na vida atual, como decidiu colocar um ponto final na relação que ainda existia dentro de si. Fez o luto desse corte e a sua vida ficou mais leve.

Brigitte também deixou as aulas de língua russa, pois estavam esgotadas as memórias dessa vida.

Célia

Célia tinha 54 anos e era professora. Vivia só e nunca tinha casado, embora tivesse "namorado bastante" como me disse. Não era de modo algum o que se possa chamar uma mulher frustrada, tinha apenas uma certa mágoa melancólica de nunca ter encontrado um homem com quem tivesse sentido verdadeira vontade de construir uma vida em conjunto.

– Acho que sou muito exigente, os homens que conheci nunca me pareceram suficientemente bons para casar e olhe que nunca tive uma relação com um homem casado...

Célia queria conhecer algumas das raízes femininas da sua Alma e assim partimos para a regressão:

– Estou me vendo em um convento. Estou vestida de cinzento, tenho um hábito comprido e um lenço na cabeça. Sou noviça, ainda não sou freira.

– *Sabe a que Ordem pertence?*

– Surge-me a palavra Dominicanas. Será que é?

– *Muito provavelmente será. Mas continue, diga-me, é feliz no convento?*

– Não, não sou. Estou lá contrariada. Minha família me pôs lá sem me perguntar se eu queria. Eu os odeio. Melhor seria não ter família.

– *E que idade tem?*

– Tenho uns 15 ou 16 anos. Em vez de me casarem, mandaram-me para cá. Odeio-os, queria não ter família...

– *E o que faz no convento?*

– O que me mandam fazer. Mas detesto tudo. Um dia comecei a gritar quando estávamos rezando na capela.

– *Por quê?*

– Por nada, porque me apetecia, detesto aquilo tudo, queria mexer com aquela gente.

– *E o que aconteceu?*

– Comecei a gritar e, depois, parecia que não era capaz de parar. Acho que fiquei histérica. Mas o pior é que outras começaram a gritar também. Era uma gritaria enorme, houve uma que se atirou no chão esperneando.

– *E depois?*

– Depois, vieram nos buscar e nos levaram para o hospital. Amarraram-nos às camas. Eu gritei ainda mais, mas acabei por ficar amarrada.

– *E que lhe fizeram depois?*

– Puseram-me uns bichos – acho que eram sanguessugas – que me chupavam o sangue. Com uns aparelhos esquisitos de metal, enfiaram-me água para dentro do corpo. Eram litros e litros que me entravam por vários lugares. Parecia que eu ia arrebentar! Acabei por ficar muito fraca e já não tinha forças para nada, nem para gritar nem para me mexer.

– *E depois?*

– Acabei por sair do hospital, mas estava muito fraca. Enquanto lá estive, iam muitos padres para nos benzer, lançavam fumaça de incenso em cima de mim e eu tossia muito.

– *E continuou no convento?*

– Claro, não tinha para onde ir! Minha família – até me custa chamar-lhes isso – não gostava de mim, nem merece que a chame de família – deixou-me ali e não quis saber mais de mim. Tive de ficar no convento. Nunca mais gritei, mas de noite chorava. Tive muita febre e morri. Estava sozinha, fiquei junto do meu corpo até que me encontraram morta e fui-me embora sem saudades.

– *Deixemos então a freira passar a outro plano e deixe que venham até você outras informações que sejam importantes para a vida presente.*

– Vou numa carruagem puxada a cavalos, é preta e pequena, só dá para duas pessoas, mas eu vou sozinha.

– *Sabe para onde vai?*

– Sei que estou um pouco ansiosa, sinto um pouco de receio pelo que vou encontrar, mas também sinto que não existe recuo possível. Tenho de ir.

– *Mas sabe para onde vai?*

– Acho que vou para um orfanato. Sou nova, tenho talvez uns 20 anos. Vou trabalhar lá.

– *Veja-se já nesse local.*

– A carruagem está parando à porta de um edifício com uma escadaria grande à frente. Eu olho aqui de baixo para a porta grande e desço da carruagem. Estou com um casaco comprido e, na cabeça, tenho um chapéu redondo com uma fita amarrada debaixo do queixo. Para subir a escada, levanto um pouco o casaco e o vestido que está por baixo e subo olhando para a porta. Sinto o coração apertado, estou nervosa.

– *E lá dentro?*

– Lá dentro vem ao meu encontro uma mulher de ar severo com o cabelo arrepiado. Começa a falar comigo sobre as regras da casa. Aponta as malas, que o homem da carruagem trouxe para cima, e me diz que ali não há lugar para elegâncias. Eu sou pobre, não tenho nada elegante, mas não lhe respondo.

– *E depois?*

– Leva-me para visitar a casa. O refeitório é muito grande, tem umas janelas altas, que não se podem abrir, acho eu. São janelas compridas, quase completamente ao longo de uma das paredes laterais. Entra o sol por elas. As mesas são de madeira, compridas. Acompanham as paredes, são paralelas às quatro paredes. A mesa do topo é para os professores. Mas... eu estou reconhecendo esta casa. Conheço bem esta sala!

– *Conhece de onde?*

– Do convento! Aquela casa é o convento onde eu estive! E aquela mulher era uma das freiras. Estou vendo-a vestida de freira!

– *Mas esta é uma outra vida, não é?*

– Sim, esta é uma vida posterior. É lá pelo século XVIII, a outra era muito mais antiga.

– *Então agora gosta mais daquela casa?*

– Sim, agora gosto mais. Estou ali porque quero, não foi a minha família que me colocou lá. Aliás eu não tenho família, também sou órfã, como as jovens que estão ali.

– *Fale da sua vida naquela escola.*

– Eu gosto de lá. Na parte de trás, há um grande jardim e eu vou para lá com algumas das jovens e cultivamos coisas. Temos árvores frutíferas e outras coisas da terra. A diretora gosta que façamos isso. Estou vendo-a na janela, olhando para nós, enquanto tratamos das plantas. Está satisfeita.

– *Mais alguma coisa importante na sua vida nesse local?*

– Sim, há lá um professor de quem eu gosto. Os alunos são todos meninas, mas há lá alguns professores e este é novo e bonito. Acho que nos apaixonamos um pelo outro.

– *E depois, o que acontece?*

– Vamos casar! Estou me vendo vestida de branco e ele de escuro, com uma roupa bonita. O casamento vai ser na capela do convento, aquele lugar onde eu gritei, gritei até que me levaram para o hospital. Agora está tudo enfeitado com flores e, como eu não tenho família e a dele está longe, os convidados são as pessoas do orfanato. É muita gente e estamos todos muito felizes. Há mesas grandes lá fora no jardim, são as mesas do refeitório. Hoje recebem sol diretamente, não pelos vidros da janela. Estou muito feliz!

– *Há mais alguma coisa que queira contar?*

– Não, estou tão feliz que não vejo mais nada. A alegria também abafa todo o resto, não tenho mais nada para contar.

– *Então deixemos que a celebração do casamento alegre aquele local, apagando memórias tristes do passado.*

Célia reviveu um curiosíssimo exemplo de como a Lei do Equilíbrio se manifesta. Na sua vida como freira desejou não ter família e na vivência seguinte surge efetivamente como órfã, evidenciando uma estranha contradição aparente, pois é infeliz tendo família e não o é como órfã. Libertando-se da família, é livre para escolher o seu caminho e, assim, encontra a felicidade junto ao jovem professor. Deste modo, foi reposto o equilíbrio, apenas entendido como tal à luz de uma visão mais ampla, abarcando duas vidas. Olhando cada uma das vidas individualmente, não seria possível chegar a esta conclusão, sendo assim visível a utilidade das regressões, pois transforma aquilo que pode parecer injusto em algo que simplesmente repõe o equilíbrio.

Célia reconheceu no jovem professor um antigo namorado, com quem tinha vivido uma intensa paixão, a qual se tinha consumido de forma natural, deixando uma amizade entre ambos, que se prolongava até a atualidade.

– Na vida presente, com toda a certeza, andei revendo velhos conhecimentos e amores antigos e foi por isso que não me fixei em ninguém... É possível, não é? Ter uma vida só para rever velhos amigos! E afinal eu estou bem sozinha. Na verdade não me sinto mal com a minha vida... Quem sabe se não me resta encontrar ainda um velho conhecimento que resulte numa história de amor nesta vida?

É provável que Célia tivesse razão. Muitas das pessoas que vamos conhecendo ao longo da vida são encontros revividos, quer positivos, quer negativos.

A Lei do Equilíbrio se encarrega de colocar no nosso caminho quem é necessário que encontremos para cumprir o que temos de cumprir.

Manuel

Pela minha experiência, tenho verificado que existem muitos renascimentos na mesma família, mudando-se os papéis ou não, para se resgatar dívidas, reviver situações felizes, terminar algo que não se acabou, ou simplesmente usar o mesmo ambiente para continuar o percurso da Alma. Em trabalhos continuados de regressão é possível entender o ciclo reencarnatório, na maior parte dos casos bastante complexo, dentro da mesma família.

Manuel veio tentar compreender a situação da sua família, na qual existiam algumas dificuldades de comunicação, bem como as razões do seu papel no contexto familiar.

A família era abastada. A mãe tinha sido professora e o pai um empresário de sucesso. Tinham tido 4 filhos, tendo Manuel sido o terceiro a nascer. Manuel, atualmente com 52 anos, queixava-se de que a família exigia muito dele, que era ele quem tinha de resolver todos os assuntos familiares, pois se sentia pressionado pelos irmãos para tal. Os seus próprios filhos lhe exigiam uma constante atenção, necessitando de grandes ajudas financeiras, sobretudo o mais velho que já tinha dois filhos, Rodrigo e Mafalda, de 7 e 5 anos, respectivamente.

Na primeira regressão, Manuel teve várias surpresas. Foi conduzido ao encontro de uma vida em que se viu na Holanda, ligado ao comércio alimentar, no século XVIII.

Manuel foi das pessoas que conseguiu dar mais pormenores das suas vivências regressionais. Algumas pessoas são muito precisas quanto a locais e datas, outras não conseguem dar qualquer indicação e outras são um pouco vagas, ficando-se pelo "parece-me que". Existem também pessoas que são muito abundantes em pormenores e outras muito escassas. Dado que uma regressão constitui um acesso a um arquivo que possui infinitos dados, é natural e compreensível que as chaves de acesso possam ser difíceis de obter. Porém Manuel não teve dificuldade em obter e verbalizar a informação. Disse que vivia em Utrech, que possuía vários lugares de venda de produtos alimentares, os quais descreveu pormenorizamente[31] e situou-se com muita precisão em 1767.

– Estou muito zangado com os meus filhos. Eles não fazem nada do que eu mando. Claro, a mãe sempre os protegeu, nunca os deixou trabalhar, sempre achou que eles deviam aprender a ler e outras coisas que não servem para nada. Eu sempre fui um homem do trabalho e as letras nunca foram muito importantes para mim. Os números sim, foi com eles que consegui tudo o que tenho hoje. Vivo numa casa grande, tenho criados, sou rico. Mas os meus filhos não querem trabalhar. O mais novo quer ser pintor! Anda sempre às voltas com as tintas. Já lhe perguntei se vai pintar alguma coisa que se possa vender, mas a mãe vem logo dizendo que isso não é importante, que ele tem é de se expressar. Estou muito zangado com eles todos, não fazem nada do que eu mando.

– *Situe-se 5 anos à frente desse dia em que estava tão zangado com a sua família.*

– Os meus filhos foram embora de casa. Não sei onde estão e proibi a mãe de falar com eles ou mandar alguma coisa para eles. Mas ela ficou muito triste e zangada e diz que fui eu quem os mandou embora. Agora está muito doente.

– *E você, como se sente em relação a isso?*

– Estou triste, mas não deixo de pensar que tenho razão.

---

[31] Esses pormenores foram omitidos.

– *Situe-se 5 anos para a frente desse dia, desse momento em que sente tristeza e zanga.*

– Minha mulher morreu. Meus filhos queriam vir ao funeral, mas eu os proibi de estarem presentes. Agora estou sozinho. Trabalho muito. Não vou dar nada aos meus filhos. Eles não merecem. Vejo o meu escritório, o lugar onde trabalho e onde passo a maior parte do meu tempo. Em casa não tenho ninguém, só os criados.

– *Continue a caminhar no tempo 5 anos para a frente desse dia.*

– Dizem-me que meus filhos passam dificuldades. Eu não quero saber, tenho muito dinheiro, mas não lhes dou nada. Estou só, vivo só. Tenho momentos de grande tristeza e solidão.

– *Continue a caminhar no tempo, 5 anos para a frente desse dia.*

– Estou velho e doente. Estou na cama. Os médicos já não conseguem me tratar. Gostaria de ter família, mas estou só. Arrependo-me de ter sido tão exigente e tão duro com meus filhos e com minha mulher. Agora vou morrer sozinho...

– *Vá para o dia da sua morte.*

– Estou na cama, encostado a umas almofadas, porque me custa respirar. Falta-me o ar, respiro com muita dificuldade. Há umas pessoas à minha volta, acho que são médicos. Gostaria de ver os meus filhos, mas eles não sabem que estou doente. Estou vendo minha mulher, acho que ela vem me buscar. Já nos conhecemos há muito tempo. Ela estende a mão para mim, há luz à volta dela. Vou com ela. De cima, vejo o meu corpo tombado na cama, os médicos à volta dele. Não quero saber, subimos os dois. Meus filhos vão chegar, mas agora já não preciso vê-los. Eles vão ficar bem.

Manuel reconheceu várias pessoas da atual família na sua família holandesa. A esposa continuava a ser a mesma e Manuel era, na presente vida, um marido devotado. Seus filhos daquela vida tinham vindo agora como seus pais. O pai, com quem Manuel nunca conseguira ter uma relação aberta e franca, tinha desencarnado há cerca de 15 anos e a mãe, ainda viva, exigia atualmente uma atenção constante, quer em termos de acompanhamento da saúde, quer da gestão dos seus bens. Manuel passara a dirigir a empresa do pai e tratava de todos os assuntos familiares, pois os irmãos viviam longe, dois deles estavam ausentes do país há muitos anos, por razões profissionais. Assim, as circunstâncias tinham proporcionado a Manuel o resgate de sua falta de atenção e amor, quando fora comerciante holandês.

Os filhos atuais, Manuel reconheceu-os como antigos empregados da sua empresa, empregados fiéis que ele nunca tinha verdadeiramente estimado e recompensado.

Após esta regressão, Manuel entendeu e aceitou o seu papel na família e substituiu o seu sentimento de vitimização pelo reconhecimento da necessidade de equilibrar as suas dívidas.

O arrependimento do velho comerciante na hora de desencarnar, foi uma energia que certamente contribuiu para atenuar a dívida em relação àqueles que mais tinha prejudicado. O fato de ter sido a esposa – sem dúvida uma Alma companheira de outras vidas – a vir buscá-lo, é revelador de que uma parte da dívida estaria resgatada, pois o perdão tinha acontecido.

Os sentimentos na hora da morte são sempre genuínos, pois o encontro com o portal a que chamamos Morte, e que separa a vida no plano material da vida em outros planos mais sutis, é suficientemente sério para não admitir fingimentos. O que se sente nos últimos momentos de vida é crucial para a Lei do Equilíbrio se desencadear, um arrependimento sincero no final de uma vida pouco digna, pode ser tão valioso como uma vida virtuosa, produzindo contrapartidas semelhantes numa encarnação seguinte.

Manuel voltou algum tempo depois, querendo conhecer mais um pouco das suas relações familiares. Tendo tido acesso aos arquivos, foram desencadeadas energias que continuaram em movimento e Manuel ficou curioso em relação aos netos, pois a sua relação com eles era muito terna e próxima, e não os tinha encontrado na regressão anterior.

Dos dois, sentia-se mais próximo de Rodrigo, tendo ambos desenvolvido uma relação de grande cumplicidade. Todavia, como os dois irmãos eram muito unidos, raramente Manuel conseguia estar sozinho com Rodrigo. Porém, quando isso acontecia, davam asas a essa cumplicidade e brincavam como se fossem dois garotos.

Assim, Manuel foi conduzido a concentrar-se nos netos, primeiro sobre Rodrigo, o mais velho:

– Estou vendo Rodrigo vestido com uma espécie de toga, muito simples, de tecido claro. Ele é grego, chama-se... tem um nome complicado, não consigo dizê-lo bem. Soa-me qualquer coisa como Diogi, eu sei que não é bem assim, mas é como me soa. Ele é meu preceptor, tenho uns 8 anos, ele é um homem que, para mim, é velho, embora não tenha mais de 30 anos.

– *Onde é que isso se passa?*

– Estamos numa ilha, da nossa casa vê-se o mar. É na Córsega, o meu pai é governador e o Diogi é o meu preceptor. Toma conta de mim e me ensina coisas. Gosto muito dele. Meu pai diz que ele é um escravo, mas eu gosto muito dele. Trata-me bem e conta-me muitas histórias.

– *Reconhece a energia do seu pai?*

– Sim, ele é o Antonio, o meu irmão mais velho. Sempre distante, sempre ocupado. Ele continua assim, nunca me deu importância.

– *E a sua mãe, ela também está na ilha?*

– Não, acho que não, ela está na casa dos pais dela. Está doente, disseram-me, mas eu acho que ela deixou o meu pai. Eles brigaram e ela foi embora.

– *Concentre-se na energia dela. Reconhece-a?*

– Sim, é minha mulher.

– *Sabe dizer-me a data?*

– Não, o meu preceptor está me ensinando como se lê o tempo, porque há várias contagens. Há dias ele me disse que estamos no ano 30 da era de César. Mas eu não sei bem o que isto é.

– *Deixe, isso não tem importância. Caminhe agora 10 anos para a frente no tempo.*

– Sou um rapaz crescido. O meu pai vai fazer a cerimônia da maioridade e o meu preceptor esteve calculando o dia mais adequado para isso ser feito. Depois da cerimônia, tenho de ir para Roma. Vem um barco me buscar. Alimento a esperança de que possa ver minha mãe. Nunca acreditei que ela tivesse morrido.

– *Continue a caminhar 10 anos para a frente no tempo.*

– Estou em Roma. O meu preceptor veio comigo, mas meu pai ficou na ilha. Afinal a minha mãe morreu. Não foi quando me disseram que isso tinha acontecido, foi só uns anos depois. Não cheguei a vê-la. Gosto de Roma, gosto das festas, gosto de ser forte e rico.

– *E o seu preceptor continua com você?*

– Sim, claro, ele é um escravo, tem de ficar sempre comigo. Mas agora já não me ensina tantas coisas. Gosto de falar com ele, ele me escuta e tem sempre qualquer coisa sensata para dizer.

– *Continue a caminhar 10 anos para a frente no tempo.*

– Já morri. Mataram-me e mataram todos os meus escravos. Sinto-me responsável por eles, mas não podia salvá-los. Eles eram escravos. Ainda me lembro da minha morte, eles apunhalaram-me à traição. Agora estou em outra escola para aprender a perdoar. Este lugar onde estou é muito tranqüilo, mas depois vou voltar a nascer.

– *Continue ligado ao Rodrigo e veja-se numa outra vida com ele.*

– Agora ele é meu pai.

– *E você, como se chama?*

– Manuel.

– *Recorde-se do momento em que foi decidido que você ia voltar a nascer como filho dele.*

– Foi me dito que ele ia ser outra vez uma pessoa para me ensinar. Ele ia ter a oportunidade de me perdoar nunca o ter libertado da escravidão e de ter sido morto por minha causa. E eu, de aceitar a sua autoridade.

– *Concentre-se nas informações que os seus Mestres lhe dão. Por que razão o seu pai teve uma vida tão curta?*

– Ele ia deixar a responsabilidade para mim.

– *Situe-se agora no momento em que foi decidido que ele iria renascer como o seu neto Rodrigo.*

– Ele vai ser agora um verdadeiro companheiro para mim e eu para ele.

– *Concentre-se agora na sua neta Mafalda.*
– A Mafalda é a minha avó, a mãe do meu pai. Ela morreu logo após o nascimento do meu pai. O parto foi muito difícil. Acho que ele não queria nascer, porque não queria morrer outra vez. Tinha medo de morrer, não tinha se recuperado totalmente de todas as mortes por que passara. O meu pai dizia sempre que o maior desgosto de sua vida era não ter conhecido a mãe.

Existem tramas familiares de nascimentos e mortes extraordinariamente complexas, onde o ciclo dos reequilíbrios vai se desenrolando de vida para vida.

Manuel saiu desta regressão mais elucidado, mas verdadeiramente confuso. "Já não sei quem é quem... Acha que isto é mesmo possível? Será que eu não imaginei isto tudo?", dizia-me ele, depois da regressão concluída.

Não sabemos o que é realmente a imaginação. Creio firmemente que nestes processos regressionais, mesmo sem hipnose como foi o método utilizado, a mente entra num estado vibracional diferente do estado normal e tudo se passa em níveis muito mais sutis, onde a imaginação não tem lugar.

– Quase parece um jogo –, dizia Manuel rindo. – Numa próxima reunião familiar vou propor o jogo de adivinhar quem já foi pai de quem! O Rodrigo foi meu preceptor e escravo, meu filho, meu pai e meu neto...

Porém, logo a seguir ficou sério e contou o seguinte episódio:
– Que curioso... Lembrei-me agora de uma coisa que se passou num Natal. O Rodrigo era muito pequenino. Minha mãe coloca sempre, junto da árvore de Natal, uma fotografia do meu pai e o cachimbo que ele fumava antes de deixar de fumar. O Rodrigo, que ainda gatinhava, agarrou o cachimbo quando estávamos distraídos e, de repente, alguém disse: olhem o Rodrigo! Caiu um silêncio gelado, quando ficamos todos ali olhando para aquela criança, que pegava no cachimbo como se soubesse fumar, recordando literalmente os gestos do nosso pai. Lembro-me de ter sentido um arrepio, mas, ao

mesmo tempo, uma sensação reconfortante, que não consegui explicar. Agora entendo...

Estas complexas teias familiares com as suas alternâncias de papéis, se bem que possam confundir um pouco as nossas mentes racionais, fornecem ótimos exemplos de reposição de equilíbrios.

Catarina

Este foi um dos casos mais interessantes que encontrei, onde o padrão do tecido familiar era estabelecido através de ciclos de constantes reequilíbrios.

Catarina tinha 42 anos. Era casada, tinha duas filhas e teve um filho nascido entre as duas, que desencarnou aos 4 anos com câncer ósseo.

Trazia duas questões que a atormentavam: a sua relação com a mãe e, naturalmente, entender a morte aparentemente prematura do filho – um anjo, dizia ela, que não se queixava nunca e era lindo, lindo!

Antes de Carlitos, já tinha acontecido na família uma outra morte prematura, pois Catarina tinha tido uma irmã que não chegara a conhecer e que morrera de tenra idade. A morte tinha sido provocada por uma meningite mal tratada, incúria da mãe, dizia-se no local, por não tê-la levado a tempo ao hospital. Essa irmã constituía justamente um dos pontos difíceis na relação de Catarina com a mãe, pois esta a criticava constantemente com base numa comparação totalmente hipotética com a irmã, dado que ela morrera com 3 anos. Catarina queixava-se:

– Minha mãe estava sempre me dizendo: "você não presta para nada, se fosse a sua irmã..." Na escola, mesmo as notas boas que eu tinha, serviam sempre para ela dizer que se fosse a minha irmã teria nota melhor!

Embora compreendesse que tudo isso resultasse provavelmente de uma necessidade de limpar um sentimento de culpa, Catarina sentia-se injustiçada e mal-amada. O pai, trabalhador incansável toda a vida, morrera cedo.

Assim que pôde, Catarina saiu de casa para um casamento que continuava a ser harmonioso até ao presente. Tinham ido viver longe da família, criando um fosso físico com a casa materna, pois o marido de Catarina solidarizara-se inteiramente com sua mágoa em relação à mãe.

– Só quando o meu Carlitos nasceu e se declarou a doença, minha mãe se aproximou. Nessa época parou de falar na minha irmã, só falava do Carlitos. Acabou por se instalar na minha casa para tomar conta dele, porque eu e o meu marido temos uma vida profissional. Rita, minha filha mais velha, tinha 5 anos quando Carlitos nasceu. Ele foi sempre uma criança frágil e o câncer nos ossos foi declarado logo após o nascimento, uma coisa muito estranha. Os médicos não entenderam como aquilo surgiu. Minha mãe foi uma enfermeira extraordinária. Todo o tempo em que Carlitos esteve no hospital, foi ela quem ficou lá sempre.

Porém, após a morte de Carlitos, tudo voltou a ser o que era antes, com o agravamento de a mãe ter passado a viver com Catarina e a família.

– Imagine que ela me diz, em relação a qualquer coisa que eu faça com as minhas filhas: "sua irmã não faria assim!!..." E tenho medo que ela comece a fazer com o Carlitos e minhas filhas o mesmo tipo de comparações que faz comigo e minha irmã!

Catarina tinha outra filha, Inês, de 6 anos, cujo nascimento não fora planejado, pois Catarina e o marido haviam decidido que não iriam ter mais filhos.

De posse destes dados, iniciamos a regressão e Catarina foi enviada para o momento de sua concepção:

– Minha mãe está com medo de ficar grávida. Meu pai diz que não faz mal, mas ela não quer. Diz que não têm dinheiro, que é melhor esperarem mais um tempo. Meu pai continua a dizer que não faz mal e a minha mãe fica zangada, ficam os dois zangados... mas eu vou ser feita.

– *Sinta-se na barriga da sua mãe, você tem um mês, como é que se sente?*

– Sinto-me bem, mas minha mãe está zangada. Tem muitos vômitos. Está sempre dizendo que vai acabar com isto, mas meu pai não deixa. Brigam muito, discutem. Mas eu estou bem.

– *Você tem agora 6 meses na barriga da mãe. Como é que se sente?*

– Estou bem, mas sinto-me apertada. Minha mãe me aperta. Ela não quer que vejam a barriga e põe uns panos para apertar. Sinto falta de ar, às vezes.

– *Agora você está se preparando para nascer. Como se sente?*

– Estou apertada, está tudo muito escuro e sinto uma força que me empurra para fora. Quero sair. Falta-me ar.

– *Quero que veja agora o seu nascimento. Você está saindo da barriga da sua mãe. O que vê?*

– Vejo um quarto. Tem uma janela ao fundo. Há uma mulher velha de cabelo arrepiado que me ampara, ela me pega no colo. Está vestida de escuro e tem um avental também escuro. Sinto-me aliviada, agora não estou apertada. Mas minha mãe não quer me ver. A mulher velha fala com ela, quer que ela me veja, mas ela não quer.

– *O que sente em relação à sua mãe?*

– Estou zangada com ela, estou triste com ela. Ela não me quer...

Foi aqui iniciado um processo de Perdão, sendo Catarina induzida a perdoar a mãe. Situações de necessidade de perdão acontecem freqüentemente em casos que tenho acompanhado, pois muitas pessoas carregam zangas, revoltas, raivas e ódios. Da minha experiência, verifiquei que, embora muitas dessas pessoas se exprimam de forma que não deixa lugar a dúvidas sobre os seus sentimentos de zanga, quando se encontram sob um estado de regressão procuram o perdão como alívio dos seus sentimentos. Isso me leva a concluir que, embora os egos falem muito alto e as emoções se manifestem com violência, as Almas procuram efetivamente o Perdão. Esta energia é muito especial, pois basta ser desencadeada unilateralmente para produzir efeito, ou seja, se duas pessoas estão em litígio, basta uma delas deixar de estar para que a energia da relação se modifique. Se a outra pessoa se abrir a essa energia, então a harmonia reinará entre ambas, se escolher permanecer na confrontação, ficará sozinha e a sua energia se dispersará. O Perdão é uma energia muito poderosa, que harmoniza os corpos emocional e físico.

Depois de ter induzido o desencadeamento da energia do Perdão, continuamos a regressão para tentar entender a questão da morte de Carlitos, embora já fosse visível que ele viera dar oportunidade à avó de ser a devotada enfermeira que não fora quando da doença da primeira filha.

– *Agora vai se concentrar no seu filho Carlitos. Imagine que está vendo uma fotografia dele. Está vendo-o?*
– Estou sim, estou vendo-o muito bem.
– *Então pergunte-lhe qual foi o propósito da vinda dele a este plano como seu filho.*
– Ele está me dizendo que foi para trazer Paz. Que veio trazer harmonia à família. *(As lágrimas corriam silenciosamente pelo rosto de Catarina.)* Diz que continua o seu trabalho. Ele diz que continua conosco, porque é a Inês.

Quando Catarina despertou da regressão, disse-me que Inês tinha nascido no mesmo dia de Carlitos e que sua intuição já lhe tinha dito que existia um profundo significado nessa "coincidência".

E confirmou que Inês, ao contrário de Rita, mais irrequieta e rebelde, é uma criança apaziguadora que está sempre tentando harmonizar tudo à sua volta.

Tinha sido um trabalho de regressão muito forte, mas o assunto não parou por aqui.

Catarina telefonou-me dois dias depois.

– No dia da regressão, à noite, contei tudo à minha mãe e ao meu marido. Tudo, tudo! Eles ficaram muito impressionados e minha mãe aceitou tudo muito bem. No dia seguinte, veio falar comigo e me disse a coisa mais extraordinária que possa imaginar! Calcule que ela me disse que aquilo que eu vi do meu nascimento estava tudo certo, o quarto tinha realmente uma janela ao fundo e eu nasci em casa, mas... imagine só... a mulher velha que eu vi, já tinha morrido quando eu nasci, ela assistiu foi ao nascimento da minha irmã!

Fiquei uns segundos em silêncio a digerir o que tinha ouvido. Catarina dizia:

– Eu não sabia, mas minha mãe ficou grávida da minha irmã antes de casar; eu é que já nasci depois do casamento. Acho que tudo o que revivi era do nascimento da minha irmã, mas eu SOU a minha irmã, ou seja, nunca existiram duas pessoas, eu e minha irmã somos a mesma, como o Carlitos e a Inês também são!

Catarina e a mãe reconciliaram-se completamente.

Joana

Joana é uma bonita e elegante senhora de 34 anos. Tem dois filhos e é casada. Adora os filhos, mas a relação com o marido é um pouco difícil, pois ele é um profissional de elevado gabarito na sua área e viaja constantemente, o que a deixa muito só. Quando não viaja, trabalha sem horários, dificilmente assistindo ao cotidiano da casa. Joana possui curso superior em Comunicação e trabalha numa empresa dessa área.

Joana conheceu um colega, Luís, com quem estabeleceu uma relação forte, de tal maneira que me procurou para entender este "amor à primeira vista", que era recíproco. O chamado "amor à primeira vista" tem tudo menos de "primeira vista" e resulta sempre de prévios encontros no processo reencarnatório.

– *Concentre-se na figura do Luís como se estivesse olhando uma fotografia. Vá até o início da sua ligação com ele.*

– Estou vendo-o, ele parece um príncipe, está vestido com uma roupa da Idade Média. Tem muitas cores e fica-lhe muito bem. Na cabeça, tem um chapéu com um feitio esquisito.

Está vestido assim porque vamos nos casar. Estou com um vestido comprido e um toucado. Somos muito novos e estamos muito felizes. Gostamos muito um do outro. Conhecemo-nos desde crianças e agora vamos casar. O Duque deu autorização.

– *Quem é o Duque?*

– Ele manda no lugar onde vivemos. Tem de dar autorização para tudo.

– *Onde se casam?*

– Numa igreja, é uma igreja muito grande, ou melhor, é uma Catedral. Há muita gente e o Duque vem assistir ao casamento. Há flores no chão e panos coloridos enfeitando as paredes.

– *Situe-se 5 anos após o casamento.*

– Estamos muito felizes, já temos uma filha. Ela é muito bonita. Estamos apenas um pouco preocupados, porque há rumores de guerra. O Duque está velho e está sendo atacado por outros senhores. Há uma liga qualquer contra ele. As coisas estão complicadas. Diz-se que ele vai armar todos os homens para a guerra.

– *Situe-se 5 anos após essa cena.*

– Ele morreu. Ele está morto na cama.

– *Morreu de doença ou foi na guerra?*

– Foi na guerra. Ele está na cama, porque este é o leito de morte[32]. Não foi preparado por mim, estou chorando muito. As velas são muitas[33], está certo, ele merecia.

– *E a filha, também está com você?*

– Sim, ela está num canto, chorando. Agora estou falando com pessoas que vêm cumprimentar-me, mas continuo a chorar. O Duque também veio e disse que vai tomar conta de mim e da minha filha. Isso não me interessa, eu queria era que ele estivesse vivo...

---

[32] Pela descrição de Joana, tratava-se de uma cama onde o cadáver era colocado para homenagem fúnebre.

[33] Igualmente pela sua descrição, percebia-se que o número de velas era diretamente proporcional à categoria do falecido.

– *Situe-se agora 10 anos para a frente dessa cena.*

– Estou numa espécie de jardim, é interno, mas tem plantas e não tem teto. Estou bordando e minha filha está junto de mim. Estamos conversando. Ela está falando de um rapaz, está muito alegre.

– *Você voltou a casar?*

– Sim, com o Duque. Mas ele é um homem velho e eu só lhe tenho respeito, não lhe tenho amor.

– *Conhece a energia do Duque?*

– Sim, é o meu marido[34].

– *Fale da conversa com a sua filha.*

– Ela está muito apaixonada. Eu lhe digo que tem de viver esse amor, que não deixe passar essa oportunidade de ser feliz. Digo-lhe que viva cada momento como se fosse o último.

(As lágrimas correm pelo rosto de Joana.)

– *Situe-se agora 10 anos para a frente dessa cena.*

– Estou mais velha. O Duque morreu, mas eu estou bem. Estou numa espécie de convento, muito tranqüila. Continuo a bordar. Estou sentada numa sala com uma janela por onde vejo o campo. É uma paisagem muito serena e que combina bem com o meu estado de alma. Já não espero nada da vida, apenas vou viver até quando Deus quiser. Digo isso a mim própria todos os dias.

– *E sua filha?*

– Minha filha está bem, casou-se com o homem de quem gostava e está feliz. Agora temos paz e eu estou tranqüila.

– *Situe-se 10 anos à frente dessa cena.*

– Estou muito velha. Estou deitada numa cama e pedi para que abrissem a janela para eu ver o campo. Gosto das árvores e do verde. Vou morrer, eu sei. Estou só à espera da minha filha. Já vejo luzes junto a mim, estão aqui para me levar. Não tenho medo.

– *Situe-se na vida que está mais próxima dessa e onde esteja com o Luís.*

---

[34] Joana refere-se ao seu marido na presente vida.

– Estou no berço. Nasci há pouco tempo, sou um bebê. Choro, mas ninguém vem me ver. Minha mãe diz ao meu pai para ir ver o que eu tenho. Diz que está muito cansada. Acho que ela não gosta de mim. Meu pai vem e pega-me ao colo, embala-me e fala comigo. A minha mãe diz para ele não me habituar ao colo. O colo é bom, eu gosto que o meu pai me pegue. Ela nunca me pega.

– *Situe-se 10 anos à frente dessa cena.*

– Estou na escola. São 5 filas de carteiras. Eu gosto muito da escola.

– *Como é o seu nome?*

– Joana. *(Joana já se encontrava na vida atual.)*

– *Fale um pouco sobre a escola.*

– Gosto muito da minha professora. É muito boazinha e gosta muito de nós. É a D. Elvira. Também gosto dos meus colegas, mas há alguns que não me deixam andar no triciclo. Dizem que eu peso muito. Mas eu não sou assim tão gorda!...

– *E das aulas, também gosta?*

– Gosto. Gosto de aprender. Não gosto é que a minha pasta seja diferente das dos outros meninos...

– *Diferente como?*

– Eles têm pastas de pôr aos ombros e a minha é um saco.

– *E por que é que é diferente?*

– É a minha mãe que me obriga a levar esse saco...

– *E por que é que a Joana não diz isso à mãe?*

– Ah, não, não posso dizer. Ela ia gritar comigo. Ela grita muito. Está sempre gritando...

– *Caminhe 10 anos para a frente dessa cena.*

– Estou em casa, no meu quarto. Estou pensando na conversa que tive com o Orlando *(atual marido)*, onde decidimos que vamos casar o mais depressa possível. Eu já não posso mais viver com minha mãe. Ela me corta tudo, não me deixa ser eu, me sufoca. Quer que eu viva de acordo com aquilo que ela acha que deve ser. E nunca me faz um carinho, nunca fez! Quando tiver filhos vou ser muito diferente...

– *Continue a caminhar 10 anos para a frente dessa cena.*

– Estou muito feliz, estou grávida do meu segundo filho. Sinto-o na minha barriga, ele já se mexe. Estou muito feliz.
– *Situe-se 10 anos para a frente dessa cena.*
– Está tudo escuro, não vejo nada!

Terminamos a sessão neste ponto, pois não foi dada permissão de investigar no futuro, estando aberto o caminho para as escolhas que irão ser feitas.

A emoção do reencontro com Luís estava explicada. A relação que tiveram tido terminara abruptamente e Joana guardara consigo a nostalgia desse romance inacabado.

Neste caso, o aspecto mecânico e automático da Lei do Equilíbrio revestia-se de um aspecto pouco prático, pois viera criar alguns problemas éticos para Joana, se bem que o atual marido tivesse continuado com o padrão de sua vida como Duque, distante mas protetor.

Consciente da situação de um modo mais amplo, Joana possuía agora outro nível de consciência para realizar as suas escolhas.

Porém a questão com a mãe encontrava-se longe de ser compreendida.

Assim, decidimos continuar o trabalho com outras regressões.

– *Concentre-se na imagem da sua mãe como se estivesse vendo-a em uma fotografia.*
– Estou vendo minha mãe correndo por uma espécie de túnel. Ela tem um manto preto comprido, que lhe tapa a cabeça. Está fugindo e eu estou em seu colo. Sou um menino e sou pequeno, tenho aí uns três anos.
– *Ela está fugindo de quê?*
– De uns homens mandados pelo pai dela.
– *E porque tem de fugir?*
– Porque eles querem matá-la e a mim também. Já puseram fogo na casa, mas ela conseguiu fugir. Pôs uma criada e o filho na cama dela e fugiu. Enganou-os, mas o meu avô vai perceber que eles mataram as pessoas erradas e hão de vir atrás dela outra vez. Ela está pensando

nestas coisas todas e também qual será a maneira mais fácil de chegar ao mosteiro. Aí ficaremos a salvo. A noite está muito escura e isso é bom para a fuga, mas é difícil caminhar na escuridão.

– *Mas por que o seu avô quer lhes fazer mal?*

– Ela o desobedeceu, fugiu com o meu pai e, agora que ele estava fora, aproveitou para se vingar.

– *O seu avô e o seu pai são energias suas conhecidas?*

– Sim, o meu avô é o meu pai[35] e o meu pai é o meu marido[36].

– *Continue a relatar a cena.*

– Minha mãe continua a correr e já está muito cansada. Chegamos a um lugar no meio do campo e ela atira-me para um buraco grande que há no chão. E vai embora correndo.

– *Sua mãe atirou-a num buraco?*

– Sim, estou vendo o buraco. É uma cova retangular, uma armadilha para apanhar animais. As paredes são altas e quando os animais caem lá dentro, não conseguem sair. Minha mãe me colocou lá dentro e me disse para ficar calado, pois logo viria me buscar.

Sentei-me na terra e fiquei chorando, cheio de medo. Ela voltou a me dizer que ficasse calado e que esperasse por ela.

– *E ficou muito tempo no buraco?*

– Fiquei. De manhã ela ainda não tinha voltado. Comecei a ter fome, mas mantive-me calado como minha mãe tinha me dito. Ficou escuro outra vez e eu fiquei cheio de medo. Tinha frio e fome. Deitei-me na terra e dormi. De manhã tinha muita fome. Comecei a procurar na terra se havia alguma coisa para comer e comi raízes e terra. Tenho muita fome e muito medo. Minha mãe esqueceu-se de mim, abandonou-me, é o que sinto. Está anoitecendo outra vez e começo a ouvir barulho de cavalos e vozes de homens. Encolho-me num canto, cheio de medo. E começo a gritar, chamando por minha mãe. Os homens aproximam-se e vejo lá em cima vários homens

---

[35] Note-se que Joana se refere ao seu pai da vida presente.

[36] Joana refere-se ao marido da vida atual.

armados e com tochas que iluminam a noite. Eles falam uns com os outros e eu continuo a chamar por minha mãe. Depois, aparece um, que parece ser o chefe e que diz: "É ele. Matem-no." Atiram-me flechas e espadas. Fico todo retalhado. É horrível. Morro chamando por minha mãe.

– *Eleve-se, eleve-se, você já morreu, saia do sofrimento.*

– Sim, estou pairando sobre a cova. O meu corpo está lá em baixo. Continuo com a mesma sensação de abandono. Meu pai abandonou-nos e minha mãe largou-me ali. É uma sensação muito forte. Estou flutuando e já não tenho dores, mas continuo com essa sensação de abandono.

– *Não vê luzes perto de você?*

– Não, não vejo nada e não consigo afastar-me dali. É como se estivesse ainda presa ao meu corpo.

– *Sua mãe voltou ali?*

– Voltou. Eu a vi voltar. Eu ainda estava ali. Não sei, acho que estava à espera dela. Ela chegou a cavalo com uns homens acompanhando-a também a cavalo e, mal desmontou, começou a chamar por mim... *(Interrompi-a.)*

– *Como era o seu nome?*

– Raphael.

– *Continue, a sua mãe desmontou, chamou-o e...*

E viu que eu estava morto, trespassado de espadas e flechas. Levantou um braço ao ar com o punho fechado e disse que iria se vingar. Montou outra vez e foi embora e os homens foram com ela.

– *E você, continuou ali?*

– Sim, continuei. Parece que estou preso ali.

De fato, Joana/Raphael continuava presa ao corpo, era aquilo a que chamamos de fantasma em situações anteriormente relatadas. Como também já vimos, mortes violentas podem provocar conseqüências deste tipo, pois o espírito não consegue largar o corpo físico e não permite que se dê a ascensão para planos mais elevados. Se a mãe de Joana/Raphael tivesse retirado o seu corpo da cova e feito um funeral ou qualquer tipo de cerimônia fúnebre, teria criado outra vibração energética, que permitiria a ocorrência do desligamento do corpo e que os guias viessem buscar a parte sutil de Joana/Raphael.

Na ocasião da morte, tudo se resume à qualidade da vibração energética; se é muito baixa, como é o caso em mortes violentas e inesperadas como a de Joana/Raphael, o espírito não se reintegra na Alma e pode ficar muito tempo perdido num mundo que, para si, é provavelmente um verdadeiro mundo de sombras. Quando a vibração é elevada, no caso de mortes serenas, a ascensão pode dar-se de imediato.

O fantasma de Raphael pode ter ficado muito tempo, contado em nossa escala, no local da sua morte, provocando arrepios aos mais sensíveis que passassem por ali. Quando situações destas surgem numa vivência regressional, é necessário fazer uma limpeza energética ainda durante a regressão e provocar a elevação da essência, pois as energias despertadas por uma regressão são energias vivas.

Joana foi conduzida a provocar uma tomada de consciência de Raphael em relação à sua morte e a chamar os seus guias, para que eles o conduzissem para planos elevados, o que foi feito com sucesso. Caso contrário, o fantasma de Raphael poderia ficar plasmado na energia de Joana.

Dado que esta sessão foi muito forte, não avançamos mais e continuamos a exploração da relação de Joana com a mãe na sessão seguinte.

– *Concentre-se na energia da sua mãe, como se estivesse vendo uma fotografia.*

– Minha mãe é uma freira, está vestida como uma freira. Está rezando e chorando, num quarto muito pequeno e com ar muito pobre. Está ajoelhada num banco de oração e na parede há uma cruz.

– *Porque chora ela?*

– Está grávida de mim. Isso é muito mau, podem castigá-la por causa disso. Ela está com muito medo.

– *E quem é o seu pai?*

– Ela não pode dizer a ninguém, mas não está chorando por causa disso. Isso não é importante. O que a faz chorar é o medo de que saibam que ela está grávida.

– *Então o que ela vai fazer em relação à gravidez?*

– Vai ter de dar a criança a alguém, mas tem de ser sem ninguém perceber, porque, se souberem, vão condená-la.

– *Condená-la a quê? Dar-lhe um castigo?*

– Sim, vão emparedá-la.

– *Emparedá-la?*

– Sim. Fazem uma espécie de casa no jardim, mas sem portas nem janelas, e metem-na lá dentro. Depois, passado algum tempo, derrubam a casa e limpam tudo.

– *A sua mãe faz parte de uma ordem religiosa?*

– Sim. *(Joana disse um nome que não é aqui reproduzido, embora não pertença a nenhuma ordem religiosa conhecida.)*

– *Sabe em que época está?*

– Não, mas isto é na Idade Média.

– *E sabe onde se passa essa vivência?*

– Não, não faço idéia.

– *Isso não é importante. Continue a acompanhar a evolução.*

– Minha mãe não diz a ninguém que está grávida, mas eu acabei por nascer. Ela pediu ajuda a outra freira para o meu nascimento e depois apareceu um homem que me levou.

– *Para onde a levaram?*

– Para uma casa muito pobre, onde uma mulher me pegou ao colo. Eles tinham tido um filho que morreu e minha mãe soube disso e combinou com eles que ficassem comigo.

– *Você é menino ou menina?*

– Menina.

– *E fica com eles?*

– Fico. Eles são bons e gostam de mim.

– *Conhece a energia deles?*

– Sim, ela é o meu pai[37], ele não sei, não conheço.
– *E sua mãe?*
– Minha mãe ficou no convento.
– *E você fica sempre com eles?*
– Sim, fico, até que um dia vieram uns homens me buscar.
– *Que idade tinha?*
– Uns 5 anos.
– *E quem eram esses homens?*
– Eram do convento. Eles descobriram que eu era filha da minha mãe e agora vão castigá-la. Não podem deixar que as pessoas saibam que essas coisas acontecem lá.
– *Fale-me do castigo.*
– Quando eles me levam lá de casa, a mulher chora muito e ajoelha-se no chão, pedindo aos homens que não me levem. Mas eles não ligam, agarram-me e levam-me para o convento. Minha mãe está no jardim e estão lá todas as freiras e mais pessoas. No meio do jardim já há a casa. Está quase pronta, tem só uma abertura no meio da parede da frente. Eu não conheço minha mãe, mas sei quem ela é. Ela quer vir correndo para mim, mas não a deixam, agarram-na. Vão amarrar-lhe as mãos, mas ela pede que não a amarrem, porque quer me abraçar. Os homens levam-me até junto dela e então ela me abraça. Eu gosto que ela me abrace, a outra mulher também me abraçava. Levam-na até à casa e ela entra no buraco. Depois me agarram e me colocam lá também. Minha mãe me segura e eu grito e me debato, mas eles me obrigam a entrar. É um espaço pequeno, minha mãe senta-se no chão e eu tenho de me sentar no colo dela. Não quero estar ali, mas minha mãe fala comigo docemente e me segura. Eles tapam o buraco e ficamos completamente às escuras. Deixo de chorar e agora é minha mãe que chora e diz: "por que é que não a matei quando você nasceu, por que é que não a matei?..."

---

[37] Joana refere-se ao seu pai da vida presente, seu avô na anterior vivência regressional, aqui na condição de mulher.

– *Vamos deixá-las morrer tranqüilas e enviar muita Luz para elas. Situe-se após a morte de ambas.*

– Estou num lugar que tem luz. É uma espécie de campo, só que não é verde, parece uma fotografia em negativo. É como se fosse o negativo de uma imagem de um campo, com árvores, terra, pedras e arbustos. A sensação que tenho é que posso respirar livremente e que estou fazendo isso, enchendo os pulmões e respirando fundo.

– *Sabe porque está num lugar assim?*

– Sei que me trouxeram para cá, porque sempre nos levam para onde precisamos estar. Isso tem a ver com a morte que tivemos.

– *Então trouxeram-na para um lugar com luz e ar porque morreu na escuridão e com falta de ar?*

– Sim.

– *Então sinta-se cheia de energia e vá para o momento em que são feitas as escolhas para o seu nascimento como Joana. Concentre-se no que se relaciona com a escolha da sua mãe.*

– Minha mãe vai ter a oportunidade de ter alegria com o meu nascimento e eu de ser amada por ela.

– *Volte a concentrar-se na vida em que a sua mãe a deixou no buraco e você se chamava Raphael. Já está lá?*

– Sim.

– *Por que razão a sua mãe a deixou no buraco?*

– Para me salvar. Ela queria chegar ao mosteiro para pedir ajuda e, comigo no colo, não conseguiria.

– *Repita: A minha mãe não me abandonou. A minha mãe queria me salvar. A minha mãe me amava.*

– A minha mãe não me abandonou. A minha mãe queria me salvar. A minha mãe me amava.

– *Eu perdôo minha mãe por ter me abandonado.*

– Eu perdôo minha mãe por ter me abandonado.

– *Volte agora a concentrar-se na vida em que a sua mãe era freira e a deu a outras pessoas. Já está lá?*

– Sim.

– *Por que razão a sua mãe a deu a outras pessoas?*

— Para me salvar. Ela não podia deixar que eu ficasse com ela no convento.

— *Repita: A minha mãe não me abandonou. A minha mãe queria me salvar. A minha mãe me amava.*

— A minha mãe não me abandonou. A minha mãe queria me salvar. A minha mãe me amava.

— *Eu perdôo minha mãe por ter me abandonado.*

— Eu perdôo minha mãe por ter me abandonado.

Foi assim feita, para estas vidas revividas, uma reconciliação de Joana com a mãe, através da transmutação de memórias.

A reconciliação de Joana com a mãe na presente vida parecia, contudo, mais difícil. Estas vidas, sobretudo a segunda, tinham deixado marcas muito fortes em Joana e certamente também em sua mãe. Joana nunca lhe contou estas regressões, pois a mãe não mostrava abertura para tal, e assim não foi possível libertá-la destas memórias. Joana me disse que a mãe sofria de claustrofobia, tendo muita dificuldade em andar de elevador, metrô e avião, por exemplo. Ela própria reconheceu, na vivência em que foi emparedada, uma causa do seu medo da escuridão. Quando criança, insistia em adormecer com a luz acesa, situação sempre contestada pela mãe, talvez ainda na linha das rígidas regras conventuais. O pai havia sido sempre o seu grande defensor, repondo o amor que não sentira quando tinha mandado matar, sem qualquer espécie de compaixão, o seu frágil neto Raphael.

O acompanhamento de Joana foi prolongado e sua consciência foi se ampliando de forma visível. Segue-se um excerto da última sessão em que foi tratada a questão do seu relacionamento com a mãe e em que foi realizado um trabalho de transmutação:

— *Situe-se no momento da sua concepção como Joana.*

— Minha mãe não sabe que eu estou sendo concebida. Está muito feliz com meu pai. Estão fazendo amor sem pensar em filhos.

— *Então você é resultado de um ato de amor.*

— Sim, parece que sim.
— *Ligue-se à energia dos seus pais no momento da sua concepção. Sinta-se grata por eles a terem concebido em amor. Repita: Eu faço parte do amor dos meus pais e sou um produto desse amor.*
— Eu faço parte do amor dos meus pais e sou um produto desse amor.
— *Situe-se no momento em que a sua mãe soube que estava grávida.*
— Ela ficou zangada. Há muito medo dentro dela. Muita angústia. Está satisfeita porque sabe que o meu pai vai ficar feliz, mas está muito angustiada.
— *Sabe por que razão ela está zangada e tem medo?*
— Sei. É por causa das vidas passadas em que ser mãe lhe trouxe sofrimento.
— *Então repita: A minha mãe não me rejeitou.*
— A minha mãe não me rejeitou.
— *Situe-se no momento em que já está pronta para nascer. O que sente?*
— Não sinto vontade de nascer. Minha mãe não me quer.
— *Sabe por que razão ela não a quer?*
— Sei. Tem medo que eu sofra e tem medo de sofrer também.
— *Então repita: Minha mãe não quer que eu sofra. Ela gosta de mim.*
— Minha mãe não quer que eu sofra. Ela gosta de mim.
— *Situe-se agora no momento do seu nascimento. O que sente?*
— Medo.
— *Lembre-se, você é resultado de um ato de amor. Repita: Eu faço parte do amor dos meus pais e sou um produto desse amor.*
— Eu faço parte do amor dos meus pais e sou um produto desse amor.

* * *

Progressivamente, a energia de Joana em relação à mãe foi se transformando, o que se traduziu em mudanças comportamentais da sua parte. A sua agressividade em relação à mãe começou a diminuir, levando a que também da parte de sua mãe a agressividade diminuísse. Acabou por ser conseguida uma grande melhoria no relacionamento e que poderia ter sido ainda maior se a mãe de Joana tivesse tido a mesma oportunidade de tomada de consciência.

O entendimento da "mecânica" da Lei do Equilíbrio energético, bem como das suas manifestações, constitui uma peça fundamental em qualquer processo de crescimento espiritual.

Luísa

Luísa, 32 anos, professora e mãe de dois filhos, queria entender por que tinha tanto medo de aves. Os inofensivos pombos, que se encontram em tantas cidades do mundo, causavam-lhe pânico. O famoso filme "Os Pássaros" de Alfred Hitchcock, que nunca tinha conseguido ver além das primeiras cenas, retratava o seu pesadelo freqüente. Partindo da procura das razões desse seu medo, encontramos muitas outras respostas, totalmente inesperadas.

– *Concentre-se no seu medo de aves. Procure a razão desse medo. Vá à causa desse medo.*

– Sou uma mulher de meia idade. Vivo sozinha numa casa de pedra. A casa fica numa aldeia, mas um pouco distante das outras.

Vêm pessoas falar comigo para que as cure. Eu uso ervas e ungüentos, mas também faço feitiços.

– *Feitiços?*

– Sim, quando uma pessoa não gosta de outra, eu faço que goste, por exemplo. Assim como curo, também provoco doenças, quando alguém me paga para isso.

– *Continue.*

– Na aldeia, há pessoas que não gostam de mim. Eu sei disso, mas não me importo, continuo a fazer o que me apetece. Algumas pessoas me avisaram que se fala em me matar, mas eu não tenho medo. Se quiserem me matar, faço-lhes uma maldição que dure até a 3ª geração. Já lhes disse isso, num dia em que fui buscar água no poço e as mulheres que lá estavam me insultaram.

– *E chegam a fazer-lhe mal?*

– Sim. Uma noite, quando estava dormindo, apareceram em minha casa alguns homens com o rosto coberto, que me espancaram com paus, pontapés e murros. Depois, arrastaram-me para fora e amarraram-me com correntes e cordas a uma árvore. Despiram-me e deixaram-me ali à míngua e, por mais que eu gritasse, ninguém me ouviu. Tinha o rosto e os cabelos cheios de sangue, as mãos amarradas e não podia me mexer. Gritei as maiores maldições e pragas que sabia, mas fui ficando sem forças. As aves começaram a rondar a árvore e acabaram por se aproximar cada vez mais, até que começaram a me bicar e a me arrancar pedaços de carne. Gritei enquanto pude, mas elas já não se assustavam e foram me mutilando até que acabei por morrer, desfeita e amaldiçoando as aves que me comiam.

– *Situe-se no momento da sua morte.*

– O meu coração está cheio de ódio. Quero vingança, quero me vingar de quem me fez mal.

– *Continue.*

– Vou à procura dos homens que me atacaram, pois das aves não posso me vingar. Odeio-as, se pudesse, matava-as todas, mas não quero me vingar delas. Vou rondar as casas dos que me atacaram. Eles tinham o rosto coberto, mas eu sei quem são. Vou me vingar deles um por um, vou ter ajuda nisso.

– *Quem vai ajudá-la?*

– Aqueles com quem eu já trabalhava. Eles me ajudam a encher de pavores as noites dos homens que me fizeram mal.

– *Refere-se a entidades?*

– Sim, são entidades que me ajudavam nos meus trabalhos.

– *Concentre-se nos guias dessa mulher.*

– Não os vejo, não sei quem são. Ela não quer saber deles, não os vê.

(Não foi possível, neste caso, provocar o encontro com os guias e Luísa foi retirada desta vivência.)

– Envie luz para essa mulher e vá para outra vida que esteja energeticamente próxima dessa.

– Sou um bebê. Acabei de nascer. Não estou satisfeita, não queria nascer.

– E porque não queria nascer?

– Porque tenho muito ódio dentro de mim.

– Consegue ver quem é a sua mãe?

– É uma mulher muito nova. Ela ficou muito doente com o meu nascimento. Não sei se é por causa do ódio que tenho dentro de mim. Minha mãe vive sozinha, meu pai foi preso porque foi apanhado caçando sem autorização.

– Onde vive?

– Numa aldeia. É a mesma aldeia onde já estive. A casa onde vivi está abandonada, mas ainda vivem na aldeia descendentes dos homens que me atacaram.

– E que acontece à sua mãe?

– Minha mãe morre e o meu pai é condenado à morte pelo Senhor.

– Quem é o Senhor?

– É quem manda naquela terra e naquelas pessoas.

– E você?

– Eu fico ali e todos na aldeia tomam conta de mim. Tenho muitos pais, muitas mães e muitos irmãos. Aos poucos, o ódio que tinha no coração vai desaparecendo.

– Ande 10 anos para a frente.

– Estou mais crescida, mas continuo a ser protegida por todos. Nunca mais ficarei órfã, a não ser que morram todos os que vivem na aldeia, pois todos são meus pais e minhas mães.

– Ande mais 10 anos para a frente.

– Já sou uma jovem crescida e vivo com um homem. Conheço-o desde que nasci, era um dos que considerava como meu irmão. Só que, depois, comecei a gostar dele de outra maneira.

– *Reconhece algumas dessas energias da outra vida em que viveu nessa aldeia?*

– Sim, mas não quero pensar nisso.

– *Está bem, ande mais 10 anos para a frente.*

– Já tenho um filho. Estou muito feliz. Ele vai chamar avô e avó a todos da aldeia.

– *Ande mais 10 anos para a frente.*

– Estou mais velha, mas continuo com o mesmo homem. Tenho mais um filho e uma filha. Somos todos pobres, mas sinto-me feliz.

– *Ande mais 10 anos para a frente.*

– Estou mais velha e o meu homem morreu. Os filhos ainda continuam lá e o meu coração está em paz.

– *Veja-se no momento da sua morte.*

– Estou deitada na minha cama. Minha filha está junto de mim. Peço-lhe que me ajude a ir lá fora, porque quero ver a luz do dia. Ela me leva, mas, de repente, passam duas aves muito perto de mim. São negras e eu me assusto, peço que me leve para dentro outra vez. Quando ela me deita novamente na cama, a minha Alma se solta e eu fico flutuando. Ela sai correndo para chamar os irmãos e vêm várias pessoas. Fico vendo isso tudo e sei que vou embora, porque já fiz tudo o que tinha a fazer ali.

Além de ter esclarecido a sua fobia, Luísa aprendeu muito mais sobre si e sobre as regras misteriosas que regem as nossas reencarnações.

Os assassinos da velha maga ficaram retidos naquela aldeia em encarnações sucessivas e o equilíbrio relativamente ao crime cometido realizou-se através da proteção que deram à pobre órfã abandonada.

A noção de castigo, no sentido usual do termo, aparece assim totalmente transformada, já que não existe um juiz que venha julgar os atos praticados. É a energia gerada pelos próprios atos que vai produzir suas conseqüências, e que constitui o aspecto "mecânico" da Lei do Equilíbrio.

Esta lei, conjugada com a responsabilização das Almas que praticaram os atos, afasta definitivamente a idéia de castigo, podendo falar-se, com muito mais propriedade, de reequilíbrio ou reposição.

As mortes prematuras da mãe e do pai de Luísa naquela vida, foram instrumentos da reposição de equilíbrio, pois assim foi possível que os habitantes da aldeia tomassem conta da órfã. Encontram-se muitas vezes este tipo de situações, de Almas que encarnam para partir cedo, permitindo assim que se realize o que tem de ser feito.

Anabela e Helena

Anabela e Helena são duas irmãs extraordinariamente amigas e que vivem juntas, nunca tendo se casado. Quando as conheci, Anabela tinha 45 anos e Helena 47.

Ambas tinham a sua profissão, mas viviam perto dos pais e no mesmo prédio, embora em andares separados.

A vida não tinha sido fácil, pois o pai era uma pessoa extremamente severa, dominando completamente a esposa, a quem maltratava verbal e fisicamente. As duas irmãs tinham crescido sob um opressivo ambiente familiar, sem liberdade de convívio. O próprio acesso à cultura foi-lhes dificultado, pois o pai achava que as mulheres não precisavam estudar e tudo aquilo que conseguiram foi à custa do seu próprio esforço, escudando-se na cumplicidade uma da outra e na amedrontada ajuda da mãe.

O pai, conquanto tivesse garantido o sustento da família, toda a vida as tiranizara, tornando praticamente impossível que tivessem conseguido viver uma vida normal.

À medida que os anos foram passando, Anabela e Helena tinham começado a fazer frente ao pai, impondo a mudança de várias regras, gradualmente conquistando alguma independência.

Quando as conheci, o quadro familiar era bastante duro: o pai tinha tido um acidente vascular cerebral havia 5 anos e, após uma breve estada no hospital, tinha sido mandado para casa, onde a esposa tomava conta dele, praticamente impossibilitada de sair. A sua violência tinha diminuído um pouco, pois tinha algumas dificuldades de movimento, mas sua tirania em nada diminuíra, muito pelo contrário, pois exigia cada vez mais atenção e serviços. Obrigara a esposa a sair da cama de casal, mas não dispensava a sua presença durante a noite, obrigando-a a dormir em cama improvisada, da qual a fazia levantar várias vezes durante a noite, com constantes pedidos de água, ajuda para se virar na cama ou para se levantar. Durante o dia, exigia as refeições, caminhava pela casa sem direção, cochilava e fazia as mais variadas exigências, tendo perdido totalmente o sentido do tempo.

Anabela e Helena sofriam pelo sofrimento da mãe, toda a vida vergada à tirania e, agora, totalmente impossibilitada de ter vida própria, e sofriam por si mesmas, limitadas na sua liberdade pelo quadro familiar em que viviam.

A sua pergunta era "Por quê esta relação familiar tão difícil, por quê todas estas limitações na nossa vida, por quê este despotismo? Nosso pai parece querer fazer-nos sofrer, torturar-nos, como se nos odiasse ou quisesse vingar-se de nós. Será que, em vidas passadas, aconteceu alguma coisa entre nós?"

Anabela foi a primeira a tentar uma regressão à procura de respostas.

– *Concentre-se na energia do seu pai e vá até uma vida em que tenham estado juntos e que esteja ligada à atual.*
– Estou numa espécie de um terraço, o chão é de pedra e as paredes também. Tem uma parte que é coberta por um telhado, mas outra é aberta. Há canteiros com plantas, há também umas árvores não muito altas nem muito frondosas, parecem-me árvores frutíferas, mas não sei bem. No centro há um poço. Gosto muito de ir ali buscar água e aproveito para ficar sozinha, calmamente olhando a paisagem.
– *E como é a paisagem?*
– Nada de especial, lá fora há mais árvores, algumas muito esguias e altas. Parecem ciprestes. Não se vê ninguém, só os pássaros que ficam voando de árvore em árvore. O ar é morno e cheira bem. E aqui fico sozinha, fico tranqüila.
– *E esse terraço pertence a um edifício?*
– Sim, pertence ao convento.

– *Você é freira?*
– Sou. Estou vestida de negro, uso um hábito escuro e um manto na cabeça. Mas movimento-me bem, estou acostumada.
– *E tira água do poço?*
– Sim, há uma corda com um balde na ponta. Eu lanço o balde e depois puxo a corda. Gosto de olhar lá para baixo, vê-se brilhar a água lá em baixo, é escura e fresca. Pergunto-me sempre qual será a profundidade da água. Todos dizem que aquele poço é muito fundo, mas não se sabe ao certo. Sempre me lembro de ver a água na mesma altura, por mais água que se tire.
– *E que pensamentos tem enquanto está junto do poço?*
– Sinto-me triste e melancólica. Não acho que seja por ser freira, mas sim por outra razão qualquer. Estou triste e me dá vontade de chorar. Olho o fundo do poço e penso se não seria uma solução atirar-me lá embaixo.
– *Pensa em suicídio?*
– Sim, penso. Estou triste, sem vontade de viver.
– *Sabe o seu nome?*
– Acho que é... Camila, sim acho que me chamo Camila.
– *E que idade tem?*
– As freiras deixam de ter idade quando entram para o convento. Deixam tudo o que é terreno lá fora, ou deveriam deixar. Não sei quantos anos tenho, mas sou nova ainda. O meu corpo é ágil e meu rosto não tem rugas.
– *Fale um pouco mais do que sente e do que faz.*
– Depois de tirar a água e vertê-la para uma vasilha grande, vou até o parapeito do terraço e olho lá para fora. O céu é azul e está tudo muito sereno. Há uns pássaros que gritam, passam voando perto de mim e parece que vão se perseguir. Talvez seja primavera e as aves andem à procura de par. E talvez seja por isso que eu sinto o meu corpo tão vivo...
– *Continue a avançar nas suas memórias.*
– Estou triste e ali sinto-me bem. Mantenho o poço aberto e continuo a pensar no que sentiria se me atirasse lá embaixo. Imagino a cena de virem me procurar, porque não voltava nunca com a água, e

encontrarem o poço destapado e não me verem em lugar nenhum. Só iam encontrar o meu hábito, pois eu ia me despir para me lançar ao poço. Queria ir sem estes pesos, assim seria mais fácil saltar para o fundo. Imagino a cena, elas correndo à volta do poço, chamando por mim, tentando descobrir o meu corpo lá em baixo. Como já seria noite, não conseguiriam me ver, e pensariam na hipótese de eu ter fugido. Seria uma noite de alvoroço no convento, todas elas imaginando o que teria acontecido. E ele também...

– *Ele, quem?*
– Ele, o padre Damiano.
(Anabela deixa escapar uma exclamação e leva as mãos ao rosto.)
– *O que é?*
– O padre Damiano é o meu pai!
– *O seu pai nesta vida?*
– Sim, que horror!!
– *Horror por quê?*
– Porque ele é meu amante, fazemos amor muitas vezes, até já fizemos na igreja...
– *E é por isso que pensa na morte?*
– Sim, eu o amo e não posso ter mais do que isto, uns encontros furtivos aqui e ali...
– *E nesse dia no terraço, o que faz depois?*
– Depois... desisto de me atirar ao poço. Cubro-o com a tampa de madeira e volto para dentro.
– *E como é lá dentro?*
– É tudo muito pesado e escuro. As paredes são de pedra e o chão também. É frio e sombrio. Parece um túmulo. É por isso que eu gosto daquele terraço. Tem umas trepadeiras subindo pelas paredes. Acho que não tinha dito isso. Gosto muito dessas trepadeiras, há uma que está quase chegando ao telhado.
– *E como é a vida no convento?*
– É sempre igual. Temos de ir muitas vezes à missa. Eu só gosto daquelas que são celebradas pelo padre Damiano. Mas um dia... um dia estava na missa e percebi que ele estava olhando para outra...
– *Outra freira?*

— Sim, ali somos todas freiras. Há a Madre... Meu Deus! A Madre é a minha mãe!

— *A sua mãe atual?*

— Sim! E a minha irmã também lá está, é uma freira como eu. Somos amigas, damo-nos bem.

— *Há mais alguém que conheça?*

— Não, acho que não.

— *Então o que faz, quando percebe que o padre Damiano olha para outra pessoa?*

— Fico cheia de ciúmes! Louca de ciúmes! Sinto-me capaz de matar os dois. Eu sei que é pecado, mas sinto as minhas entranhas em fogo e uma raiva incontrolável!

— *Essa freira para quem ele olha é a sua irmã Helena?*

— Não, é outra. A minha irmã está lá também na igreja e acho que também percebeu...

— *Continue.*

— Eu fico impaciente, já não consigo prestar atenção na missa. Quando a missa acaba, faço de conta que vou embora, mas depois volto, para ver se os apanho. Chego devagarinho, pé ante pé e vou entrando na igreja, que tem as portas fechadas. É uma igreja grande e tem o altar ao fundo, com muita madeira e muitas imagens. Está escuro, a igreja tem umas janelas com vitrais, mas lá fora não está muito claro. Parece-me que é muito cedo e ainda não é dia completamente, ou então é um dia escuro. Ou então sou eu que tenho os olhos turvos e a visão obscurecida pela raiva que sinto. Vou me aproximando e ouço ruídos vindos de uma sala ao lado, deve ser a sacristia. Vou me aproximar, mas de repente sou agarrada por alguém! É a minha irmã. Ela põe a mão na minha boca e não me deixa falar, me puxa para fora, insiste em puxar. Eu resisto um pouco, mas depois acabo por sair com ela.

— *Está falando da sua irmã Helena?*

— Sim, é ela, é freira como eu, já disse isto. Eu a chamo de Pina, parece-me que é isso. Ela me leva para fora da igreja e diz que eu ia fazer um grande disparate. Começo a chorar e ela diz que sabe tudo, que já tinha percebido, mas que ele é mesmo assim. Paro de chorar e pergunto o que quer dizer com isso. E ela diz que sabe o que se passava entre nós dois, mas que ele tem tido romances com muitas freiras. Pergunto se com ela também e ela baixa os olhos e responde que sim. Fico calada e começo a andar, afastando-me da igreja. Ela vem atrás de mim e, de repente, ouvimos barulho na porta da igreja, lá vem a outra freira saindo. Quando nos viu, ficou atrapalhada; ia voltar para trás, hesitou, mas depois decidiu-se a sair, só que foi para o lado contrário. Continuo a caminhar e Pina vem atrás de mim e tenta me agarrar por um braço. Eu sacudo o braço e começo a correr, ela fica para trás.

– *E não fala mais com ela sobre esse assunto?*

– Sim, falamos, não sei quanto tempo depois, mas estamos falando sobre isso. Estamos num jardim, penso que pertence ao convento. É um jardim muito grande, tem muitas árvores, aquilo que se vê do terraço é o jardim do convento. Está sol e estamos passeando e conversando. Ela conta que ele já teve romances com quase todas as freiras e até com a Madre. Tem sido sempre assim, eu é que não via nada. Ela disse que a Madre ficou grávida e que o caso foi muito grave, mas depois tudo se resolveu, porque a Madre abortou de forma espontânea. Acho que eu não estava ainda no convento; eu vim de outro lugar, devia estar noutro convento e vim para aqui mais tarde. Ela conta que todas odeiam o padre Damiano, mas não podem fugir porque ele tem poder. Ela pergunta se ele não me ameaçou e eu disse que não, que me apaixonei por ele e que ele percebeu isso. Mas eu pensava que era só comigo, que tinha se apaixonado só por mim...

Ela diz que ele se apaixona por todas, ou então não se apaixona por nenhuma e só quer estar com elas. Ele diz que estar com ele é como estar com Deus e não há pecados. Se não quiserem estar com ele, vão ter muitas penitências quando se confessarem e acabam indo para o Inferno, mesmo que cumpram as penitências... Mas comigo não foi assim, eu me apaixonei mesmo...

– *E a Pina, o que sente em relação a isso?*

– Ela tem muita pena de mim e não quer que eu sofra. Mas eu não lhe contei que estou grávida e isso é que me faz ficar tão raivosa...

— *E o que acontece depois?*
— Eu acabo por lhe contar e a Madre também acaba por saber. Estou grávida, mas já sei que a criança vai ter de morrer, a não ser que se arranje alguém que fique com ela. Quis falar nisso com o padre Damiano, mas ele não quis ouvir nada, tentei várias vezes, quando estava na confissão, mas ele não queria ouvir e me mandava logo fazer as penitências. Foi um tempo horrível, cada vez que ia buscar a água no poço sentia cada vez mais vontade de me atirar. Pina percebeu isso e passou a ir comigo. Minha barriga crescia e eu a apertava, mas à noite sentia o bebê se mexer e chorava muito. Na igreja, pedia que aparecesse alguém a quem pudesse entregar o bebê para que ele não tivesse de morrer... E ele, o padre Damiano, continuava a vir ao convento com ar tranqüilo... Mas, oh meu Deus, ainda fez pior!
— *Pior? Então que fez ele?*
— Como sabia que eu estava grávida, fez chantagem conosco e disse que iria me denunciar e à Madre por ter encoberto a minha gravidez se as freiras não aceitassem que viessem ao convento outros padres. E passou a haver uma espécie de orgias, das quais nem eu escapei, apesar de estar grávida...
Aquilo era insuportável e decidimos mandar matar o padre Damiano.
— *Quem decidiu isso?*
— Eu, a Pina e outras freiras. A Madre manteve-se à distância disso tudo. Ela não participava das orgias; fazia de conta que não sabia de nada e, nessas noites, recolhia-se ao quarto e ficava lá, enquanto os padres chegavam pela calada da noite e partiam depois, de madrugada.
Nós contratamos uns homens para atacarem o padre Damiano quando ele saísse do convento e estivesse a caminho de casa. Combinamos tudo em segredo, a maioria das freiras não sabia de nada, nem a Madre.
— *E conseguiram matá-lo?*
— Sim. Numa das noites em que ele foi ao convento. Já estava a caminho de casa e foi atacado. Mas não foi só ele, foram todos!
— *Todos?*

– Sim, todos os que lá tinham estado! Acho que contratamos para que matassem todos. Foi a nossa vingança!

– *E depois, o que aconteceu?*

– Depois vieram nos fazer perguntas, mas nós não contamos nada. Nunca se falou das orgias nem de mais nada.

– *E o bebê?*

– Nasceu, mas afastaram-no logo de mim e depois disseram-me que nasceu morto. Eu sei que não foi assim, porque o ouvi chorar. Estou vendo a Madre vir me dizer que ele nasceu morto e que agora era preciso esquecer tudo o que tinha se passado, colocar uma pedra sobre o assunto. Como se isso fosse possível!

(Anabela chorava, agitada.)

– *E depois, como foi o resto da sua vida?*

– Não sei, acho que fiquei meio apática. Vejo-me vagueando pelos corredores, rezando na igreja, mas desligada de tudo...

– *Então vamos deixar a Irmã Camila viver tranqüilamente os seus dias e regressar à sua vida de Anabela.*

E assim Anabela regressou ao seu mundo, tendo sido necessário algum trabalho posterior para integrar todas estas informações.

Todavia, esta longa sessão representava apenas o início do desenrolar de um romance que foi se desenvolvendo em sessões posteriores:

– *Concentre-se na energia da Irmã Camila. Vá até sua vida no convento como Irmã Camila.*

– Estou no terraço à beira do poço. Gosto muito de ir ali. Agora está frio, estou com frio, esfrego as mãos uma na outra e sai fumaça da minha boca. As árvores estão sem folhas e faz muito frio.

– *E quais são os seus sentimentos?*

– Estou triste... Melancólica, pensativa... Acho que nunca mais fiquei bem, depois de tudo o que aconteceu. Os sinos começam a tocar. É um som triste, que tem a ver com o dia cinzento e com o peso no meu coração.

– *Ainda pensa no Padre Damiano?*

– Penso, acho que sim. Mas não sei se tenho saudades, se tenho raiva, ou se tenho medo que descubram que mandamos matá-lo.

– *Não se descobriu a conspiração?*

– Não. Vieram muitos padres ao convento, fizerem-nos perguntas, mas nós não contamos nada. Ninguém contou nada. Mas eu tenho pesadelos à noite.

– *Que pesadelos?*

– Sonho com o padre Damiano todo cheio de sangue, saindo cambaleante de uma carruagem. Depois quer se agarrar a mim, mas cai no chão e eu acordo gritando. Tenho tido várias vezes esse pesadelo e já contei a Pina. Só ela é que sabe.

– *E a Pina, não tem pesadelos?*

– Não, ela não. Mas é das que tem sido mais interrogada, porque é mais antiga no convento. Ela tem um cargo importante, logo abaixo da Madre.

– *E as outras freiras?*

– As outras estão caladas sobre o assunto, nunca falamos do Padre Damiano, nem dos outros. Eu falo com a Pina, mas só com ela.

– *E alguma vez chegou a descobrir-se o que aconteceu?*

– Não, penso que não. Mas um dia, um dia o pesadelo foi mais real!

– *Mais real como?*

– Um dia estava na missa, estava frio e escuro, devia ser de manhã muito cedo e, de repente, vi o Padre Damiano junto do altar, ao lado do padre que estava celebrando missa! Ele estava cheio de sangue e começou a caminhar na minha direção!

Atrás dele apareceram os outros, também todos cheios de sangue e eu comecei a gritar, a gritar e levantei-me para fugir dali, mas eles vieram atrás de mim e eu, gritando cada vez mais, tropecei e caí no chão. Acho que desmaiei. Levaram-me para um hospital, não sei se era no convento, mas sei que, quando acordei, eles estavam lá outra vez, todos olhando para mim, cheios de sangue! Gritei, gritei, gritei! Acho que enlouqueci...

– *Ande para a frente no tempo.*

– Nunca mais saí do hospital, fiquei louca...

– *Vá para a sua morte nessa vida como Irmã Camila.*

— Estou amarrada numa cama. Não sei se sou velha ou nova, tenho os cabelos soltos, são grisalhos e despenteados. Estou no estertor da morte. Minha respiração faz ruído, sinto a boca seca. Tenho os olhos fechados, mas, de repente, abro-os e vejo uma figura branca que me estende as mãos. Eu estendo as minhas, já estou saindo do corpo, porque ele continua amarrado na cama. Essa figura branca me abraça e eu me encolho, como se fosse uma criança no colo da mãe. Vou com ela, sinto um grande alívio, mas sei que aquela história não terminou, sei que não posso ainda esquecer tudo...

— *Situe-se agora na preparação da sua vida como Anabela. Sabe quem vai ter como pais?*

— Sei. A minha mãe é a Madre e o meu pai é o Padre Damiano. Dizem-me que tem de ser assim, mas também me dizem que vou ter ajuda para que tudo seja mais fácil.

Helena também quis experienciar a sua vivência como freira.

— *Situe-se na sua vida no convento, com a sua irmã.*

— Eu era muito amiga dela. Ela era muito ingênua, muito nova. Sempre senti vontade de protegê-la desde que a vi chegar.

— *Lembra-se de já terem estado juntas antes?*

— Sim, lembro-me. Eu já fui mãe dela. Vivíamos num lugar muito bonito, tinha muitas árvores, árvores muito grandes, um rio onde tomávamos banho e fazia calor. Quanto chovia, ficava tudo alagado, mas fazia sempre calor.

— *E viviam mais pessoas com vocês?*

— Sim, vivíamos todos juntos. Era como se fôssemos uma grande família, uma tribo. Mas ela era minha filha e eu andava com ela às costas e falava com ela. Ela respondia com uns gritinhos e eu ria muito. Quando eu ria, ela também ria. Éramos muito felizes.

— *Recorda alguma coisa em especial dessa vida?*

— Não, a vida era sempre igual, mas era muito boa.

— *Então volte à vida no convento.*

— Eu a protegia, mas ela fugia de mim. Gostava de ficar sozinha e falava pouco.

— *Fale do Padre Damiano.*

– Ele era um homem nojento, aproveitava-se da sua situação de diretor espiritual de forma vergonhosa. Eu o odiava, embora soubesse que incorria em pecado mortal. Odiava-o!

– *E o que se lembra da morte dele?*

– A morte foi planejada por nós e pagamos uns homens para o matarem. A ele e aos outros nojentos. Mas depois fizeram-nos muitas perguntas. Quase me deixaram louca com tanta pergunta!

– *Perguntas sobre as mortes?*

– Sim, queriam descobrir quem os matou. Acho que desconfiavam que havia um motivo mais forte do que os matarem para roubá-los...

– *E a você fizeram muitas perguntas?*

– Sim, muitas. Fui a um palácio falar com um homem importante da Igreja, acho que era um Cardeal. Era um palácio enorme. Fiquei muito tempo sentada numa sala, à espera de falar com ele. Esperei muito tempo, acho que era para me deixar nervosa. Mas fiquei o tempo todo rezando e, quando entrei na sala grande, estava tranqüila.

– *E como correu a conversa?*

– Bem. Eu não disse nada de especial, só repeti o que já tinha dito. A sala era muito grande, tinha móveis altos com livros e quadros grandes nas paredes. Tinha duas janelas grandes, com reposteiros. No meio da sala, havia uma escrivaninha grande e uma cadeira enorme. Era tudo muito grande! Eu me senti muito pequena... Mandaram-me sentar numa cadeira em frente da mesa e esperar. Continuei a rezar e, quando ele entrou, levantei-me e beijei-lhe a mão. Ele sentou-se e ficou calado.

– *E você, o que sentiu?*

– Eu estava com medo, mas sabia que não podia deixar ficar mal as minhas companheiras. Ele me fez muitas perguntas e eu respondi que não sabia de nada, que tínhamos ficado tão surpresas com aquelas mortes como as outras pessoas. Depois mandou-me segurar uma Cruz com o Cristo crucificado e mandou que eu jurasse que dizia a verdade.

– *E jurou?*

– Sim, jurei. Eu sabia que estava cometendo um pecado e que nunca conseguiria limpar esses pecados, porque nunca confessaria o que tinha acontecido.

– *E essa foi a última vez que lhe fizeram perguntas sobre o sucedido?*

– Não sei, acho que sim. Ou talvez não, foram muitos padres ao convento, fazendo perguntas a umas e outras... Isso durou muito tempo...

– *E você, como vivia tudo isso?*

– Eu chorava muito à noite. Sabia que não havia perdão para mim e chorava muito. Um dia, fui para o jardim e abri as gaiolas.

– *Gaiolas?*

– Havia umas gaiolas grandes com pássaros e, um dia, corri para o jardim e abri as gaiolas para deixar os pássaros em liberdade. As outras freiras vieram correndo para me impedir, mas muitos pássaros fugiram. Eu queria dar-lhes liberdade, já que eu não tinha!

– *E depois, castigaram-na por isso?*

– Não, acho que não. A Madre percebeu e não me castigou. Um dia tive de impedir que uma freira se matasse no rio.

– *Conte melhor essa cena.*

– No jardim passava um rio e, um dia, uma freira entrou rio adentro para se matar. Eu fui atrás dela e agarrei-a. Acho que foi por isso que a Madre não me castigou quando fiz aquilo com os pássaros.

– *E essa freira também estivera implicada na morte do Padre Damiano e dos outros?*

– Sim, ela era a minha irmã.

– *A sua irmã nesta vida?*

– Sim, era ela.

– *E como terminou essa sua vida?*

– Eu fiquei doente. Estava na cama, mas não queria morrer. Sabia que ia para o Inferno quando morresse e não queria. Tinha muito medo, estava apavorada com a idéia de morrer e ir para o Inferno! *(Helena estava muito agitada.)*

Resisti à morte o mais possível. O medo do Inferno era terrível, terrível! E não podia falar com ninguém sobre isso, não podia falar dos meus pecados, ia morrer em pecado! *(Helena acalmou-se um pouco mais.)*

Estou vendo o meu funeral. É um dia cinzento, há folhas pelo chão. O caixão está sobre um carro com rodas empurrado por uns homens. Atrás vão umas freiras a pé. Não vejo a Madre; ela já devia ter morrido. Sim, já tinham morrido todas, eu fui a última. Acho que resisti tanto porque tinha medo do Inferno...

– *Concentre-se no seu espírito depois da morte ter acontecido.*

– Fiquei a vaguear no cemitério. Vi o meu funeral acontecer, mas fiquei ali no cemitério.

– *Não veio ninguém buscá-la?*

– Acho que não. Fiquei ali, estava escuro e frio. Todos foram embora e eu fiquei ali. Não estava entendendo nada, não entendia bem o que estava acontecendo. Mas, depois, apareceu junto a mim uma espécie de escada. Os degraus eram brilhantes e eu comecei a subir. Acho que, nessa altura, percebi que afinal não ia para o Inferno!

– *Deixe-a então subir a escada. Consegue ver mais alguma coisa?*

– Os degraus desaparecem à medida que vou subindo. Sinto-me muito bem, já não tenho medo. Agora desapareceu tudo, já não vejo mais nada.

***

E assim terminou a regressão de Helena.

Estes trabalhos de regressão serviram para que as duas irmãs relativizassem a sua relação com os pais, transformando dentro de si as imagens que tinham deles. A primeira grande transformação, ao entenderem o propósito da estrutura familiar em que tinham nascido, foi o desaparecimento do sentimento de injustiça que sempre as acompanhara ao longo da vida. A experiência tem me mostrado que a compreensão do porquê e do para quê provoca, de forma quase instantânea, uma transmutação, a qual, mesmo que não erradique as marcas dolorosas de forma definitiva, tem sempre um efeito apaziguador. Isso aconteceu com Anabela e Helena, que mudaram sua atitude para com o pai e foram capazes de desenvolver um trabalho de perdão de forma muito consciente. A morte do pai ocorreu algum tempo depois e tudo se passou de forma serena, quer para ele, quer para o resto da família.

O pai não tinha conseguido, ao longo da vida, apagar as marcas do seu desejo de vingança, mas a energia do perdão que as filhas lhe deram nos seus últimos meses de vida serviu para apaziguar a sua partida deste plano. Quanto à mãe, a amedrontada Madre do convento, veio resgatar sua ausência de implicação no ensangüentado romance.

Anabela, Helena e a mãe vivem atualmente uma vida serena e calma.

Denise

Denise, 43 anos, era filha de pai português e mãe francesa. O pai tinha sido emigrante na França durante alguns anos, tendo conhecido a mãe de Denise nessa época. Alguns anos após o casamento o casal tinha decidido viver em Portugal e Denise, embora nascida na França, tinha feito os seus estudos no país de origem do pai. Licenciada em Direito, desempenhava um lugar importante numa grande empresa.

A mãe de Denise tinha cometido suicídio, após alguns anos de vida difícil com o marido. Denise tinha 18 anos nessa época e o drama familiar levou-a a viver com uns tios até se casar. Continuava casada e atualmente tinha apenas dois filhos, pois o mais velho, Nuno, tinha falecido vítima de um acidente rodoviário há 5 anos.

Denise queria entender a razão da morte do filho, pois, como me disse, "nada acontece por acaso e tudo tem um propósito".

— *Concentre-se no momento das suas escolhas para a sua vida como Denise.*

— Vou ter oportunidade de poder conciliar as ligações afetivas e a vida material, perceber que as duas coisas são conciliáveis.

– *E os pais que vai ter como Denise?*

– Eles vão me proporcionar as condições para isso.

– *Agora concentre-se na sua mãe. Está concentrada?*

– Sim, estou vendo-a.

– *Então agora concentre-se no momento da morte dela.*

– Ela escolheu morrer porque não aguentava mais a vida que tinha. Precisava libertar-se. Sentia-se muito infeliz e não via saída para a vida dela. A vida tinha perdido o sentido. Morria sozinha, porque não queria ser desviada desse seu propósito.

– *Concentre-se no momento exato da morte.*

– Não teve um instante de arrependimento e esteve consciente até ao fim. Quando empurrou a cadeira (a mãe de Denise morreu enforcada numa trave do sótão da casa), teve perfeita noção do que estava fazendo e sentiu alívio, porque finalmente tudo tinha terminado. Tinha deixado tudo tratado e podia partir em paz.

(A mãe de Denise deixou tratados todos os assuntos legais, pois o suicídio foi premeditado. Enforcou-se numa quinta-feira à noite, quando estava sozinha em casa. Quando Denise chegou, estranhou não encontrá-la e fez, sem sucesso, algumas buscas na casa de amigas. Quando o pai chegou, tarde como habitualmente, procuraram-na em conjunto nos locais de que se lembraram, como hospitais e delegacias policiais. Na sexta-feira, de manhã, foram despertados pela Agência funerária que a suicida tinha contratado. Além do caixão, traziam uma carta dirigida a Denise, esclarecendo o local onde o suicídio tinha sido cometido e pedindo perdão à filha por deixá-la órfã.)

– *Continue concentrada no momento exato da morte de sua mãe. Consegue ver se ela subiu para planos superiores?*

– Não subiu logo. Ficou ainda presa aqui embaixo por minha causa. Ficou triste por me ver triste, mas depois levaram-na.

– *E qual foi o sentimento predominante em você, quando soube da morte da sua mãe?*

– Tristeza, por não ter estado com ela na hora da morte. Queria tê-la acompanhado para ajudá-la a morrer.

– *Concentre-se agora no momento das escolhas para o nascimento do seu filho Nuno.*

– Não consigo ver.

– *Então concentre-se no momento do nascimento do Nuno.*

– Estou muito feliz. É meu primeiro filho. Só fico com pena de que minha mãe não o conheça.

– *Concentre-se na energia do Nuno, como se estivesse vendo uma fotografia. Consegue?*

– Sim. *(Fica em silêncio uns instantes e depois fala com voz alterada pela emoção.)* O Nuno é a minha mãe. Ela voltou para ficar outra vez comigo. Ela voltou para morrer outra vez, mas agora para não morrer sozinha. Foi-nos dada a oportunidade de nos despedirmos.

A emoção era tão forte que tivemos de interromper a regressão e ficar por aqui. Chorando, Denise contou que o filho havia sido atropelado ao atravessar uma rua para ir encontrar-se com ela em uma loja. Ela tinha corrido para socorrê-lo e ficara o tempo todo com ele até chegar a ambulância, falando para lhe dar coragem. Durante o trajeto para o hospital, Nuno morrera nos seus braços.

Denise contava: "Parecia que tinha adormecido. Eu fiquei falando com ele durante todo o tempo, abraçando-o e dizendo-lhe que sua mãe estava ali, que não ia deixá-lo, que ia ficar sempre com ele. Ele tinha o olhar vidrado, mas parecia que me escutava. De repente, olhou para mim e pareceu-me que se aninhou nos meus braços. Fechou os olhos e... eu pensei que tinha adormecido. O enfermeiro que ia na ambulância nem se apercebeu logo, foi tudo muito rápido. Quando chegamos ao hospital é que vimos que ele tinha morrido. Agora entendo. Ele veio para morrer nos meus braços, como eu tinha desejado que tivesse acontecido com a minha mãe e como ela tinha desejado também..."

A aprendizagem de lidar com a morte é, sem dúvida, um dos maiores desafios que se nos coloca no plano material. Nascimentos e mortes são portas de entrada e saída na vida e, vistas à luz da mecânica da Lei do Equilíbrio, constituem simplesmente peças dessa complexa engrenagem. Todavia as nossas emoções, bem como muitas das práticas culturais e religiosas, não nos permitem vivenciar a morte de forma desprendida nem encará-la como natural.

No entanto, graças à tomada de consciência que a regressão lhe proporcionou, Denise conseguiu entender que aquilo que lhe parecera a maior injustiça – a morte de um filho de 10 anos – havia sido, na verdade, um bálsamo para as suas Almas, repondo um equilíbrio de término de um ciclo vivencial.

E dessa forma, a transmutação aconteceu nas memórias de Denise, de trágicas transformando-se em libertadoras.

Laura

Laura tem 42 anos. Sua figura é muito especial, magra, altura média. Seus gestos parecem uma dança, o caminhar é leve e aproxima-se de nós silenciosamente, como um felino. Tem longos cabelos de um negro natural. Usa-os soltos e, na primeira vez que a vi, lembrou-me um índio, trouxe a mim o apelo da selva e a ligação à Natureza. O seu *hobby* é o mergulho e suas histórias de comunicação com o mundo aquático são extraordinárias.

Nas férias, tem percorrido o mundo à procura de águas onde mergulhar. Das suas viagens traz visões submarinas, pouco se interessando pela superfície.

É simultaneamente muito feminina – nos gestos, na fala e no vestir – e masculina na energia de comando e liderança que possui.

Procurou-me para utilizar a regressão como um instrumento para o autoconhecimento e descobriu muitas coisas sobre si mesma.

– *Situe-se numa vida que tenha sido muito marcante para o percurso da sua Alma.*

– Sou homem e chefe de uma aldeia. Acho que sou Inca ou qualquer coisa do gênero. Vivemos numas montanhas. Há um rio lá embaixo e cultivamos os campos junto ao rio. As casas espalham-se monte acima. São de pedra. Eu vivo numa casa grande, no topo de um monte.

– *Descreva algum acontecimento importante dessa vida.*

– É noite. Há muita luz, o luar é forte, acho que é noite de Lua cheia. Vejo uma espécie de anfiteatro na rocha, onde estão sentados homens e mulheres. As mulheres estão à frente, os homens atrás. Estou sentado no chão, sobre uma pele, em frente deles. Junto a mim estão outras pessoas, também sentadas em cima de peles, mas a minha é maior.

– *Quem são essas pessoas?*

– Não sei bem. Ah, sim! Um deles é meu filho, os outros são uma espécie de meus ajudantes. Tenho um toucado na cabeça e visto uma roupa de tecido grosso.

– *Que cerimônia é essa?*

– Acho que é um ritual. Estamos todos calados, a noite está calma e silenciosa. De repente, as mulheres começam a emitir um som surdo, que vai subindo de intensidade até se tornar quase um grito. Fazem isso três vezes. Depois são os homens. E a seguir, todos em conjunto, muitas vezes, até que eu levanto a mão e mando parar. Parece que o som faz eco e fica vibrando. É um som muito forte.

– *E depois?*

– Duas mulheres, que estavam sentadas à frente no tal anfiteatro, levantam-se e vão buscar uma espécie de caldeirão, que carregam numa rede pendurada num pau que trazem aos ombros. O caldeirão está cheio de líquido. Elas vêm até mim e pousam o caldeirão no chão. Uma delas me dá uma concha feita de madeira e eu tiro um pouco de líquido do caldeirão e bebo. Passo depois a concha ao meu filho e, sucessivamente, todos os que estão sentados no chão vêm beber do caldeirão. As mulheres voltam depois para pegá-lo e levam-no para perto dos que estão sentados no anfiteatro e todos, um por um, se levantam e vêm beber, passando a concha de uns para outros. No final de tudo, as duas mulheres também bebem. Colocam o caldeirão no chão, à minha frente e regressam aos seus lugares. Aquelas mulheres são minhas, uma delas é a mãe do meu filho.

– *Conhece alguma dessas energias?*

– Não.

– *Continue.*

– Voltamos depois a entoar o som em crescendo, agora todos ao mesmo tempo, várias vezes seguidas, até eu levantar a mão. Depois, os que estavam no anfiteatro começam a levantar-se, um a um e por ordem, começando na fila de trás, passam pela minha frente baixando a cabeça e saem do local. No fim, ficam só as minhas mulheres e os que estavam perto de mim. Eu me levanto e eles se aproximam. Formamos um círculo com o caldeirão no meio e voltamos a beber pela concha, um a um, sendo eu o primeiro, o meu filho a seguir e pela mesma ordem de há pouco, terminando nas duas mulheres. Quando acabamos, elas voltam a pegar o caldeirão e levam-no. Acho que a cerimônia acabou.

– *Conte-me mais coisas sobre a vida desse homem, coisas que sejam importantes para a vida atual da Laura.*

– Há uma mulher de quem eu gosto.

– *Alguma daquelas duas?*

– Não, não é da aldeia. É uma espanhola. Penso nela e vejo-a, com um vestido comprido e os cabelos compridos apanhados atrás. Tem cabelos com caracóis, minhas mulheres têm cabelos lisos.

– *E ela gosta de você?*

– Não sei. Eu quero tê-la.

– *E o que faz para isso?*

– Vou buscá-la.

– *Buscá-la?*

– Sim, vou sentado numa espécie de estrado levado aos ombros por seis homens. Há outros que vão atrás, a pé, e quatro levam um estrado parecido com aquele onde vou, mas vazio.

– *É para trazer a espanhola?*

– Sim.

– *E ela quer vir?*

– Não sei, nós vamos trazê-la.

– *E se ela não quiser vir?*

– Vou trazê-la assim mesmo. Eu a quero.

– *E onde ela vive?*

– Numa casa que os espanhóis fizeram. É diferente das nossas, eles fizeram várias casas dessas.

– *E conseguem trazê-la?*

– Nós chegamos à casa dela e eu mando os homens que vêm a pé entrar na casa. Os espanhóis têm portas grandes, mas eles dão a volta na casa, para entrarem por trás. Alguém começa a gritar, aparecem espanhóis de outras casas. Ela aparece à janela e, quando nos vê, grita e foge para dentro. Eu me ponho de pé no estrado e grito para que meus homens a tragam. Aparecem homens armados e atacam os meus homens. Eles resistem, ela aparece outra vez à janela e grita muito. Eu também grito para que meus homens a tragam, mas os espanhóis são muitos e nós temos de fugir. Os homens que carregam o meu estrado correm, os outros que carregam o outro estrado também e os que foram à casa estão mortos.

– *Conseguem fugir?*

– Sim, conseguimos. Hei de voltar para buscá-la. Eu a quero.

– *E volta?*

– Não, já não consigo voltar porque os espanhóis aparecem na minha aldeia e matam todo mundo, destroem tudo e roubam o que há nas casas.

– *Como vingança do que fez, indo buscar a espanhola?*

– Sim, como vingança.

– *E quanto a você, o que acontece?*

– Eu estou na minha casa e, quando ouço barulho, venho para fora ver o que está acontecendo. Eles estão mais abaixo, matando e destruindo. Nessa altura compreendo que trouxe a destruição à minha aldeia. Fui eu quem os matou, não foram os espanhóis.

– *E eles o matam?*

– Sim, eles vêm subindo até que chegam à minha casa. Ponho o meu toucado de chefe e eles chegam, desenfreados. Eu não combato, meu filho e minhas mulheres estão atrás de mim. Eles matam a todos com as espadas. Eu morro pensando que fui culpado daquela carnificina.

– *Vá agora para o seguimento da sua morte.*

– Estou num lugar sozinho. É uma espécie de monte, estou no topo.

– *Descreva melhor.*
– O lugar não tem cores, é branco acinzentado. Vou ficar ali até que venham falar comigo.
– *Quem vem falar consigo?*
– Não sei, disseram-me para esperar.
– *Fale-me dessa conversa.*
– Disseram-me que vou voltar a ser chefe para proteger e não para matar.
– *Concentre-se no momento das escolhas para a próxima vida.*
– Estou num lugar branco, como se fosse todo feito de nuvens. Somos vários, à espera de que o nosso Mestre nos diga o que vamos fazer.
– *Como é o Mestre?*
– É uma luz muito grande.
– *E que diz o Mestre?*
– Ele explica que é preciso amar o lugar onde vamos viver.
– *E onde é que vai viver?*
– Na floresta. É muito bonito esse lugar, vou gostar muito.
– *Projete-se no local onde a sua vida vai decorrer e fale-me dele.*
– É no meio de árvores muito grandes. Há muita vegetação e também animais.
– *E casas?*
– Umas são de palha e outras de barro, mas só precisamos delas quando chove ou faz frio.
– *Veja-se com 10 anos de idade.*
– Estou numa aldeia. O chão é de terra e eu ando descalço. Sou um menino. Tenho a pele escura e há outros garotos como eu. Andamos pela aldeia brincando, mas há um lugar onde não podemos ir.
– *Porquê?*
– Porque é só para os chefes e também para os que curam, os feiticeiros.
– *Como é esse lugar?*
– É um conjunto de várias casas, que formam um quadrado. No meio delas há um espaço onde eles se reúnem e onde fazem as cerimônias. Dessas casas, há uma que não é habitada e que serve para guardar as coisas que são usadas nas cerimônias.

– *Onde estão os seus pais?*
– Na aldeia, com os pais dos outros meninos que brincam comigo.
– *Vai à escola?*
– Sim, há uma escola onde vamos aprender coisas e onde nos contam histórias antigas.
– *Então agora ande 10 anos mais para a frente.*
– Já sou crescido, sou um homem. Agora já não ando despido, porque tenho mulher. Fizemos uma cerimônia no centro do quadrado e agora somos casados.
– *Como é a sua vida? Em que ocupa o seu tempo?*
– Fazendo as coisas necessárias. Construímos casas, fazemos barcos, pescamos, caçamos e vamos buscar coisas em outras aldeias.
– *Como se sente nessa vida?*
– Muito bem, sinto-me muito feliz. Acho que sou feliz porque não questiono nada, aceito o que acontece, de bom e de mau.
– *Então agora ande 10 anos mais para a frente.*
– Agora vivo numa das casas do quadrado.
– *Isso quer dizer que é um chefe?*
– Sim.
– *E há mais chefes?*
– Sim, somos sempre três. No quadrado, há três casas para os chefes e três para os feiticeiros. Há duas casas em cada lado do quadrado e uma sétima, no lado do topo, que não é habitada. É uma espécie de templo. Estão lá guardados todos os objetos que são utilizados nos rituais e só os que curam e os que os ajudam é que podem entrar lá. Mas, quando era garoto, eu e outros um dia entramos lá. A casa não tem portas; nenhuma casa tem portas aqui, há só umas peles tapando a entrada. Nós entramos nessa casa numa ocasião em que todos foram para o rio. Acho que havia uma festa qualquer e nós fugimos de lá e viemos ver o templo por dentro. Ninguém deu pela nossa falta.

No centro havia uma pedra onde ardia uma fogueira. É uma fogueira pequena, dentro de um recipiente, deve ser uma gordura qualquer que arde, não havia lenha nem palha. Esse fogo está sempre aceso. Nós queríamos vê-lo, porque à noite se via o fogo aqui de fora e queríamos vê-lo de perto. Lá dentro estava escuro apesar de ser dia, porque não havia janelas e a pele tapava a entrada. Mas conseguimos ver alguns jarros e tigelas, ossos muito grandes e amarelados encostados à parede, e uma espécie de roupas e toucados com penas. Eram muitos e havia penas com muitas cores. Um dos meus companheiros, mais audacioso, pegou num dos toucados e o colocou na cabeça. Nós rimos muito e, brincando, fizemos-lhe vênias. Depois saímos, com muito cuidado, para que ninguém nos visse.

– *E você participa nas cerimônias e rituais?*

– Sim, claro. Há o feiticeiro, que é quem manda nisso tudo e os que o ajudam. Eles dirigem as cerimônias e todos nós participamos.

– *Então agora ande mais 10 anos para a frente.*

– Estou mais velho, mas não me importo com isso. É natural, é assim mesmo.

– *Agora vá para a sua morte nessa vida.*

– Já estou morto. Morri tranqüilamente e agora estou vendo o meu corpo já deitado no barco.

– *No barco? Explique melhor.*

– Sim, quando as pessoas morrem são colocadas num barco pequeno, próprio para isso. Dentro do barco são colocadas oferendas das outras pessoas e umas folhas grandes a cobrir o corpo. Todos vêm assistir à cerimônia. Depois, o barco é lançado ao rio e vai pela corrente afora. Assisto a isso tudo e, depois, umas luzes levam-me dali e vou para um lugar muito iluminado e onde me sinto muito bem. Encontro lá várias pessoas conhecidas. Acho que não devia dizer pessoas, mas não sei como chamá-las.

– *Pode dizer pessoas, eu entendo. E que fazem nesse lugar?*

– Nada, descansamos. Alguns estão cansados e há outros que tratam de nós.

– *Tratam como?*

– Não sei explicar, dão-nos energia e passamos a nos sentir muito bem.

Nestas vivências era patente uma poética e ingênua simplicidade da Alma de Laura, em sua ignorância de outros códigos e regras da vida no plano material para além dos que conhecia, reveladora de falta de experiência vivencial. Tal como em cada vida na Terra existe um acumular de experiências, igualmente as Almas vão se alimentando de conhecimentos nos percursos que vão fazendo, os quais constituem fontes de aprendizagem de matéria para evolução.

Sua arrogância de chefe, infantilmente expressa na tentativa de rapto da espanhola, se bem que tenha efetivamente trazido destruição maciça à aldeia, não continha em si qualquer desejo ou premeditação desse acontecimento. Assim, dado que não houve intenção de que tal fato sucedesse e foi sentido um genuíno arrependimento na hora da morte, sua responsabilização ficou fortemente aliviada.

A intenção é tão importante como os atos em si, pois ela conduz a energia da vontade; desejar mal a alguém leva ao mesmo tipo de conseqüências do que fazê-lo efetivamente.

Após a morte, Laura/Chefe Inca é conduzido a um local de reflexão, simbolicamente apresentado como o topo de uma montanha, talvez uma representação etérica do local onde ele costumava meditar e contemplar a Natureza. Aí, é simplesmente confrontado com a necessidade de reposição do equilíbrio, a qual poderá ter se prolongado por muitas vidas, podendo eventualmente estar ainda acontecendo na presente vida de Laura.

Um aspecto interessante desta Lei reside no fato de o reequilíbrio poder se revestir de aspectos diferentes daquilo que provocou a necessidade de ele acontecer, ou seja, não é obrigatório que Laura tenha de passar por situações de morte provocadas por cada um dos habitantes da aldeia para que o equilíbrio seja reposto.

Tão pouco é obrigatório que a reposição tenha de ser feita diretamente com as Almas com quem se gerou o desequilíbrio, pois o Universo o absorve e o integra, sendo o reequilíbrio produzido automaticamente.

São exatamente os aspectos mecânicos desta Lei que lhe dão sua característica de inexorabilidade, pois as Almas não possuem capacidade para impedir que a reposição do equilíbrio aconteça. Sua capacidade de escolha pode apenas ser exercida em relação a aspectos de contexto ou de forma.

Surgindo novamente como chefe na vivência seguinte, independentemente de estar com as mesmas Almas ou não, Laura tem nova oportunidade de repor o equilíbrio, já que esta Lei produz sempre oportunidades e nunca castigos.

Estas vivências foram muito emocionantes para Laura, pois identificou como raízes da sua atual melancolia e da sua rigidez ética a profunda mágoa do chefe Inca por sua irresponsabilidade na satisfação de um capricho.

Em todas as sessões subseqüentes, Laura surgiu sempre em vidas simples e modestas ligadas à natureza, como uma em que foi pescador mergulhador, trabalhando, quem sabe, para alguém que morreu nas mãos dos espanhóis na velha aldeia da encosta da montanha, prenunciando ou justificando a paixão de Laura pelo mar.

— Gosto desta vida. Gosto de mergulhar e de abrir os olhos debaixo de água. Lá embaixo há tudo o que se vê aqui em cima, mas muito mais bonito. Há areia, pedras e plantas. Os peixes são irmãos das aves, só que uns se deslocam no ar e outros no mar. São muito mais bonitos do que os animais que andam na terra.

— *Fale-me do seu trabalho.*

— Eu mergulho todos os dias, só não mergulho em dias de tempestade. Começo quando o sol nasce e termino quando ele se põe.

— *E mergulha sempre no mesmo lugar?*

— Não, mergulho vários dias no mesmo, mas depois mudo.

— *E onde ficam esses lugares?*

— Nas ilhas, eu vou mudando de ilha. Elas são muitas.

— *Mergulha para apanhar o quê?*

— O que me mandarem e o que eu encontro. Trago para cima e dou às mulheres para elas tratarem.

— *Mas o quê, por exemplo?*

— Ostras, peixes, caranguejos.

— *E quem manda em você?*

– Tenho um patrão que me leva de um local para outro. Ele é que me paga.
– *E onde é que vive?*
– Na ilha onde estou. Estou um tempo num local, depois vou para outro. E às vezes volto ao mesmo local outra vez.
– *Então não tem uma casa?*
– Tenho, tenho sempre um lugar onde durmo. Mas não é sempre o mesmo.
– *De quem são essas casas?*
– Das pessoas, das aldeias...
– *Então umas vezes dorme em casa de pessoas, outras vezes em casas que não pertencem a ninguém em especial, mas que pertencem à aldeia?*
– Sim, é isso.
– *Que idade tem?*
– Não sei, talvez uns 18 anos.
– *Então ande 10 anos para a frente no tempo.*
– Estou em cima de uma rocha. Estou mergulhando, atiro-me lá de cima para dentro de água. Os peixes às vezes parecem dançar comigo. Se voasse, havia de ser o mesmo com as aves.
– *Ande para a frente no tempo mais 10 anos.*
– Agora já não mergulho tanto. Isso me deixa triste, mas tem de ser.
– *Por que razão já não mergulha tanto?*
– Porque já não enxergo bem. Agora só posso trazer do mar peixes grandes e, muitas vezes, deixo-os fugir. Na verdade, não me importa que fujam, eu gosto é de mergulhar.
– *Não tem mulher nem filhos?*
– Não. Tive mulheres nas ilhas por onde andei, mas se tenho filhos, não sei. Talvez tenha, mas desconheço-os.
– *Agora ande para a frente outros 10 anos.*
– Estou cego, agora não posso mesmo mergulhar. Vou para as rochas escutar o mar e falo com os que mergulham. Eles falam do que vêem, mas nenhum liga tanto para o que vê como eu ligava. Eles querem todos ganhar dinheiro, isso é que é o mais importante para eles.

– *Continue a caminhar outros 10 anos.*
– Estou velho, mas ainda posso ir para junto do mar. Agora estou sempre na mesma casa.
– *Quem toma conta de você?*
– As mulheres da aldeia. Elas tomam conta de quem precisa.
– *Como se sente, assim cego?*
– Triste por não poder ver o mar, mas aceito isso. Já mergulhei muito, já vi muito mar por dentro. Agora só o escuto e é bonito. Antes não ouvia o mar, porque só queria ver o que estava lá embaixo.
– *Continue a caminhar outros 10 anos.*
– Já não estou lá. Estou descansando para depois voltar a nascer.

Nestas vidas, impossíveis de localizar no tempo e no espaço, Laura viveu vidas de grande simplicidade, muito próxima da Natureza, nas quais encontrou uma felicidade espontânea e natural, fazendo recordar o mito do "bom selvagem".

Estavam assim explicadas as profundíssimas ligações à Natureza, que Laura – uma mulher que hoje vive num meio urbano bastante grande – sente e manifesta no seu *hobby* como mergulhadora.

Laura acredita que está terminando o resgate das suas dívidas como chefe Inca e, provavelmente, está certa nessa sua idéia, pois tal conclusão poderá ser tirada de um último trabalho feito sobre a sua atual vida.

– *Concentre-se no momento das escolhas para a sua vida como Laura.*
– Estou naquele lugar branco que parece feito de nuvens. Ele não é completamente branco, há uma certa luminosidade rosada e levemente alaranjada. Parece quando viajamos de avião e vemos o pôr do sol por entre as nuvens. Há outras energias comigo, estamos todos tranqüilos e sinto-me muito bem.
– *Conhece alguma ou algumas dessas energias que estão com você?*

— Conheço. Uma é o meu irmão. Sei que já nos conhecemos de outras vidas e agora vamos estar juntos outra vez.[38]

— *Mais alguma?*

— Não, creio que não.

— *E que lhe é dito sobre a sua vida como Laura?*

— Dizem-me que vou ter de ser muito atenta à minha família, pois vou ter de ajudá-los muito. Eles vão precisar de mim, tenho essa dívida com eles, mas vou poder ficar livre de tudo isso. Também vou ter de viver uma vida mais ligada ao plano material, vou ter de tomar muitas decisões sobre a vida na matéria. Fico triste com isso, queria ser mais livre, mas sei que tenho de aceitar.

— *Explique melhor.*

— Vou ter de estar mais longe da Natureza e a minha missão vai ser mostrar aos outros como se deve amar a Natureza, porque isso é uma coisa que eu sei muito bem como é.

— *E o que sente em relação a isso?*

— Eu pergunto como é que vou fazer isso e dizem-me que vou mostrar aos outros que faço parte da Natureza e que é através disso que eles vão perceber que todos somos assim e que portanto devemos viver em harmonia com ela.

— *Dizem-lhe alguma coisa sobre o fato de nascer mulher?*

— Sim, dizem-me que tenho de nascer nessa condição para que possa ter mais sensibilidade. Também me dizem que já tive outras vidas como mulher, onde aprendi a ser mais sensível em relação às pessoas.

— *E qual vai ser o seu maior desafio na sua vida como Laura?*

— Saber lidar com a matéria na Terra.

---

[38] Embora os meandros do tempo em escala cósmica sejam diferentes das referências que usamos na Terra, fica aqui a nota de que o irmão de Laura é mais novo, fazendo sentido que ele estivesse ainda noutro plano na altura das escolhas para a vida de Laura, tranquilizando assim a nossa lógica de humanos.

Laura é atualmente uma executiva na vida empresarial, sendo uma profissional competente e dedicada. Sempre viveu de forma intensa os esportes ligados ao mar, tendo começado a mergulhar muito cedo. Todos os que a conhecem sabem do seu *hobby* e escutam maravilhados os seus relatos, como me aconteceu nas conversas que tive com ela sobre esse tema. Aqueles que já mergulharam com ela surpreendem-se pela forma como ela se movimenta debaixo da água, parecendo este elemento o seu *habitat* natural.

Laura mergulha nas águas uterinas da mãe Natureza para ir ao encontro de sua essência, cumprindo sua missão com alegria. Certamente já o mereceu.

3. Lei da Autonomia Espiritual

Cada Alma possui os seus Mentores Espirituais, mas é autônoma em suas escolhas.

As principais manifestações desta Lei são as seguintes:

- Os Mentores Espirituais acompanham a Alma em todos os passos do seu percurso.

- A intervenção dos Mentores Espirituais diminui à medida que a sabedoria da Alma aumenta.

- Para cada encarnação, existe um Plano de Vida.

- A encarnação proporciona o exercício do direito de escolha.

- A responsabilidade pelas escolhas abrange quer os atos praticados, quer as intenções por trás de atos praticados ou não.

- O percurso da Alma destina-se à aquisição de consciência.

Esta última lei é provavelmente a mais interessante para nós, como humanos, pois fala simultaneamente de proteção e liberdade de escolha.

De fato, estamos sempre acompanhados por entidades espirituais, ou seja, por entidades de vibração mais sutil do que a nossa. Existem entidades angelicais, guias e mestres, todos colaborando na nossa proteção e encaminhamento, os quais podem não se "ver" uns aos outros, por se encontrarem em níveis vibracionais diferentes. Tal como existem estas entidades de luz, também existem entidades das trevas e a melhor proteção em relação a estas últimas reside na manutenção de um nível vibracional elevado, o que se consegue através da alimentação, do tipo de pensamentos e das práticas de vida.

Cada ser humano possui os seus Mentores Espirituais, que os acompanham, mas que respeitam a liberdade individual de escolha. Esta liberdade aumenta com o estado de sabedoria da Alma, pois a capacidade de ser responsável por suas decisões, quer no plano material, quer em outros, também aumenta com o nível de maturidade da Alma.

Sendo assim, faz sentido que cada ser que nasce traga um Plano de Vida, proposto pelos Mentores Espirituais ou pelas próprias Almas, quando já suficientemente evoluídas.

Esse Plano é do conhecimento da Alma antes de encarnar, mas é depois apagado do plano consciente, para que se exerça o direito da liberdade de escolha.

Assim, é responsabilidade de cada um as escolhas feitas e decisões tomadas, englobando quer os atos, quer as intenções, visto que, no plano sutil, uma intenção dirige sempre uma energia para uma realização, mesmo que ela não venha a se verificar materialmente.

Manuela

Conheci Manuela nos seus 45 anos. Fez várias regressões ao longo do processo que iniciamos em conjunto, através das quais conseguiu muitas respostas sobre si mesma e sobre os contornos de vários relacionamentos marcantes na sua vida.

Manuela era uma mulher inteligente, uma intelectual de mente aberta, contrastando neste aspecto com Fernando, seu marido de há 30 anos, um homem muito inteligente, mas muito rígido em termos de esquemas mentais. Tinham dois filhos, Fernanda e Manuel, ambos já adultos.

O casamento tinha sido fruto de uma paixão que se manteve durante alguns anos, mas que foi lentamente se consumindo, até nada mais restar senão um hábito e uma acomodação.

Recentemente, Manuela conhecera um outro homem que desencadeara uma situação de paixão, sentimento já esquecido em suas memórias depois que se apagara a paixão por Fernando.

Este tipo de ligação apaixonada é significativa de relacionamentos anteriores, normalmente do mesmo tipo, embora excepcionalmente possa ter outros contornos. Na primeira sessão, Manuela trazia uma questão que a inquietava e que se referia à forte atração pelo seu recente conhecimento, aqui referido como João.

– *Concentre-se na figura do João, como se estivesse vendo uma fotografia. Vá até à origem da ligação de vocês.*
– Estamos num local que eu não sei descrever. É plano, mas não é duro, parece areia. Não existe nenhuma vegetação, o horizonte é uma linha reta difusa. É tudo igual.
– *De que cor é o chão?*
– É cor de areia, talvez um pouco mais acinzentado.
– *E o céu?*
– É da mesma cor. O ambiente é de grande monocromia.
– *Algum aroma no ar?*

– Não, nada.
– *Algum som?*
– Não, ou melhor, agora que fala nisso, verifico que existe uma espécie de silvo sempre igual.
– *Estão apenas vocês dois aí?*
– Sim, estamos só nós dois. Não há mais ninguém.
– *Como é que vocês estão vestidos?*
– De branco acinzentado, da mesma cor do resto da paisagem. Vestimos uma espécie de túnicas compridas.
– *Que lugar é esse?*
– Não sei bem, mas é como se fosse o início de tudo. Ele e eu temos um percurso a fazer juntos. Pertencemos à mesma Fonte, estamos nos separando agora, ele é homem e eu sou mulher. Diz-me que não tem de ser sempre nestas condições, simplesmente agora somos duas energias distintas e vamos ter de aprender a viver assim. Como homem e mulher é que as vivências mais fortes acontecerão. Será sob essas formas que a nossa expansão de consciência acontecerá mais amplamente.
– *Então vá agora para uma fase desse percurso.*
– Estou no campo, debaixo de uma árvore, conversando com o João. Estamos muito juntos, nos tocamos e, de vez em quando, nos beijamos. Há mais árvores, mas esta parece ser a maior. Está calor e é bom estar à sombra.
– *Como estão vestidos?*
– Eu estou com um vestido comprido, muito simples, um pano reto com buracos para os braços e para a cabeça. O tecido é grosso e desconfortável, mas eu estou habituada.
– *E ele?*
– Ele também tem uma roupa muito simples. Usa uma espécie de calções compridos, não sei explicar bem. Em cima, usa uma camisa também do gênero do meu vestido.
– *Sabe onde está e que época é essa?*
– Acho que estamos numa época muito antiga, falamos uma língua muito estranha. Isto é muito esquisito. Eu entendo tudo o que dizemos, mas ouço uma língua totalmente desconhecida.

– Escuto dentro de mim uma voz que me diz que aquela terra se chama Etvoc[39]. Nossa pele é escura e as maçãs do rosto um pouco salientes.

– *De que falam?*

– Falamos de amor e de trivialidades. Somos muito novos e estamos apaixonados. Do lugar onde estamos, vemos umas muralhas de pedra. Nessas muralhas há uma porta, por onde entram e saem algumas pessoas. Mas nós estamos longe, o ruído das vozes mal chega até nós. Estamos muito entretidos e muito felizes. Mas agora nos assustamos, porque chegou perto de nós um Tvoc. Esta terra é governada por estes homens, que são uns sacerdotes. Este que vem falar conosco é um dos mais importantes. No entanto, o mais importante de todos é uma mulher. As mulheres aqui são mais importantes do que os homens, porque são elas que têm os filhos. Essa mulher, que é uma espécie de rainha, tem filhos com os Tvoc. A filha mais velha será rainha e os filhos serão Tvoc. Eu sou filha dela, não a mais velha, mas também só posso ter filhos com um Tvoc. Ele está muito zangado comigo e obriga-me a ir embora. Eu choro, mas sou obrigada a ir com ele.

– *Continue a seguir essa história.*

– Quero ficar com o homem de quem gosto e combinamos fugir os dois para outra terra, onde os Tvoc não mandem. Durante a noite, fugimos por uma saída nas muralhas que eu conheço. Nós sabemos de outra terra e vamos fugir para lá. Fugimos, mas eles nos apanham e me trazem de volta. A ele, matam-no. Eu não quero viver sem ele, fico louca, grito e choro dias e dias seguidos. Deixo de comer e beber e acabo por morrer também. O Tvoc me queria para ele, mas não me teve.

– *A energia desse Tvoc lhe é familiar?*

– Sim, é o Fernando, o meu marido. Eu sei que ele não me perdoou e que vai me perseguir até me conseguir.

– *Vá para outra vivência em que tenha estado com o João.*

---

[39] Totalmente fonético, o nome é absolutamente intraduzível.

— Estou numa sala. Há uma lareira e eu estou sentada no chão com várias crianças.

— *Seus filhos?*

— Alguns sim e outros não. Há dois que são meus filhos, os outros são meus sobrinhos. Sou muito nova, gosto muito de estar com crianças. Estou lendo uma história para eles. Está frio, é inverno. Lá fora neva, mas na sala está agradável. Acho que isto se passa na Rússia, o livro tem uns caracteres que me parecem russos.

— *Essa casa é a sua?*

— Sim, é aqui que eu vivo.

— *Com quem vive?*

— Com o meu marido e os meus filhos.

— *Quem é o seu marido?*

— É o João. Ele tem uma loja. Trabalha lá todo o dia. Eu fico muito tempo sozinha e, por isso, preciso de ter as crianças comigo.

— *Sente-se feliz nessa vida?*

— Não, só me sinto feliz quando ele está comigo ou quando estou com as crianças. No resto do tempo fico muito aborrecida.

— *E passa mais tempo aborrecida ou alegre?*

— Aborrecida. Ele não passa muito tempo comigo. Vem muito tarde para casa e, antes de vir, vai se encontrar com outros homens. Eles têm qualquer coisa de secreto a fazer, eu não sei o que é, ele não me conta. Mas vem sempre muito tarde para casa e sai muito cedo para a loja. Fico muito tempo sozinha e me aborreço muito.

— *Mas ele não gosta de você?*

— Gosta, mas diz que há outras coisas mais importantes do que dar beijos.

— *Continue a seguir essa vivência.*

— Um dia aparecem lá em casa uns homens à procura dele. Ele não está, eu digo que ele está na loja. Não gosto do aspecto dos homens, eles têm ar de maus. Fico preocupada. Estou em casa à espera dele e, de repente, vejo que ele foi preso. Não sei como foi, simplesmente vi, dentro da minha cabeça, esses homens entrando na loja e levando-o preso. Agora vou ter de ser eu a tomar conta da loja. Não entendo nada do negócio, mas vou ter de entender.

– *E vai tomar conta da loja?*

– Vou sim. Levo os meus filhos comigo e vou trabalhar lá todos os dias. Ele vai ficar preso muito tempo, é o que me dizem os amigos dele. Outros amigos também foram presos e ainda estão lá.

– *Projete-se 10 anos depois da prisão do seu marido.*

– Ele continua preso e eu continuo a tomar conta da loja. Meus filhos estão comigo, ajudam-me muito. Se não fossem eles, eu não teria aguentado.

– *Projete-se 10 anos mais para a frente.*

– Ele já voltou da prisão, mas está muito fraco e doente. Tem de ficar em casa e eu continuo na loja com os filhos. Mas, apesar de tudo, agora estou mais feliz, ele está mais tempo comigo. Deixo os filhos na loja e volto para casa, para junto dele. Agora sim, somos felizes. Ele está muito ligado a mim, precisa muito de mim.

– *Vá agora para outra vivência em que tenha estado com o João.*

– Estamos numa terra, parece-me no Oeste americano. Na cidade, as casas são de madeira e baixas. Nós vivemos numa chácara a alguns quilômetros da cidade.

– *Nós quem?*

– Eu e o João. Somos casados e temos filhos.

– *Quantos?*

– Dois meninos e uma menina. Ela é mais novinha, eles já são rapazinhos e são gêmeos.

– *Reconhece a energia de alguma dessas crianças?*

– Sim, a menina é a Fernanda, a minha filha, e os rapazes são o Manuel, o meu filho.

– *Os rapazes são o Manuel?*

– Sim, é estranho mas é isso que eu sinto. Eles, os dois, são o meu filho Manuel, não sei explicar de outra forma.

– *Pronto, deixemos isso. E o Fernando está presente nesta vida?*

– Sim, está. Ele é o pastor da cidade. Foi ele que nos casou, a mim e ao João. Ele queria casar comigo, mas eu não gostava dele. Achava-o muito rígido. Ele ficou muito magoado e casou com outra mulher.

– *Continue a vivenciar esta história.*

– Nós vivíamos bem até aparecer aquela mulher.

– *Quem?*
– Uma mulher que veio abrir uma loja de roupas. O João encantou-se com ela, como outros homens na cidade. Mas o problema é que ela também gostou do João.
– *E como terminou essa situação?*
– Ele me deixou e fugiu com ela. Foram abrir uma loja em outra terra muito distante.
– *E você, o que fez?*
– Nada, continuei a minha vida com os meus filhos. O pastor, ou seja, o Fernando é que começou a me visitar.
– *O que quer ele?*
– Quer que eu me case com ele. Diz que um homem pode ter mais do que uma mulher.
– *E você, o que faz?*
– Eu não me caso com ele. O João é o meu marido e é dele que eu gosto, mesmo que tenha me abandonado. Ele tentou começar a falar mal do João e eu o expulsei da minha casa. Nunca mais se atreveu a falar mal dele.
– *Projete-se 10 anos para a frente.*
– Estou mais velha e os meus filhos mais crescidos. Continuo a viver sozinha com eles. Cuidamos da chácara e eu procuro viver da melhor maneira possível. Já perdoei o João.
– *Projete-se mais 10 anos para a frente.*
– Estou ainda mais velha. Minha filha já não mora comigo. Casou e foi viver longe daqui. Os meus filhos é que continuam comigo, mas também se casaram e já tenho dois netos.
– *E o pastor, ainda continua a insistir para casar com você?*
– Continua, ele ficou viúvo e insiste cada vez mais. Mas eu não quero. Prefiro ficar sozinha.
– *Projete-se outros 10 anos para a frente.*
– Estou muito velha. Estou fraca e doente, a vida tem sido muito dura para mim. Acho que estou prestes a partir. Penso muitas vezes que o meu último desejo seria ver o João antes de morrer. Nunca mais o vi, ele desapareceu completamente. Nas minhas orações peço que ele me venha ver antes de eu morrer.

— *Projete-se para a sua morte.*

— Estou na cama, doente e muito fraca. A minha filha está aqui, veio para estar comigo na hora da morte. Estou em paz, cumpri o meu dever. Batem à porta. É ele, eu sei que é ele. A nossa ligação é muito forte e ele escutou as minhas orações. Não foi Deus que escutou, foi ele. Acho que não era a Deus que eu rezava, era apenas uma forma de me comunicar com ele. Os meus filhos quase não o reconhecem. Ele vem até junto da minha cama e segura minha mão. E chora com a cabeça sobre ela, sinto as lágrimas dele caírem na minha mão. Pede perdão. Eu perdôo, já perdoei tudo. O pastor vem me dar os sacramentos e o vê. Não diz nada, mas sei que ficou muito admirado de vê-lo.

Agora sim, vou morrer tranqüila. Despeço-me dos meus filhos e do resto da família. O João fica junto de mim até ao fim e o meu último olhar é para ele.

Já estou flutuando, ele chora, todos choram, mas eu estou leve e posso partir. As luzes vêm me buscar, há uma figura luminosa que me diz que é melhor eu ir descansar até ser novamente necessária. Estou cansada, não lhe pergunto para quê, mas fico pensando nisso. Eles me levam para um lugar dourado e verde. Está tudo muito tranqüilo e eu me deito numa espécie de lago ou piscina e fico flutuando durante muito tempo.

— *E depois?*

— Depois vem a mesma figura dizer que o Mestre quer falar comigo. Fico um pouco inquieta; o Mestre quer sempre falar comigo depois de cada transição. Vou com essa figura e chego a um local luminoso, onde está o meu Mestre. Está sentado numa cadeira grande, uma espécie de trono, tão luminoso como ele. Ele me diz que vou ser necessária. Pergunto-lhe para quê. Ele diz que é para eu ir buscar o João e que, depois, quer falar com os dois.

Vou buscar o João com a figura luminosa. Ele está numa cama e junto dele estão duas moças que não conheço, mas que sei que são as filhas. Está também a mulher que o levou de mim, mas não tenho nenhum sentimento de hostilidade para com ela. Elas estão todas chorando e eu me aproximo da cama onde ele está. Seus olhos estão fechados, mas, de repente, ele os abre e me olha. Na verdade, ele não os abriu fisicamente, foi um olhar interior. Eu sei disso, mas não sei porque é que sei.

– *Não se preocupe, continue.*

– Ele me estende a mão e eu o puxo do corpo. Ele vem e ficamos uns instantes observando a cena. Reconheço a mulher dele, é a mesma mulher com quem o João esteve casado nesta vida.

Agora vou levá-lo para o mesmo lugar onde estive, para ele descansar e depois vamos falar com o Mestre.

– *Situe-se já na conversa com o Mestre.*

– Estamos os dois em frente ao Mestre. Ele nos diz que sabe que os desafios têm sido muito difíceis para nós, mas que temos de continuar o nosso percurso. Diz que nossa união na Terra tem como objetivo ajudarmo-nos um ao outro na nossa evolução. Explica que Almas que possuem uma Consciência comum, como as nossas, têm de se ajudar a evoluir e é para isso que se encontram no plano material. Diz que temos de desenvolver as nossas capacidades e que, antes de voltarmos a nascer, vamos estudar um pouco mais. A figura luminosa vai nos levar para um plano de ensino.

A primeira sessão tinha sido muito longa. Todas as vivências estavam muito encadeadas e não havia forma de parar o processo. Manuela esteve muito tranqüila ao longo de todo o trabalho, apenas deixando que, em certas situações, as lágrimas corressem pelo rosto.

Para encerrar, deixamos em suspenso a ida para o plano de ensino. Posteriormente, tentamos o regresso a esse ponto, com o fim de tentar conhecer o que seria esse local, mas o acesso não foi possível.

Manuela e João são aquilo a que muitos chamam "Almas gêmeas". Almas com uma Matriz comum acompanham-se no seu percurso, ajudando-se reciprocamente no seu crescimento. Vivências como homem e mulher são bastante difíceis na maior parte dos casos, pois normalmente geram situações emocionais que podem afastá-las do seu verdadeiro objetivo, que é o crescimento.

As vivências revividas por Manuela mostram situações deste tipo, nas quais houve grande envolvimento emocional, acabando por haver algum afastamento dos objetivos, já que o Mentor Espiritual comum os envia para o Plano de Ensino.

Numa outra sessão, os papéis de Manuela e João apareceram trocados.

– Estou numa casa muito estranha. É muito desarrumada e existem livros em grandes estantes e por cima das mesas. Parece um local de estudo. Tem várias janelas e há um telescópio junto de uma delas. Vejo-me como um homem velho, de barbas compridas.

– *Vive nesse local?*

– Parece-me que sim, vejo uma cama na outra sala.

– *E que faz ali?*

– Estudo. Vou ali para estudar, ler e escrever. Tenho outra casa, onde vive a minha família, mas eu fujo para ali, para ter tranqüilidade para estudar. Fiz essa casa para isso e agora fico ali cada vez mais tempo. No início, minha família zangava-se comigo, mas agora já aceita. Vêm me trazer comida e me deixam ficar.

– *Há alguém nessa vida que já conheça?*

– Sim, a minha mulher é o João. Ela toma conta de tudo lá em casa e me deixa tranqüilo.

– *E sua mulher não vem visitá-lo?*

– Não, às vezes eu é que vou para casa, mas agora já há muitos dias que não vou. Ela aceita e toma conta de tudo.

Gosto muito dela, mas o estudo é mais importante. Os meus olhos é que ficam muito cansados e tenho de parar de ler e de escrever durante algum tempo. Ela parece que adivinha isso e me manda um dos nossos netos de vez em quando, para ele ler para mim ou escrever o que preciso. Gosto muito de vê-lo e, às vezes, quando à noite me sento na cadeira grande, sinto uma nostalgia enorme por não estar vivendo as alegrias da vida familiar. Mas acabo por ficar por aqui... Sempre senti esta sede de conhecimento e agora posso satisfazê-la. O meu neto talvez venha a ser como eu. Por isso é que a minha mulher o manda ficar comigo. Ela me entende, mesmo sem falar comigo...

– *Conhece a energia do seu neto?*
– Sim, é a minha filha Fernanda.
– *Vá agora para a sua saída dessa vida.*
– Estou num lugar muito luminoso, à espera.
– *À espera de quê?*
– Do Mestre.
– *E que lhe diz o Mestre?*
– Diz que fiz escolhas acertadas e que aproveitei bem a minha vida. Diz que posso escolher o Plano para onde vou agora. Sei que vou ensinar, eu pertenço à Linha do Ensino. O João também.
– *E vão estar juntos agora?*
– Ele ainda não desencarnou, mas depois certamente iremos.
– *Sente alguma coisa comparável com o que sentia na Terra?*
– Sinto uma grande Paz.

Foi muito interessante acompanhar o percurso de Manuela, do qual são apresentados aqui apenas alguns excertos. Manuela e João, perseguidos por Fernando em algumas vivências, foram se apresentando como almas que estavam efetivamente fazendo um percurso de evolução, acompanhados por um Mentor Espiritual, mas ganhando cada vez maior autonomia.

Nas sessões usamos sempre os nomes da vida presente, pois a trama já era demasiado complexa para a complicarmos ainda mais com os nomes que iam tomando em cada vida.

Em nenhuma das sessões Manuela e Fernando apareceram como casal e apenas na presente vida o foram. Quando Manuela me procurou, estava numa fase crítica da sua vida em comum com Fernando. Sentia que o casamento tinha chegado ao fim, que se esgotara o tempo juntos. Para ajudar Manuela a fazer as escolhas mais acertadas para o momento da vida atual, foi levada a situar-se no momento da tomada de decisões para a sua presente reencarnação.

– *Situe-se agora no momento da decisão do seu nascimento como Manuela.*

– Estou vendo os meus pais. Já os conheço, estivemos juntos noutras vidas, mas é a primeira vez que eles são um casal e também será a primeira vez que vão ser meus pais. Estou satisfeita, gosto deles.

– *E que decisão existe relativamente à relação com o Fernando?*

– Já houve muitas brigas entre nós, nesta vida vou fazer par com ele e vamos ter filhos. Eu disse isto ao Mestre, disse-lhe que era preciso que isso acontecesse.

– *E quanto ao João?*

– Vamos continuar o que vínhamos fazendo. Podemos escolher o que queremos fazer.

– *E qual a sua missão?*

– Passar o Conhecimento.

Após a sessão da qual este excerto foi retirado, Manuela ficou totalmente consciente de que a paixão que tinha sentido por Fernando estava certa, pois dessa forma foram levados a consumar algo que não o tinha sido em várias vidas. A Alma de Manuela escolheu terminar com a perseguição de Fernando dessa forma.

Ao tomar consciência de tudo isto, Manuela decidiu separar-se do marido, o que não foi muito fácil pois ele não queria deixá-la partir. Depois de ter tentado tê-la consigo ao longo de tantas vidas, 30 anos era certamente um tempo demasiado curto!... Todavia, a separação acabou por acontecer.

Na vida presente Manuela tinha escolhido uma vida profissional ligada ao Ensino, cumprindo a missão que lhe estava destinada na vida presente e em outras também, pois ela tinha sido meu Mestre[40] numa vida passada.

---

[40] Caso relatado na PARTE I.

Consciente das suas ligações anteriores com João, Manuela passou a encarar muito mais tranqüilamente o relacionamento entre ambos, entrando num caminho de estreita colaboração profissional.

As Almas de Manuela e João possuem um nível de amadurecimento e de sabedoria que lhes permite assumir cada vez mais conscientemente as suas escolhas em todos os Planos; essas escolhas e decisões realizam-se antes de cada reencarnação no desenho do Plano de Vida e exercem-se também ao longo da vida no plano da matéria.

A escolha de casar com Fernando e ter filhos foi feita pela Alma de Manuela antes do seu nascimento. O encontro com João veio mostrar que o casamento tinha cumprido o que dele se esperava, sendo tempo de acontecer uma mudança na vida de Manuela. Todavia, de acordo com a Lei da Autonomia Espiritual, ela poderia ter escolhido não se separar do marido, se tal tivesse acontecido, provavelmente a infelicidade ter-se-ia instalado definitivamente na vida de ambos, afastando Manuela dos caminhos de crescimento espiritual.

O acompanhamento das Almas de Manuela e João pelo Mentor Espiritual comum será cada vez mais reduzido à medida que suas Almas vão acumulando experiência e conhecimentos.

Quanto mais responsáveis são as Almas, maior é o seu campo de escolha e mais ampla a sua margem de manobra nos vários Planos por onde vão passando.

Elisabete

A Alma de Elisabete era uma buscadora da consciência da justiça, conforme já referido anteriormente no contexto da Lei da Causalidade. Dos trabalhos que realizamos em conjunto, retirei a idéia de que sua Alma ia realizando experiência após experiência, como se, para ela, a vida no plano material fosse um laboratório:

– Estou vendo tudo de cima. Há uma rua, acho que é uma cidade, por onde circulam pessoas. Estou numa gaiola de ferro, pendurada num cabo grosso que passa pelo ar e que deve estar preso em algum lugar que eu não vejo. Há outras gaiolas suspensas como aquela onde estou. Estou ali condenado por qualquer coisa que fiz, mas acho que fui injustiçado. Estou revoltado e grito isso. Não me dão comida e vou perdendo as forças. Estou vestido de farrapos, as pessoas passam e não ligam. Peço água, mas ninguém me dá. Estou muito revoltado, mas já não tenho forças para gritar a minha revolta. Eles vão me deixar morrer ali, estou quase sem forças.

– *Em que época é que se passa isso?*

– Não sei, mas parece-me na Idade Média, pela forma como as pessoas estão vestidas.

– *Veja-se depois da sua morte.*

– Estou num lugar muito calmo. Agora estou bem. Estou recuperando as forças. Há umas luzes que andam à minha volta, como se estivessem tratando de mim.

– *Vá agora para outra vida que tenha ligação com essa.*

– Sou padre, estou vestido com uma roupa que vai até os pés e tenho um crucifixo ao peito. Estou numa carruagem puxada por cavalos.

– *Como se chama?*

– Lorenzo.

– *Está sozinho?*

– Sim. A carruagem balança muito e estou cochilando. A janela tem umas cortinas que estão corridas. É quase noite, já está ficando escuro, mas estamos quase chegando.

– *Chegando onde?*

– Vou a um lugar para servir de juiz. Acho que estou habituado, é normal para mim essa função.

– *Mas é padre, não é?*

– Sou. *(Aqui, Elisabete baixa a voz como se não acreditasse no que estava dizendo.)* Pertenço à Inquisição.

– *Então vai julgar pessoas nesse local para onde vai?*

– Sim, mas estou muito tranqüilo em relação a isso. Sei que vão ser todos condenados, é o normal. Sei que vão gritar que são inocentes, mas alguns, depois de serem torturados, já reconhecem as suas culpas. De uma forma ou de outra, vão certamente ser condenados.

– *Não o incomoda mandar pessoas para a morte?*
– Não estou nada incomodado com isso. Eles merecem morrer. São a escória da sociedade. É o que eu sinto. Eu, padre Lorenzo.
– *Sinta-se agora como Elisabete. Imagine-se na carruagem ao lado do Padre.*
– Já estou lá.
– *Estabeleça diálogo com ele, diga-lhe o que sente em relação aos métodos e práticas da Inquisição.*
(Elisabete adere totalmente à sugestão e entra em diálogo com o Padre.)
Elisabete: Vocês matam pessoas em nome de Deus, mas quem são vocês para julgar alguém?
Padre: Nós somos os representantes de Deus na Terra, estamos agindo em nome d´Ele.
Elisabete: Mas as pessoas podem ter idéias diferentes. Vocês não sabem o que é a liberdade de opinião?
Padre: Nós é que sabemos o que está certo e o que está errado. Quem peca é pecador e tem de se arrepender, ou é castigado. Os blasfemos têm de ser punidos por suas atitudes.
Elisabete: Mas os métodos que usam são muito cruéis!
Padre: Quais métodos? A maior parte dos pecadores tem de ser torturada para confessar. São todos blasfemos e têm de confessar.
Elisabete: E depois queimam-nos. É uma morte terrível!
Padre: A morte mais terrível foi a de Jesus, mas eles não merecem uma morte igual. Damos-lhes a purificação pelo fogo e a possibilidade de não irem para o Inferno, pois ardendo na Terra não precisam arder no Inferno.
Elisabete: Então está convencido que está agindo bem?
Padre: Claro! Deus abençoa a Santa Inquisição.
(Neste ponto, Elisabete leva as mãos ao rosto.)
– Que horror! Como se pode estar tão convencido de uma injustiça tão grande?!
– *Regresse à sua vida como Elisabete. Vai enviar Luz para todas as vítimas da Inquisição. Diga: Envio Luz para todas as vítimas da Inquisição.*

– Envio Luz para todas as vítimas da Inquisição.
– *E agora diga: Envio Luz para todos os juízes e carrascos da Inquisição.*
– Envio Luz para todos os juízes e carrascos da Inquisição.

Ao regressar, Elisabete reconheceu que tinha se dado uma transmutação interior, tinha percebido que, ao existirem dois lados, ambos podem agir convictos de que têm razão. Elisabete tinha estado nos dois lados, assim sentindo, de alguma forma simultaneamente, a justiça e a injustiça. Por muito divergentes que os dois lados fossem, onde se encontravam era no fato de ambos precisarem de Luz.

A Alma de Elisabete queria, de fato, entender o que era justiça e o que era injustiça. Todas as vidas que recordou giravam ao redor desse tema e provavelmente suas escolhas para reencarnar estariam sempre dirigidas nesse sentido durante um ciclo reencarnatório, provavelmente já longo, sempre procurando resolver a questão.

Como pessoa, Elisabete procurava afastar-se sempre de quaisquer julgamentos e, em muitas situações, fugia mesmo a dar opinião. Mas continuava a sentir-se injustiçada, numa cadeia de circunstâncias e acontecimentos: a vida dos pais, os problemas de família que tinha tido, os gestores que tinham gerido mal a empresa fazendo-a ir à falência e muitas outras coisas.

Através das regressões, foi ficando claro que os padrões permaneciam de vida para vida e que cada uma delas representava uma oportunidade de resolver a oposição de conceitos.

A transmutação foi acontecendo ao longo dos trabalhos de regressão, até que um dia, no final de uma sessão, Elisabete descobriu a grande Verdade que buscava:

– Sou frade. Acho que sou franciscano, estou com um hábito castanho e de sandálias. O hábito é de tecido muito grosseiro. Tenho o cabelo raspado em cima. Vivo num mosteiro, onde é tudo muito pobre. Trabalho na cozinha. Há uma espécie de fogão, onde arde fogo, e há umas panelas escuras penduradas por cima do fogo. Estou preparando uns legumes, batatas e uns vegetais que não sei o que são, em cima de uma mesa. Uma das panelas é para nós e a outra para dar aos pobres. Ponho mais batatas na que é para os pobres, eles precisam de mais forças do que nós. Estou pensando como é injusto uns nascerem pobres e outros, como nós, terem sempre o que comer. Vem-me o pensamento que Deus é injusto, mas logo a seguir peço perdão por pensar isso. Deus é perfeito e tem as suas razões.

***

Esta vivência como franciscano, da qual apenas é reproduzido um excerto, foi muito importante para Elisabete. Esse frade, cujo nome não conseguiu recordar, era um homem bom e simples. Aceitava o que lhe era dado, mas o seu coração compassivo custava a aceitar que houvesse pessoas que nasciam pobres, doentes ou enfezadas. Aceitava mais facilmente a morte do que a pobreza e a doença. Toda a vida foi passada a servir, cumprindo a regra franciscana até à exaustão. A memória desse frade anônimo emocionou Elisabete de tal forma, que toda a regressão foi acompanhada por lágrimas silenciosas e um ou outro soluço abafado.

Quando regressou dessa vivência, já totalmente consciente, Elisabete chorou mais livremente. Depois de se acalmar, limpando as lágrimas, disse: "Já cheguei à conclusão de que não existe injustiça. Tudo tem uma razão para acontecer e, portanto, tudo está certo... mesmo que pareça errado!".

Justiça é sempre Justiça. Não existe justiça dos homens e justiça de Deus. Tudo é justo, sempre. O que parece injusto, assim o é porque vemos apenas uma parte da situação. O aspecto mecânico da Lei do Equilíbrio coloca este diferencial em terreno neutro, enquanto a Lei da Autonomia Espiritual lhe acrescenta o aspecto da responsabilização pelas escolhas efetuadas.

Talvez, nesse dia, a Alma de Elisabete tivesse terminado um ciclo de experiências e pudesse dar início a novas procuras, com sua Consciência mais enriquecida e o coração mais leve.

Mariana

Mariana procurou-me em grande aflição. "Tenho 27 anos e não consigo atinar com a minha vida", palavras suas. Era casada, mas estava indecisa se devia ou não ter filhos. O marido pressionava-a para que isso acontecesse, mas ela estava muito hesitante. Cursos, tinha começado três e nenhum estava terminado. Continuava sem saber o que queria da vida. "Quero saber o que me impede de decidir o que quero, os trabalhos que faço não me interessam, sinto que é tudo temporário e não consigo assentar em nada!"

— *Vá até à vida que está energeticamente mais próxima da sua presente vida.*
— Estou num monte. Sou um garoto. Tenho a cabeça raspada e olhos de chinês. Estou com outros garotos e uns homens também de cabeça raspada e vestidos de cor de laranja ou amarelo, não sei bem. Estamos pendurando nas árvores umas bandeirinhas que têm desenhos e coisas escritas.
— *São bandeiras de oração.*
— Exatamente. Estamos pendurando-as para que o vento leve o poder da oração até muito longe.
— *Então você é um monge?*
— Não. Os homens é que são, eu sou um discípulo.
— *Fale da sua vida como discípulo.*
— Vivemos num mosteiro, que fica num monte ao lado daquele em que estamos. A paisagem é muito bonita, mas eu não ligo para isso. Aborreço-me muito. Temos de nos levantar muito cedo, ficar muitas horas de joelhos e rezamos sempre as mesmas coisas. Temos de fazer muitas vênias. Passamos muito tempo fazendo uma espécie de ginástica – eu sei que não é ginástica, mas parece – que consiste em nos atirarmos ao chão e nos levantarmos muitas vezes seguidas.
— *Prosternações?*
— Sim, acho que se pode chamar assim.
— *Então se não gosta, por que está no mosteiro?*

– Porque tenho de estar, mandaram-me para ali para estudar e aprender.

– *Não tem pais?*

– Tenho, mas eles nunca vêm me ver. Não é permitido.

– *Então e mesmo não gostando vai ficar lá?*

– Claro, não posso fugir. Este é o meu destino. Mas não gosto, sinto-me muito infeliz.

– *Avance dez anos para a frente.*

– Continuo no mosteiro, mas agora já sou mais crescido.

– *E continua sem gostar?*

– Sim, continuo a sentir-me infeliz. Queria saber como é a vida lá fora, queria viver lá fora, mas não me deixam.

– *Avance mais dez anos para a frente.*

– Continuo no mosteiro. É tudo igual, estou muito farto.

– *Avance mais dez anos para a frente.*

– Tudo continua igual.

– *Veja-se então no momento da sua morte.*

– Estou deitado num colchão no chão. Estão rezando perto de mim, reconheço as palavras, sei tudo de cor. Estão ajudando-me a desencarnar. Estou muito fraco, custa-me muito respirar. Devagarinho, vou deixando de respirar. Agora já estou fora do corpo. Eles continuam a rezar e nem perceberam que eu desencarnei.

– *Como se sente já desencarnado?*

– Muito bem, sinto-me aliviado.

– *Vá agora para o momento das escolhas para a sua vida como Mariana.*

– O meu Mestre me diz que agora posso ter a oportunidade que pedi.

– *E qual é essa oportunidade?*

– De ver o mundo real, como eu dizia e de viver nele!

– *E você, o que sente com isso?*

– Muita satisfação, estou ansiosa por nascer!

Mariana nasceu prematura aos sete meses e meio de gestação, tal era a sua vontade de vir ao mundo.

Pela experiência que recolhi das regressões que já conduzi e presenciei, verifiquei que casos como o nascimento prematuro de Mariana acontecem a Almas que estão muito satisfeitas por encarnarem, mas o contrário também é verdadeiro, pois Almas que trazem grandes traumas ou medos e regressam contrariadas ao plano material, têm normalmente nascimentos difíceis e partos complicados.

Mariana nasceu de coração aberto para a vida no "mundo real", desejosa de experimentar emoções nunca vividas no mosteiro demasiadamente tranqüilo. Porém deparou-se com muita dificuldade de adaptação à agressiva vida material, lidando mal com a tecnologia e com essa diversidade de emoções pelas quais tanto tinha suspirado.

A regressão funcionou como uma porta que se abriu, trazendo-lhe a consciência da responsabilidade da sua escolha para a vida presente. O seu Mentor Espiritual, a quem Mariana chamou Mestre, acompanhara-a nas suas escolhas e estaria provavelmente acompanhando-a na presente vida, embora Mariana estivesse alheada desse acompanhamento. É freqüente que estejamos desatentos à presença dos Mentores Espirituais, ensurdecidos e cegos pela agitação da vida na matéria, se bem que a nossa Alma possa manter esse contato. Momentos de recolhimento silencioso são muito importantes para que a ligação triangular Ego-Alma-Mentores Espirituais possa ser estabelecida. Meditação, oração ou simplesmente um estado de silêncio meditativo podem constituir meios para que esta ligação seja estabelecida. Quantas vezes a contemplação de uma bela paisagem, que nos emudece e abre a mente e o coração, provoca um estado alterado de consciência que abre a ligação a planos mais sutis. É necessário fazer silêncio, calar os ruídos que nos rodeiam e nos impedem de escutar outros sons.

Durante muito tempo não soube nada de Mariana. Um dia, telefonou-me para me contar que tinha decidido completar o curso de jornalismo, um dos que já tinha começado e deixara no meio.

– Já que estou aqui para aprender o que é o mundo real, nada melhor do que ser jornalista para aprender a relatá-lo!

Mas havia outra decisão importante que tinha tomado: – E estou grávida, sabe? Não foi por acaso, decidi mesmo engravidar, por um lado, para dar essa alegria ao meu marido e, por outro, para poder viver com mais realismo ainda este mundo! E quem sabe, talvez a criança que nasça seja a reencarnação de algum daqueles meus colegas monges, um dos que também queria vir experimentar o realismo do mundo! E aqui estarei eu para ajudar!...

Ricardo

Ricardo tinha 26 anos e era arquiteto recém formado quando me procurou. Criativo, gostava de pintar, mas escolheu uma profissão que lhe desse mais garantias de empregabilidade pois tinha muito medo de se dedicar somente à Arte. Lidando mal com a vida material e com a competição, arranjou um frustrante emprego no funcionalismo público numa tentativa de se proteger desses desafios. Desorientado, Ricardo procurava um caminho que lhe proporcionasse realização e segurança simultaneamente:

— *Vá para uma vida que esteja energeticamente ligada à atual.*
— Sou um soldado. Estamos em guerra, mas nós todos sabemos que vamos perdê-la. Estamos perdendo terreno em todas as frentes e o Império que construímos está em derrocada.
— *Situe-se no tempo. Consegue?*
— Sim, estamos em 1945. Eu sou alemão.
— *Vá descrevendo o que está acontecendo.*
— Estamos esperando a chegada de nossos adversários. Sabemos que vão chegar e vamos ter de nos render. Não há nada a fazer.
— *E o que acontece a você?*
— Sou preso, tal como os meus companheiros. Já não lutamos mais, não resistimos, entregamo-nos.
— *Fale do que sente.*
— Sinto uma grande tristeza, porque tudo o que nos foi prometido e que nós também prometemos, não foi cumprido.
— *O que foi prometido?*

– Que o mundo seria nosso.

– *Fale da sua prisão.*

– Estamos presos num local provisório, é uma antiga fábrica. Não temos camas, só uns colchões no chão e uns cobertores que não chegam para matar o frio. Juntamos os colchões e dormimos em grupos de três e quatro. Assim fica menos frio.

– *Fale do que sente na prisão.*

– Além da tristeza e do desapontamento, sinto medo do que possam vir a nos fazer. Não sei se vão nos matar ou se vão nos deixar presos a vida toda ou se vão acabar por nos libertar. Sinto uma grande ansiedade e um enorme peso no peito.

– *Projete-se no tempo e diga o que aconteceu.*

– Dividiram-nos em grupos e levaram-nos para outro lugar, desta vez uma prisão verdadeira. Estou numa cela com outro companheiro. Falamos pouco, estamos muito fracos e cansados. Durmo muito. De vez em quando levam-nos para um interrogatório, mas não nos fazem mal. Só fazem muitas perguntas, repetem sempre as mesmas perguntas e eu fico muito cansado.

– *Continue a projetar-se no tempo.*

– Estou cada vez mais fraco. Correm boatos pela prisão que vão nos fuzilar. O peso no meu peito aumenta.

– *Continue.*

– Estou ficando doente. Tusso muito e sinto-me muito fraco, mas não quero que eles percebam porque tenho medo que mandem me matar.

– *Continue.*

– Estou muito, muito fraco. Agora já não consigo me levantar e eles vêm me buscar para novo interrogatório. Percebem que estou com muita febre e me levam para o hospital, mas o meu fim está próximo. Acabo por morrer e é um grande alívio quando isso acontece. Quando deixo o corpo sinto-me flutuar, mas estou muito fraco e preciso da ajuda de uns seres que parecem uns anjos, para me levarem para um hospital mais claro e mais limpo do que aquele onde morri. Tratam de mim e eu deixo-me ficar descansando.

– *E o que acontece depois?*

– Há outros como eu. Comunicamo-nos sem falar, mas cada um conta a sua experiência. Todos matamos e todos morremos de morte violenta. Tudo isso fez parte do nosso plano de vida. Agora vão nos ensinar.

– *Vão ensinar o quê?*

– Vão nos ensinar mais coisas sobre a vida.

– *Quem vai ensinar?*

– Os Mestres.

– *Pode falar alguma coisa sobre isso?*

– Não.

– *Então vá agora para outra vida que tenha sido importante para a presente vida como Ricardo.*

– Estou sentado no meu lugar. Fica ao lado da porta, junto à parede. Na minha frente tenho a janela, de onde vejo o céu, os montes e as árvores.

– *O que faz nesse lugar?*

– Sou monge e pinto bandeiras de oração.

– *Então vive num mosteiro?*

– Sim. Acho que isto é na China. Tenho a cabeça raspada e visto-me como os monges budistas.

– *E gosta de estar no mosteiro?*

– Sim, esta é a vida que sempre desejei. Sou completamente feliz. O meu lugar na sala dos pintores de bandeiras de oração é onde me sinto mais feliz. A minha bancada está cheia de bandeiras coloridas onde desenho as orações que depois o vento vai levar. O poder das orações é muito grande e eu contribuo humildemente para que ele se espalhe.

– *E o que mais você faz no mosteiro?*

– Rezo e medito. Já passei nas provas de iniciação e agora cumpro o meu dever. Cumprir o dever é tudo o que é necessário para ser feliz.

– *Há mais alguma coisa que queira falar sobre essa vida?*

– Não, sou muito feliz, fui muito feliz. Vivi e morri feliz. *(Começou a chorar.)*

– *Se foi feliz por que chora?*

– Porque nunca mais consegui ser feliz.
– *Então qual era o segredo para a felicidade ser atingida?*
– Era cumprir o dever. Mas outras vezes que cumpri o dever não fui feliz.
– *Como quando foi alemão na guerra?*
– Sim, cumpri o dever, mas não me sentia feliz.
– *E sabe por quê?*
– Sei. Porque o dever não era ditado pelo Bem. Mas eu tinha de saber, quis aprender a distinguir...
– *E na vida como Ricardo?*
– Tenho de colocar em prática o que aprendi.
– *Onde, nos planos superiores?*
– Sim, mas também na vida no plano material. Agora vou saber escolher.
– *Ricardo, fale com o ego que atende pelo nome de Ricardo. Está me ouvindo?*
– Sim.
– *Ricardo, concentre-se no que a sua Alma sabe sobre o Bem e traga essa sabedoria para o seu plano consciente. As suas escolhas vão ser feitas com base nessa sabedoria. Repita: As minhas escolhas como Ricardo vão ser feitas de acordo com a sabedoria da minha Alma.*
– As minhas escolhas como Ricardo vão ser feitas de acordo com a sabedoria da minha Alma.

E assim regressou ao plano consciente.
Ricardo confessou que vivia em estado de grande ansiedade e que, embora não sofresse do coração, tinha por vezes suores frios e palpitações, que tinham sido consideradas como manifestações nervosas. Enquanto estudava, sempre que tinha de fazer uma prova, essas manifestações começavam uns dias antes. Ricardo reconheceu na ansiedade do oficial alemão quando prisioneiro, a mesma que sentia quando tinha de fazer uma prova na escola. Esse reconhecimento foi o primeiro passo para se curar desses medos.

A vida no mosteiro tinha constituído uma serena e feliz experiência no plano material, talvez uma merecida compensação de sofrimentos passados. Ao reviver essa vida, Ricardo compreendeu também que os seus desejos de fuga da realidade resultavam da procura dessa felicidade e que a imagem daquilo que via pela janela já o acompanhava em sonhos há muito tempo, conquanto fora do contexto. Na regressão, Ricardo percebeu de onde era aquela peça do quebra-cabeça.

Após este trabalho, ele decidiu mudar a sua vida profissional, iniciando um caminho novo.

Cada regressão é uma porta que se abre e que nos deixa ver uma parte da realidade, pois não conseguimos abranger todo o percurso da nossa Alma. Este é, de fato, o Mistério Maior, tão complexo que escapa ao nosso entendimento. Em cada vida que vivemos temos autonomia para escolher; essa é, simultaneamente, a nossa prerrogativa e a nossa angústia. Quanto mais portas forem abertas e maior consciência tivermos do percurso da nossa Alma, mais acertadamente poderemos exercer a nossa capacidade de escolha.

Milita

Emília, conhecida familiarmente como Milita, tinha 23 anos e acabara de concluir um curso superior. Era uma jovem alta, bonita, inteligente, cheia de vida e de fé no futuro. Tinha nascido sem mãos, os seus braços eram uns côtos inúteis e curtos. Aprendera a escrever com os pés e fazia-o de forma muito rápida e com perfeição. Era a filha mais velha de um casal que aceitara muito dificilmente o seu defeito físico. A mãe era enfermeira e o pai era médico do Exército. Milita tinha uma irmã mais nova, perfeitamente normal, mas que nascera sem ser desejada, pois os receios de que nascesse outro filho deficiente eram muito fortes.

Milita vivia alegremente, pois a sua deficiência nunca a impediu de brincar, nem a levou a isolar-se de outras crianças.

Foi a mãe que me procurou, pois havia em si um sentimento obsessivo em relação à situação de Milita. Apesar de esta ter terminado com sucesso uma licenciatura, a mãe revelava a sua preocupação.

– E agora, como é que ela vai conseguir emprego? Ela está muito confiante, mas será que alguém vai aceitá-la?

Mostrou-me a fotografia da filha. Vi uma moça sorridente, exibindo descontraidamente a sua mutilação congênita.

– Será que isto é um castigo? E se for, é para mim e para o pai, ou só para ela ou então para nós todos? – , dizia a mãe.

A palavra "castigo" é muito perigosa, demasiado dura e não dá grandes oportunidades de alívio. As únicas saídas são a aceitação resignada ou a revolta. Sugeri-lhe a palavra conseqüência. E através da regressão tentamos encontrar as explicações para a condição de Milita.

– Concentre-se na sua filha Milita como se estivesse olhando uma fotografia. Deixe que venha a informação sobre a sua atual condição.

– Estou vendo-a como um homem grande e forte. Tem um rosto duro. Eu também sou homem. Estamos os dois conversando num lugar ao ar livre. Está um dia pouco luminoso, mas não está chovendo. Acho que estamos aproveitando um pequeno descanso na nossa atividade.

– E qual é sua atividade?

– Não sei bem, somos uns homens muito duros, não temos amor dentro de nós.

– Onde trabalham? Consegue ver o local?

– Sim, que horror! Trabalhamos numa prisão! É um lugar muito feio e frio. Cheira mal e escorre muita umidade das paredes. As paredes são de pedra. Eu sou guarda e ela... Oh! Que coisa horrorosa! Ela é carrasco. Mata pessoas.

– Como é que ela mata as pessoas?

– Corta-lhes a cabeça.

– E você?

– Eu não. Sou apenas guarda na prisão, mas não trato as pessoas muito bem. Sou violento e prepotente. Não gosto de me ver assim, mas é assim que sou.

– *E a sua filha?*
– Ela gosta do que faz. É muito conhecida como tendo um golpe muito certeiro.
– *Há nessa vida mais alguém conhecido?*
– Sim, não sei bem... mas acho que é o meu marido. Sim, ele é uma espécie de juiz. Ele vem à prisão para serem lidas as sentenças e também não tem piedade de ninguém. São uns tempos muito duros.
– *Há alguma cena que recorde em especial?*
– Sim, estou vendo um dia em que ele vem à prisão. Houve um homem que roubou fruta e pão no mercado e a sentença vai ser dada. O juiz vem muito bem vestido e traz um chapéu na cabeça. A roupa dele é de um tecido bonito, uma espécie de veludo, azul e amarelo dourado. Estou com uma roupa muito simples, umas calças e uma camisa grossa. Vou com outro colega buscar o homem na cela e, quando voltamos com ele, cai de joelhos pedindo misericórdia, mas ninguém lhe dá importância. O carrasco, a minha filha, também lá está, todo vestido de negro. Estão também uns guardas armados e vestidos com uma espécie de farda, que vieram com o juiz. A sentença é que lhe seja cortada uma das mãos. O homem grita, mas o juiz vira as costas e vai embora com os guardas. Nós agarramos o homem, que continua a gritar, e damos-lhe uns safanões para ele se calar. O carrasco vai preparar tudo. O trabalho é feito lá fora, na rua, em frente da prisão.
Arrastamos o homem – coitado, ele está num estado lastimável – até à rua. O carrasco está lá fora junto de uma árvore cortada, que serve para estas coisas. Tem um machado na mão. Amarramos o desgraçado ao cepo da árvore e prendemos uma corda comprida ao pulso da mão que vai ser cortada. Eu agarro a corda e puxo o braço, de modo que ele fique esticado sobre o cepo. O golpe que o carrasco tem de dar exige grande precisão. E assim é. A mão é cortada e o sangue espirra. Que falta de compaixão. Em vez de socorrermos o desgraçado, damos os parabéns ao carrasco por sua destreza! Desamarramos o homem e deixamo-lo à sua sorte, pois vamos beber. Parece-me que é um hábito ir beber depois de uma sentença cumprida.
– *Concentre-se agora na sua escolha para esta vida.*

– Venho ajudar a minorar o sofrimento das pessoas, dar amor e compaixão.
– *Concentre-se agora novamente na sua filha. Está vendo-a?*
– Sim.
– *Agora pergunte-lhe qual a razão de ela ter nascido sem mãos.*
– Ela escolheu assim. Não quis trazer mãos para que não fosse tentada a usá-las mal.

Como seria de esperar, a mãe de Milita mudou radicalmente a sua atitude em relação à condição da filha. Todos haviam feito escolhas na vida presente que tinham a ver com as suas vidas destituídas de compaixão, ela como enfermeira e o marido como médico. A escolha de Milita havia sido a mais radical, mas ela assumia alegremente as conseqüências da sua escolha, revelando uma Alma com grande consciência das suas responsabilidades.

Impedir o nascimento de uma criança que seja portadora de alguma deficiência pode levar ao não exercício do direito de escolha da Alma, que decidiu encarnar nessa condição. É fundamental que tenhamos sempre presente que a Realidade é infinitamente mais ampla do que a vida na Terra e que as conseqüências das nossas escolhas não se limitam ao plano material.

A regressão realizada pela mãe de Milita proporcionou-lhe a abertura de novos caminhos no seu percurso de vida, ao mostrar-lhe um quadro inteiramente novo das suas presentes condições. De fato, ao ampliarmos a nossa consciência, entramos verdadeiramente no domínio espiritual da nossa existência.

João

João era um homem pacífico, embora um pouco ansioso. Perfeccionista, achava que nunca fazia nada completamente bem e sentia-se sempre responsável por tudo e todos, especialmente a família.

Era casado há 27 anos, e tinha dois filhos já homens, que tinha visto crescer com dificuldade, pois gostaria de ter continuado a sentir-se responsável por eles.

Disse que queria saber mais de si mesmo, saber de onde vinha e para onde ia.

— Até aqui tenho corrido muito. Agora que já passei dos 50, quero andar um pouco mais devagar e parar para pensar um pouco.

— Situe-se numa vida onde tenha vivido algo que esteja ligado à vida presente.

— Estou conduzindo um carro puxado por cavalos. Atrás de mim, vai outro carro. Pertencemos ao mesmo grupo.

— Que grupo é esse?

— Somos atores ou saltimbancos, andamos de terra em terra para divertir as pessoas. Eu gosto muito desta vida!

— Gosta por quê?

— Porque é divertida! Estamos sempre viajando, vemos sempre pessoas diferentes e é bom fazê-las rir.

— Então vocês só representam coisas cômicas?

— Só. Mascaramo-nos, representamos, cantamos e dançamos.

— E são muitos?

— Sim, somos, mas o número está sempre mudando. Às vezes somos mais, outras vezes menos.

— E o grupo é de homens e mulheres?

— Sim, um dos homens é anão e uma das mulheres também. Há umas crianças que são filhas de um casal do grupo. Elas também representam, cantam e dançam.

— Ande dez anos mais para a frente nessa vida.

— Estou mais velho, mas continuo na mesma vida. Há uns que estão de novo conosco, outros são dos mais antigos. As canções e as histórias são quase sempre as mesmas, mas não faz mal, porque andamos de terra em terra. E quando voltamos ao mesmo lugar já passou tanto tempo que ninguém se lembra do que viu.

— Ande mais dez anos para a frente nessa vida.

– Continuamos no grupo, mas o anão morreu. Agora precisávamos arranjar outro, mas só encontramos um corcunda que quis vir conosco.

– *Ande mais dez anos para a frente nessa vida.*

– Já estou velho e agora custa-me dançar. Fico cansado. Arrumamos uma forma de eu fazer um trabalho mais calmo, mas continuo a representar. Tenho muitas idéias novas para mudar as coisas que fazemos e todos gostam muito disso. Assim descanso mais o corpo.

– *Ande mais dez anos para a frente nessa vida.*

– Agora já estou muito velho e não consigo andar mais com eles. Tive de ficar numa terra e eles deixaram-me lá. Fiquei vendo os carros afastarem-se e depois fui para uma casa, mas muito, muito triste. Tenho muitas saudades de tudo o que fazia. Gostava de chegar em um lugar, montar tudo para o espetáculo e sentir a excitação de todos. Gostava de olhar para as mulheres e estar com alguma depois dos espetáculos. Às vezes ficava com pena quando ia embora, porque já tinha me habituado a alguma coisa, ou a uma mulher, ou à praça onde representávamos, ou a outra coisa qualquer. Mas o nosso caminho era na estrada. E lá íamos nós já pensando no novo lugar para onde nos dirigíamos. Gostava também de dormir no carro quando caía a noite no caminho, sobretudo no verão, quando estava calor e se viam as estrelas no céu.

– *Então foi muito feliz nessa vida, não foi?*

– Fui, sim. Quando fiquei naquela terra tinha muitas saudades, mas quando elas apertavam mais, recordava as coisas boas. E cantava as canções de que me recordava. Os garotos gostavam de vir para perto de mim e comecei a ensinar-lhes as coisas de que me lembrava. Até as danças consegui lhes ensinar! E assim comecei a ficar feliz outra vez!

– *Deixemos então ficar esse homem feliz nos seus últimos anos de vida e vá agora para outra vida que seja importante para a sua vida atual.*

– Sou um homem velho. Estou num jardim, sentado num banco. Estou sozinho.

– *Consegue perceber a época?*

– Sim, deve ser no tempo do Império romano. Eu sou um general romano. Estou velho, já deixei a guerra, mas não estou feliz.
– *E por que não está feliz?*
– Porque mandei muita gente para a morte.
– *E sente-se mal com essa idéia?*
– Sim, muito mal. Agora que estou em casa, passo muito tempo no jardim. E penso em tudo aquilo que fiz, nas pessoas que comandei, nas mortes que causei, direta e indiretamente. E tudo isso me pesa. Se pudesse voltar atrás, não teria feito o que fiz. Gostaria de poder desfazer tudo o que fiz. As batalhas, os saques, os prisioneiros, os escravos, tudo isso gostaria de poder desfazer...
– *E fala nisso para as pessoas que estão com você?*
– Não, não falo a ninguém. Minha mulher talvez sinta alguma coisa, mas não me diz nada. Só fala sobre coisas simples, sobre os filhos e os netos. Gosto dos meus netos, mas prefiro estar sozinho. Estou muito amargurado e não sou boa companhia.
– *Mas você cumpriu o seu dever como soldado, não se culpe.*
– Não me culpo, eu sei que cumpri o meu dever. Mas foram muitas mortes. Nunca mais quero matar nem mandar matar. Nunca mais.

Esta vivência foi muito forte para João. Chorou convulsivamente, como talvez o velho e amargurado general não foi capaz de fazer, mantendo a sua virilidade intocável por hábito de muitos anos.

No final da sessão, já mais calmo, disse-me que tinha percebido plenamente a sua recusa em matar qualquer ser vivo, correspondendo à escolha da sua Alma. A sua vida de saltimbanco tinha certamente constituído uma outra face da sua escolha de não matar, pois partilhava a sua alegria com quem estivesse disponível para a receber.

Por outro lado, a sua atitude de grande responsabilidade em relação à família mostrava uma Alma desejosa de repor a sua falta de valorização da vida alheia.

De forma profunda e séria, o velho general havia sido o instrumento de um importante passo da sua Alma no caminho para a Consciência Integral.

Gabriela

Nascida em Luanda, há 47 anos, Gabriela era filha de pais portugueses que muito cedo tinham se radicado em Angola por motivos profissionais. Apanhados nas guerras partidárias pela independência, tinham regressado a Portugal, deixando para trás muito do patrimônio conquistado ao longo da vida.

Gabriela não lamentava esse patrimônio perdido, mas sim a perda do ambiente em que passara a infância e adolescência.

– O meu coração está triste. Não consigo desligar-me daquela terra, tenho muitas saudades. Já lá se vão quase 20 anos. Tinha 19 quando saí de lá e não consigo esquecer a mágoa e a revolta que senti. Quero entender porque nasci ali e tive de perder tudo. Gostaria de entender para talvez ser capaz de aceitar...

– *Deixe que venham até você as memórias de uma vida energeticamente próxima da que vive como Gabriela.*

– Estou num navio. É um navio grande e está em alto mar. Estou no convés, conversando com uma senhora idosa, que está numa cadeira de rodas. Sinto-me muito bem conversando com ela, mas o meu coração está muito triste. *(Lágrimas caem pelo rosto de Gabriela.)* Sinto a mesma tristeza que sentia no avião quando vim definitivamente de Luanda.

– *E essa senhora que está com você é da sua família?*

– Não, acho que não, não entendo bem. Sinto uma grande ligação com ela. É como se a conhecesse há muito tempo, mas nós só nos conhecemos ali no navio.

– *Talvez a conheça de outras vidas.*

– Sim, acho que é isso. Sinto-a muito próxima de mim, falo com ela de tudo, o que não é habitual em mim. E ela me dá conselhos, fala comigo de uma forma muito terna e sensata.

– *E na sua vida como Gabriela, conhece-a?*

– Não, acho que não.

– *E para onde vão, você sabe?*

– Vamos para muito longe, a viagem é muito longa. Ela não vai para o mesmo lugar que eu, vamos nos separar daí a algum tempo. Mas isso não me preocupa. Nossas conversas são fantásticas, adoro conversar com ela.

– *E falam de quê?*

– Eu lhe conto a minha vida.

– *Que idade tem?*

– Devo ter aí uns 30, 35. Mas não me sinto feliz porque estou revoltada e ela me fala de aceitação. Para mim são palavras novas, estou descobrindo muitas coisas através das conversas com ela.

– *Fale então da sua vida até chegar ao momento dessa viagem.*

– Estou me vendo andando de bicicleta ao longo de uma avenida larga com vista para o mar. Sou uma garota, talvez tenha uns 13 anos. Estou vestida com um vestido xadrez e tenho o cabelo amarrado com um laço. Estou muito feliz, gosto de ver o mar e gosto de viver ali. Naquele tempo eu era feliz, o que sinto quando estou andando de bicicleta não tem nada a ver com aquilo que sentia quando estava no navio, com a senhora da cadeira de rodas.

– *Sabe que terra é essa?*

– Não, mas sei que é na França, vejo-me pensando em francês e essa é uma língua que eu adoro. Há um porto de mar com muitos navios e eu gosto de ir olhá-los. Há navios enormes e penso sempre que gostaria de fazer uma viagem num deles.

– *E vive nessa terra?*

– Sim, moro com os meus pais e os meus irmãos. Somos muito felizes. Os meus irmãos são rapazes e mais velhos do que eu. Gosto de vestir as roupas da minha mãe e calçar os sapatos dela. Ela não se importa. Tem vestidos tão bonitos! Os meus pais vão a muitas festas e, quando for crescida, irei também.

– *Avance para a frente no tempo.*

– Meus pais estão preocupados porque começam a aparecer barcos de guerra no porto. Fala-se de guerra e eu fico muito inquieta.

– *Consegue situar-se no tempo?*

– Sim, já houve uma guerra e agora fala-se de outra. Esta será a 2ª Guerra.

– *Continue a avançar no tempo.*

– Há guerra. Meus irmãos foram para lá. Eu choro muito com saudades deles. Minha mãe também e o meu pai está doente. À noite temos de tapar as janelas para que não se veja luz, por causa dos bombardeios. Sinto uma grande ambigüidade em mim, porque estou satisfeita por ser mulher e assim não ir combater, mas, ao mesmo tempo, queria ser homem para poder fazer alguma coisa.

Quando choro pelos meus irmãos penso sempre que não quero ter filhos, para que não me aconteça o que está acontecendo agora à minha mãe.

Continue a avançar no tempo.

– Meus irmãos morreram. A dor é tão grande que não me cabe no peito. *(Gabriela chora silenciosamente.)* Não posso olhar para o meu pai, não consigo vê-lo tão curvado como está agora. Isto não é justo. Sinto uma grande revolta, queria poder fazer qualquer coisa, mas não sei o quê...

– *Continue a avançar no tempo.*

– Os meus pais morreram e eu fiquei só. A guerra acabou. Estou me vendo passeando a pé, naquela avenida junto ao mar. Agora já não estou feliz; sinto uma grande tristeza no coração e o meu passeio é melancólico. Quero ir embora dali.

– *Dali, de onde?*

– Daquele país. Ah, agora entendo, estou viajando de navio para longe, por isso levo tanta amargura comigo. Vou para uma missão. Estou vendo o lugar, é numa floresta tropical, acho que é na América do Sul.

– *E a senhora da cadeira de rodas?*

– A separação também foi dolorosa, liguei-me muito a ela, mas tive de deixá-la porque eu ia para mais longe.

– *Veja-se já no seu destino.*

– Sim, estou num lugar pobre, as pessoas são escuras e baixas. São simpáticas, mas eu estou muito triste. Penso muito no que a senhora da cadeira de rodas me disse sobre a aceitação. Não entendo bem, mas gostaria de entender, porque assim talvez deixasse de sentir aquela dor no coração.

– *Continue a avançar no tempo.*
– Vejo-me subindo uma escadaria de pedra. Custa-me subir, está muito calor. Sinto-me mal e caio no chão. Vêm me socorrer e me levam para um lugar onde há camas. Deve ser um hospital. Mas eu vou morrer, quero morrer, entrego-me, não faço nada para impedir a morte.
– *Veja-se já depois da sua morte.*
– Encontro-me com os meus pais e os meus irmãos, estou muito feliz! Sei que agora posso estar com eles, mas que depois vamos ter de nos separar porque temos missões diferentes.
– *Situe-se no momento das suas escolhas para a sua vida como Gabriela.*
– Estou vendo o local onde vou nascer. Também tem mar, eu peço que tenha mar e tem. Mas também vou perdê-lo e passar outra vez por uma situação de guerra. Vou ter de entender que não posso deixar que isso me destrua. Vou ter de entender que é sempre possível construir de novo.

As últimas frases foram pronunciadas debaixo de grande emoção e Gabriela regressou ao momento presente muito perturbada, embora de coração sereno.

A Alma de Gabriela tinha feito uma escolha consciente de uma nova vida com muitas semelhanças com a anterior, com perdas violentas e dolorosas. O encontro com a senhora da cadeira de rodas, quem sabe um Mestre que se aproximou da triste francesa, foi a preparação para que a Alma de Gabriela evoluísse espiritualmente.

A aceitação de que ela lhe falou não é a resignação fatalista pregada por algumas correntes religiosas, trata-se de um reconhecimento superior de que não existe injustiça e que tudo acontece de acordo com as Leis da Causalidade e do Equilíbrio Espiritual. Não existindo revolta, é possível manter a serenidade e empreender a reconstrução.

Gabriela não tinha filhos e reconheceu, nessa sua recusa da vida presente, o reflexo dos traumas dessa sua vida anterior e também da sua escolha então feita. A Lei da Autonomia Espiritual garante a possibilidade da existência de escolhas em todos os Planos, e os Mentores Espirituais respeitam essas escolhas pois o objetivo da vida no plano material é a tomada de consciência pela experimentação.

Assim, na vida como francesa, Gabriela escolheu não ter filhos e dado que as escolhas emocionalmente feitas numa vida transitam para outras, na vida presente essa escolha mantinha-se ativa. Integrando tudo isto no plano consciente através da regressão, Gabriela dizia:

– Já não tenho tempo de ter filhos, mas agora tenho outra consciência. Pelo menos já ganhei alguma coisa...

Todavia o mais importante para Gabriela, neste trabalho que empreendeu, foi o encontro com as motivações da sua Alma relativamente às escolhas do local para a sua encarnação, que a levaram a passar novamente por vivências de guerra e criaram uma nova oportunidade de lidar com isso de outra forma.

– Vou resolver de vez todas estas coisas nesta vida. Não quero voltar a passar por nada disto numa próxima. Terei certamente outros desafios, mas terei avançado mais um passo na escadaria do meu percurso. E nesta escadaria eu não vou cair, como caí na outra, quando desisti de viver!

A Alma tem, de fato, razões que a razão desconhece.

Terceiro Portal

Vida após vida, assim vamos construindo o mosaico que representa o percurso da Alma. As regressões vão fornecendo os vários pedaços coloridos que o compõem, através da criação de uma consciência expandida.

Cada vida representa uma oportunidade para a nossa Alma crescer em Sabedoria e o acesso à informação, contida em cada passo do percurso, permite uma melhor e mais consciente utilização da sabedoria da nossa Alma.

Trabalho sério e profundo, uma regressão não pode ser encarada com leviandade, pois as energias despertadas por esta via são energias vivas.

Em nível individual, o grau de utilidade de uma regressão depende de muitos fatores, mas nunca deixa de ser uma experiência enriquecedora.

Em relação à vida no plano material em termos globais, através das regressões é possível recolher um riquíssimo conjunto de informações sobre a vida em várias épocas e locais, sobre rituais e cerimônias religiosas e ainda sobre acontecimentos que fazem parte da nossa História. As regressões poderão constituir uma forma de estudo do nosso passado como Humanidade, se forem encaradas seriamente pela nossa cultura.

Nos trabalhos regressionais que conduzi ou acompanhei, não nos detivemos muito na obtenção de pormenores objetivos pois pretendíamos conduzir as pessoas ao encontro de memórias importantes para as questões que procuravam resolver. Todavia, sempre que eles surgiram espontaneamente, deixamos que os relatos fossem feitos, não só porque faziam parte de uma vivência de quem se submetia à regressão, mas também pelo seu interesse antropológico.

Quanto às dificuldades de localização no espaço e no tempo, resultam essencialmente da falta de referências.

Pela minha experiência, tenho concluído que as dificuldades de localização no tempo resultam da existência de diferentes métodos de organização de calendários. Quando é feito o acesso a uma vida onde o método de contagem do tempo não possui referências semelhantes às atuais, torna-se quase impossível uma referenciação temporal. No início do meu trabalho de condução de regressões, insistia bastante neste ponto, mas, dadas as dificuldades que comecei a encontrar por parte das pessoas, deixei de me importar com esse pormenor.

Quanto à localização no espaço, as dificuldades prendem-se às designações dadas nas diferentes línguas e ainda às transformações operadas nos locais, quer geológicas, políticas ou de outros tipos.

Assim, não é possível, na grande maioria dos casos, a localização precisa no tempo ou no espaço.

Acompanhando a vivência regressional, existe um processo mental ativo que permite a descrição do que está sendo recordado. As palavras utilizadas são, na esmagadora maioria dos casos, pertencentes ao vocabulário da vida atual, embora a nível de conceitos se encontre uma interessante simbiose entre os da vida presente e os da vida que está sendo recordada, o mesmo se verificando em relação às personalidades.

As Leis Espirituais que nos regem, às quais as várias culturas têm dado diferentes nomes, constituem outro nível de aprendizagem que pode ser feita através das regressões.

Certos conceitos, como o de Culpa e Castigo, são postos em causa quando compreendemos que existe um processo de reposição automática do equilíbrio, associado a uma responsabilização pelas escolhas feitas, tudo isso apoiado e supervisado por Mentores Espirituais.

Assim, não existe uma entidade julgadora que tem a seu cargo perdoar ou condenar, o perdão é dado pelas almas umas às outras e toda a condenação surge simplesmente como conseqüência de uma escolha.

Deste modo, o sofrimento não é uma expiação, mas simplesmente um processo transformador, que pode cessar através do entendimento e da tomada de consciência.

Uma das nossas maiores fontes de sofrimento encontra-se na nossa relação com a morte. As regressões ajudam a entender que ela é, tal como o nascimento, um estado de transição. Morte não se opõe a vida, pois Vida não tem oposto, apenas tem vários estágios, já que ela se desenrola simultaneamente em vários planos que possuem ligações entre si.

A nossa cultura lida muito mal com a idéia da morte, fazendo dela uma inimiga a combater, ao invés de procurar dar tranqüilidade a quem desencarna, para que a ascensão a planos superiores seja feita de forma serena e natural.

A cada vez que nascemos, novas oportunidades se abrem. Trazemos o consciente limpo de memórias, porque vivemos num mundo de apegos e para que encaremos com seriedade as novas oportunidades precisamos estar efetivamente desligados de tudo o que fomos e possuímos.

Todavia, em nível inconsciente, estamos aprisionados em muitas memórias, das quais poderemos nos libertar através da regressão, integrando-as no nosso nível consciente.

A chave de todo este processo misterioso e complexo a que chamamos Vida reside na Consciência, pois é ela que nos liberta de todo o sofrimento.

Não nascemos para sofrer, nascemos para tomar Consciência de que a nossa Alma é Luz.

Índice

PRIMEIRO PORTAL..................................... 11

PARTE I - BAILE DE MÁSCARAS, 14

MEMÓRIAS DA VIDA PRESENTE 15

  ♦ O TEMPO E A MORTE, 16

MEMÓRIAS DE VIDAS PASSADAS 23

  ♦ O PERCURSO NO TEMPO, 24

  ♦ PASSAGENS PELA MORTE, 41

  ♦ LIGAÇÕES FAMILIARES, 55

  ♦ MEMÓRIAS DE LOCAIS, 67

  ♦ REENCONTROS DE ALMAS, 84

  ♦ AS MARCAS DA ESSÊNCIA, 92

  ♦ O TEMPO E A MORTE, 97

SEGUNDO PORTAL 103

PARTE II - LEIS ESPIRITUAIS, 106

À DESCOBERTA 107

LEIS ESPIRITUAIS DO PERCURSO DAS ALMAS 117

  ♦ 1. LEI DA CAUSALIDADE, 120
  Alberto, 121
  Maria do Carmo, 125

Pedro, 128

Andréia, 132

Suzana, 137

Elisabete, 143

André, 149

◆ 2. LEI DO EQUILÍBRIO 154

Brigitte, 155

Célia, 160

Manuel, 165

Catarina, 172

Joana, 176

Luísa, 189

Anabela e Helena, 193

Denise, 206

Laura, 209

◆ 4. LEI DA AUTONOMIA ESPIRITUAL 222

Manuela, 224

Elisabete, 235

Mariana, 240

Ricardo, 243

Milita, 247

João, 250

Gabriela, 254

TERCEIRO PORTAL 259

Leia da Editora Ground

ESCUTE O SEU CORPO
Lise Bourbeau

O corpo é o arquivo e o retrato mais vivo da forma como interpretamos a vida. Ele é também a nossa conexão real com vários planos de existência que se interceptam constantemente enviando sinais para nós. Se os soubermos interpretar saberemos que dores, sintomas, acidentes e boa sorte não acontecem aleatoriamente, têm uma origem em nós mesmos e podem ser alterados a partir da nossa postura e escolhas de vida.

ANATOMIA DA CURA
Cristina Page

Examinando detalhadamente os chakras e a relação de cada um deles com as doenças, a patologia e o desenvolvimento da alma, a autora, médica conceituada e respeitada por sua pesquisa na área da saúde, explora e amplia nossa visão das doenças e de sua função, cujo objetivo é o nosso crescimento.

Contém diagramas, exercícios e reflexões, tornando-se leitura indispensável e de longo alcance, não só para a saúde mas para a consciência humana.

I CHING PARA TEENS
Julie Tallard Johnson

Instrumento importante para o autoconhecimento, ou uma forma divertida de passar o tempo com os amigos, *I Ching para Teens* pode ajudar o adolescente a responder a perguntas que têm peso para ele. Esta tradução atualizada do antigo oráculo chinês conduz a *insights* sobre inúmeros tópicos como a melhor maneira de conviver com os amigos e a família, o que fazer nas relações amorosas e a descoberta de um rumo para o futuro.

MANDALAS - DESENHOS SAGRADOS
Celina Fioravanti

As mandalas são símbolos ancestrais que possuem um campo energético de muita força. Por serem desenhos sagrados, as modificações energéticas e espirituais trazidas pelas mandalas são dirigidas por uma força superior ao nosso entendimento.

Colori-las, ou seguir os vários exercícios sugeridos neste livro, transforma a nossa energia e vibração e nos conduz a uma profunda realização interna de paz e encontro com o nosso Deus interior.

MANUAL DE REIKI
Walter Lübeck

Walter Lübeck revela as possibilidades e limitações da aplicação do Reiki e explica o significado dos vários procedimentos no tratamento completo. As posições do Reiki são apresentadas através de ilustrações claras e delicadas, e seus efeitos sobre o organismo e o sistema de energia sutil (chacras) descritos detalhadamente. Também se aprende como tratar plantas e animais, e há respostas para as perguntas que mais freqüentemente são feitas sobre o Reiki.

MEDITAÇÕES PARA A REALIZAÇÃO DA ALMA
Choa Kok Sui

Neste livro encontramos princípios aparentemente iconoclásticos e (r)evolucionários que podem transformar a consciência da humanidade, mudando a maneira de olharmos para nós mesmos e para nossos semelhantes.

Estes conceitos inovadores, explicados em palavras compreensíveis até mesmo para uma criança, podem inspirar pessoas comuns a conduzir para um patamar mais elevado aquilo que a mente convencional consideraria absurdo ou desanimador.

MENSAGEIROS DO AMANHECER
Barbara Marciniak

Compilado a partir de mais de quatrocentas horas de canalização através de Barbara Marciniak, **Mensageiros do Amanhecer** nos revela a sabedoria dos pleiadianos, um grupo de seres iluminados que se dispuseram a ajudar-nos a descobrir como alcançar um novo estágio evolutivo.

Lembram-nos que somos membros da Família da Luz, que partilhamos uma ancestralidade antiga com o universo que nos envolve, e como nos tornamos "mensageiros do amanhecer", criando conscientemente uma nova realidade, uma nova Terra.

YOGA TERAPIA
Nilda Fernandes

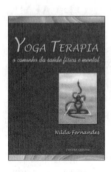

Este livro apresenta um profundo esclarecimento a respeito das posturas de yoga como um caminho para a saúde perfeita através do ensino detalhado da execução das técnicas e do trabalho muscular em cada postura, abordando seus benefícios terapêuticos e as contra-indicações.

Com essas ferramentas, o leitor mantém-se atualizado dentro dos parâmetros físicos de cada movimento do corpo – os Âsana – e das técnicas respiratórias fundamentais que constituem a base do sistema do yoga, para obter maior controle de seu corpo, ajudar o funcionamento dos diversos órgãos, aumentar sua flexibilidade e, sobretudo, para alcançar um estado de tranqüilidade e paz interior.